JN441268

France

프랑스 문화의 이해

정일영 저

신아사

머리말

프 랑 스 문 화 의 이 해

먼저 이 책은 언어학이나 문학, 미술과 같은 학문의 특정 분야에 국한되지 않고 문화 전반에 걸친 이야기를 다룬 책임을 밝혀둔다.

이 책의 가장 큰 목적은 프랑스어를 전공하고 있거나 프랑스어를 배우고자 하는 사람들에게 흥미 있는 프랑스 문화를 소개함으로써 프랑스에 대한 보다 폭넓은 이해를 높이는데 그 목적이 있다. 흔히 언어를 배우기 위해서는 그 나라의 문화를 먼저 알아야 한다고 말하는데 그 이유는 무엇일까. 그것은 바로 특정 언어란 특정 문화를 형성하고 있는 사람들의 사고나 의식을 표면적으로 드러나게 하는 수단이 바로 언어이기 때문이라 생각한다. 따라서 프랑스 문화는 프랑스어를 사용하고 있는 프랑스인들의 사고의식을 알 수 있는 가장 빠른 지름길이며, 언어를 빨리 습득할 수 있는 현명한 방편이 될 수 있다.

또한 프랑스어나 문학을 전공하지 않는 사람들에게 프랑스 음식이나 기념물, 그리고 미술과 같은 내용들을 다룸으로써 프랑스를 여행할 기회가 있는 경우 유용하게 활용할 수 있는 일종의 안내책자의 성격도 띠고 있다.

이 책의 구성은 11개의 장으로 나누어져 있고 각 장마다 해당하는 주제에 관한 설명과 자료를 수록했다.

나름대로 큰 욕심과 의욕을 갖고 시작하였지만, 지금 생각해보면 미흡한 점이 많아 부끄러울 뿐이다. 그럼에도 불구하고 이 책이 프랑스 문화를 이해하는데 조금이나마 도움이 되었으면 하는 바람이다.

끝으로 이 책이 출판되기까지 많은 도움을 준 아내와 어머니, 그리고 식구들에게 감사하며 격려와 도움을 주신 은사님들을 비롯한 많은 분들에게 감사의 말씀을 드리고자 한다.

2007년

정일영 씀

차 례

프 랑 스 문 화 의 이 해

제3장 프랑스의 역사

제9장 프랑스의 문학

제 1 장

프랑스를 대표하는 상징물과 축제, 국경일

1. 프랑스의 상징물들

골루와족의 상징인 수탉

1) 수탉 Le Coq

수탉이 프랑스를 상징하는 동물이었다는 것은 그 옛날 골루아 족들이 사용하던 동전에서부터 나타난다.[1] 그 후 프랑스의 왕을 시민들이 우스꽝스럽게 비꼬기 위해 수탉에 비유하였으며, 허영심 많고 싸움을 좋아하며 바보 같고 아첨 잘하는 사람에게도 빗대어서 수탉이라는 말을 사용했으니 수탉은 비웃음의 상징이라고 할 수 있다.

그러나 이러한 수탉의 이미지는 점차 바뀌기 시작하는데, 중세 시대에는 용기와 승리의 상징을 나타내는 동물로 인식된다. 또한 프랑수아 1세는 왕가의 상징인 왕관과 불도마뱀, 백합 옆에 수탉을 그려 넣음으로써 수탉의 상징성을 높였다. 그리고 프랑스 혁명 당시 시민들은 수탉의 형상을 모방하여 만든 모자를 쓰고 시위에 참가했을 정도로 수탉에 대한 이미지는 긍정적으로 바뀌었다. 반면 나폴레옹 황제는 수탉이 프랑스를 나타내는 상징으로서 적합하지 않다고 생각하였는데, 당시 사람들은 국가 자문위원회의 상징으로서 수탉을 사용할

---

1) 옛날 프랑스에 살고 있는 골루와족들을 점령한 로마인들이 수탉과 골 지방을 함께 묶어 갈루스(gallus)라고 불렀는데, 이것은 라틴어로 수탉과 골족을 지칭하는 말이었다.

것을 제안하였지만 나폴레옹은 “수탉은 강력한 힘을 전혀 가지고 있지 않다. 따라서 프랑스라는 강력하고 거대한 제국의 상징이 될 수 없다”며 거절했다고 한다.

수탉이 프랑스의 상징으로 정식으로 인정받기 시작한 것은 1830년부터 7월 30일 법령에 의해서다. 골루아 족의 상징이었던 수탉을 제복의 단추에 그려 넣고 국가 공공건물의 깃발 위에 세우기 시작하였다. 그리고 나폴레옹 3세에 의해, 수탉은 3공화국의 공식적인 상징이 되었고 19세기 말에 건축된 엘리제 궁전의 정원 철장은 수탉과 금화로 장식되었다. 오늘날 프랑스인들이 마리안느를 프랑스의 상징으로 더 선호하기는 하지만, 영화관에서 영화를 상영하기 전에 수탉이 우는 모습을 볼 수 있으며 특히 스포츠의 경우 프랑스팀 유니폼에 자주 사용되고 있다.

2) 국훈 :「자유libert é , 평등é galit é , 박애fraternit é」

프랑스의 국훈으로 알려져 있는 위의 문구는 프랑스 혁명 때 처음으로 등장하였는데 프랑스 혁명을 주도했던 인물 중의 한 명인 로베르피에르(Roberspierre)가 1790년 12월 국가위원회가 조직될 당시 연설에서 프랑스 시민들(Le Peuple Français)이라는 용어와 함께 자유(liberté), 평등(égalité), 박애(fraternité)라는 표어를 제복과 깃발에 새기자고 주장하였다. 비록 이러한 그의 계획은 실현되지는 못했지만 오늘날 프랑스의 국훈으로 사용되고 있는 이 문구들은 이렇게 탄생하게 되었다.

프랑스 혁명 당시의 표어

1793년부터 파리 시민들은 자신들의 집 대문에 [공화국의 단일성, 불가분성 : 자유, 평등 아니면 죽음(unité, indivisibilité de la République : liberté, égalité ou la mort)]이라는 글을 써 넣었는데 이는 다른 도시로 곧 확산되었다. 하지만, 마지막에 나오는 죽음이라는 단어는 1793~94년까지의 공포정치를 상기시킨다는 생각 때문에 삭제되었다. 자유, 평등, 박애라는 이 국훈은 제국 시대에 사라졌다가 1848년 헌법 개정 때, 공화국의 목표로 채택되었으며 1880년 프랑스 혁명일인 7월 14일을 기리기 위해 공공건물 앞에 이 글을 새겨 넣었는데 오늘날에는 동전이나 우표에 자주 등장한다.

3) 삼색기

흰색, 피란색, 붉은색의 프랑스국기

프랑스 제 5공화국의 공식적 상징인 삼색기는 혁명 때 등장했는데 왕을 나타내는 색깔인 흰 색과 파리 도시를 상징하는 색깔인 파란 색과 붉은색으로 이루어져 있다. 오늘날 프랑스 공공건물에 휘날리고 있는 이 삼색기는 말 그대로 세 개의 색깔로 나뉘어져 있다. 먼저 세로로 맨 왼쪽에 있는 순으로 파란색, 하얀색, 빨간색으로 이루어져 있는데 사실 처음부터 그렇게 만들어진 것은 아니었으며 왕권을 상징하는 색깔에서 출발했다.

먼저, 파란색은 샤를마뉴 대제(Charlesmagne)와 밀접한 관계가 있는데 수도승들과 함께 붙잡혀있던 레옹 Ⅲ세의 구원요청을 받은 샤를마뉴 대제가 이들을 구하기 위해 로마에 입성하였고, 800년 크리스마스 날, 교황은 샤를마뉴를 황제에 등극시키는 예관식을 치르는데, 이

때 장식 깃발이 바로 파란색이었다. 또한 그는 원정 중에 만난 헐벗고 굶주린 사람에게 자신이 걸치고 있던 외투를 벗어주었는데, 그 외투의 색깔이 파란색이어서 이를 상징하기 위해 깃발의 색을 파란색으로 하였다고 한다. 그 이후 샤를르(Charles) 10세까지 파란색은 왕의 절대적인 권력과 왕에 대한 충성심을 나타내는 색으로 사용되었다.

붉은색은 프랑스 왕가 중의 하나인 까페(Capet) 왕조 때 처음으로 사용되었다. 하지만, 당시에는 국가라는 개념이 완전히 서 있지 않은 상태였었고 제후들이 거느리는 사병들과 자신들의 법, 그리고 화폐를 가지고 각자 다스리는, 한 마디로 말하면 왕권이 매우 미약한 때였다. 이런 상황을 단적으로 보여주는 재미있는 이야기가 있다. 어느 날 세력을 넓혀가던 까페가 페리고 지방의 제후에게 물었다. "누가 너보고 제후를 하라고 했는가?" 그러자 그 제후 왈 "그럼 누가 당신보고 왕을 하라고 했소?"라고 대답할 정도였으니 당시의 상황을 가히 짐작할 수 있다.

프랑스 혁명 초기에 삼색기는 국기의 형태가 아니라 휘장의 형태였다. 프랑스 혁명이 일어난 1789년 7월에 시민들이 바스티유 감옥을 점령하면서 파리는 불안한 상태였다. 그 때 한 여인이 다른 사람들과 구분되는 복장을 하고 있었는데, 파리라는 도시의 전형적인 색깔인 파란색과 붉은색으로 된 휘장이었다. 7월 17일, 루이 16세가 파리에 새로운 국방 수비대를 보기 위해 파리에 왔는데, 수비대 대장이었던 라파이에트 장군으로 추정되는 인물이 파란색과 붉은색, 그리고 왕의 색깔인 흰색을 첨가한 휘장을 하고 있었다.

그 후, 왕정 복구 때 잠시 흰색의 깃발을 채택하였다가 루이 필립이 다시 삼색기를 선택하였으며 1848년 혁명 당시, 삼색기는 임시정부에 의해 채택되었다. 오늘날 삼색기가 공공건물에 걸려 있는 것을 흔히 볼 수 있는데 국가의 중요한 행사나 의식을 거행할 때, 그리고 대통령이 공식적인 발표를 할 때 대통령 뒤에 자리 잡고 있는 것이 바로 이 삼색기이다.

4) 마리안느

브리지뜨 바르도 모습의 마리안느

마리안느의 유래는 프랑스 혁명 당시의 시민들과 밀접한 관계를 가지고 있는데 18세기에 왕족들 중 여성들에게서 유행하던 마리안느(Marie-Anne)라는 이름에서 유래된 것으로 추측된다. 귀족 계층들에게 이 이름은 품위 있는 이름이 아니었으며, 일반 서민들을 비꼬는 것으로 쓰였다. 혁명가들은 마리안느를 개혁과 변화를 상징하는 것으로 사용하였는데, 특히 공화국의 아이들을 보호하는 유모인 "조국의 어머니"의 상징으로 사용하였다. 마리안느와 챙 없는 붉은 프리지아 모자의 이미지의 기원은 그리스 로마 시대로 거슬러 올라간다. 붉은 프리지아 모자는 로마제국 당시 해방된 노예들이 썼던 것으로 이 모자를 씀으로써 그들은 제국의 시민으로 인정받게 되었다.

챙 없는 붉은 프리지아 모자를 쓴 여인의 첫 번째 모델은 프랑스 혁명 당시에 등장하였다. 이 모자는 지중해의 노예들과 선원들이 썼던 모자와 동일하였고, 남프랑스에서 온 혁명가들이 파리로 이들을 이끌었다.

제3공화국 체제에서 마리안느는 조각 또는 흉상의 형태로 나타나는데 특히 시청에서 공화국의 직접적인 상징으로 사용하였다. 마리안느는 혁명적 특성을 두드러지게 하기 위해 붉은 프리지아 모자를 쓰고 있었으며 혁명에 대한 시민들의 동참을 호소하는 의미로도 사용되었다. 또한 이 모자는 마리안느에게 좀 더 지적인 이미지를 부여하고자 하는 목적으로 왕관모양의 머리장식 또는 왕관으로 대체되었다.

1789년부터 여성스런 인물들이 그림 또는 조각의 모델로 등장하는데 이들을 모델로 사용함으로써 마리안느는 자유와 혁명의 가치를 더욱 높였다. 때때로 이 인물들은 프리지아의 모자에 금색의 창을 들고 있기도 했으며 자유의 여인들은 무릎까지 내려오는 긴 치마의 드레스를 입기도 했다.

오늘날 이 마리안느 조각상은 프랑스의 모든 시청에서 볼 수 있는데, 갑옷을 입거나, 맨 살의 가슴, 머리는 따거나 매듭을 딴 형태, 빨간색의 프리지아 모자를 썼거나 월계수를 쓰고 있는 등 그 형태가 매우 다양하다.

꺄뜨린느 드뇌브 모습의 마리안느

1969년 조각가인 아슬랑은 프리지아 모자를 쓰고 있는 브리지뜨 바르도를 연상케 하는 베일로 가려진 가슴의 흉상을 즐겨 조각하였는데, 이것이 오늘날 가장 많이 알려진 마리안느의 모습이다. 1985년 이후 많은 시청들이 프랑스의 세계적인 배우인 꺄뜨린느 드뇌브의 초상을 닮은 흉상을 선호하게 된다.

5) 기오띤느 (Guillotine)

우리에게 단두대로 알려져 있는 기오띤느는 중죄의 범인들을 참수형에 처할 때 사용하던 기구인데 오늘날에는 더 이상 사용하지 않는다. 이 기구는 높이 약 4미터의 곧고 거대한 철재 틀에 40킬로그램 정도의 무게에 해당하는 무거운 삼각형의 날로 이루어져 있다. 날은 줄을 통해 틀 위에 고정되어 있는데 이는 나무대로 이루어진 곳에 죄수가 목을 넣을 수 있는 시간을 벌기 위한 것이었으며 줄을 놓자마자 날이 2, 3미터의 거리에서 떨어지면서 목을 자르게 된다.

단두대

사실 기오띤느는 혁명 당시 의사였던 루이 기오띤느가 만든 기구로서 사형수에게 죽음을 기다리는 시간의 불필요한 고통이나 불안을 없애기 위한 의도로 제작한 것이었다. 그러나 프랑스 혁명 당시, 루이 16세를 시작으로 마리 앙투아네트, 로베스피에르 등 수많은 사람들이 단두대에서 목이 잘려 나갔다. 결국 혁명 기간인 14개월 동안 삼십만 명이 체포되었고 그중 일만 칠천 명이 단두대에서 처형되었으며 처형 장소였던 꽁꼬르드 광장은 그들의 피가 작은 시내를 이뤘다고 한다.

프랑스 혁명 당시 단두대에서 처형 모습

2. 축제fête와 종교 기념일fêtes religieuses

세례식 메달

축제는 인간의 역사와 함께 시작되었다고 해도 과언이 아닐 만큼 우리 인간과 밀접한 관계를 가지고 있다. 비록 축제가 민족들마다 다양한 모습을 지니고 있다고는 하지만, 어느 민족이건 간에 축제를 통해서 가족이나 친구들, 같은 사회 공동체들 간에 친목을 도모하며 유대감을 조성하는데 크게 기여한다는 것은 축제가 지니는 공통적인 특성이라 생각된다.

프랑스의 경우는 크게 가족적인 분위기의 축제와 종교적 축제, 그리고 국경일로 나눌 수 있다.

1) 가족적인 축제일

개인이나 부부 또는 혈연으로 밀접한 관계를 맺고 있는 가족들이 화합을 다질 수 있는 기념일로서 이 날을 맞아 친구들이나 부모를 초대한다. 이들 중 많은 것들이 종교적인 삶과 밀접한 관계를 가지고 있는데, 그 이유는 프랑스의 국교가 가톨릭이기 때문이다.

세례식 le baptême

세례식은 가톨릭 교인으로서 살아가는 데 있어 첫 번째 치루는 행사로서 원래는 물에 몸을 완전히 적시는 것이었다.[2] 세례식은 신의 사랑에 대한 상징으로서 아이의 경우 다음과 같은 특별한 의미를 갖는다고 할 수 있다.

- 기독교 사회로의 입성을 의미한다.
- 세례를 받는 아이의 이마에 십자가를 긋는 것은 예수의 성호이다.
- 이마에 붓는 물은 순수의 상징이다.
- 흰 옷은 세례에 대한 은총의 기호이다.
- 성스러운 도유식(塗油式 : 기름을 바르는 행위)은 세례 받는 자가 신의 영혼으로의 접근을 의미한다.

전통에 따라 아이의 친부모에게 불행한 일이 닥쳤을 경우 아이를 돌보기 위한 대부(le parrain) 또는 대모(la marraine)를 정하게 되는데 이들은 아이가 기독교 신념 속에서 성장하는 것을 돕는 역할을 하며 한 평생 후원자로 살아가게 된다. 세례를 받는 아이와 대부와 대모의 관계는 아주 특별한 관계인만큼 세례식 때 이들은 전통적으로 십자가 메달이나 요람 메달 또는 줄을 선물하는데, 아이가 이것을 간직함으로써 평생 기독교의 삶 속에 속해 있다는 것을 상기할 수 있다.

---

2) Baptême란 단어는 그리스어로 "잠수하다"(plonger)를 의미한다.

영성체식 la communion

11살 또는 12살에 해당하는 아이들을 위해 가톨릭 성당에서 치루는 행사로 이를 통해 아이가 가톨릭 신도가 되었다는 것을 알린다. 아주 최근까지도 부모와 친구들이 초대되어 만찬을 즐기는 가족 행사 중의 하나인 이 영성체식을 준비하기 위해서는 선행되어야 할 두 가지 중요한 사항이 있는데 바로 교리문답(catéchèse)와 피정 묵상회(retraite)이다. 교리문답은 기본적으로 기독교 교리에 대한 교육을 실시하는 것으로 주요 내용들은 다음과 같다.

- 예수의 생에 있어서 중요한 역사적 사실을 아는 것[3)]
- 기독교인으로서 살아가는 법
- 빵을 무한정 만들어냈던 예수의 기적을 통해 자비와 나눔의 의미를 파악하는 것

피정 묵상회는 영성체식을 준비하는데 있어 중요한 요소이기는 하지만 의무 사항은 아니다. 영성체식을 하기 전 2~3일 동안 보통 종교학교 또는 순례 장소에서 지낸다. 이런 장소에서의 공동생활은 청소

---

3) 여기에는 산상에서의 맹세, 물 위를 걷는 기적이나 예루살렘으로의 입성, 부활 등 예수의 삶을 다룬 중요한 내용들이 포함된다.

년들에게 복음서에 대한 내용을 이해할 수 있게 해주는 기회를 제공한다.

첫 번째 영성체식은 보통 8~10세 때 행해지는데 이 첫 번째 영성체식이 진행되는 동안 아이는 예수 육체의 상징인 빵과 피의 상징인 포도주를 나눠 먹으면서 성체를 배령한다. 영성체식을 받는 아이는 세례식의 순수함의 상징인 하얀 색 옷을 주로 입으며 영성체식을 하게 되는 날, 소년이나 소녀들에게는 선물을 준다.

약혼식 les fiançailles

약혼식 모습

약혼식은 사랑하는 남녀가 그들이 정말 함께 평생을 보낼 수 있는지를 확인하기 위한 시간을 갖는 의미를 포함하고 있는데, 이 날 남녀 양측의 가족들과 친한 친구들이 서로 인사를 나누게 된다. 일반적으로 약혼식은 결혼 전 9개월에서 1년 사이에 하게 되며 보통 미래의 남편의 부모 집에서 한다. 약혼식의 경우 약혼자나 약혼녀 그 어느 측도 선물을 사서 주어야 하는 의무는 없지만 일반적으로 미래의 남편이 가족 대대로 내려오는 보석을 선물하거나 약혼녀에게 가장 어울릴 것 같은 반지를 보석상에서 사다가 선물한다. 약혼녀는 미래의 남편에게 손목시계 또는 소매에 다는 단추 등 반지를 제외한 많은 것들 중에 골라 선물하게 된다.

결혼식 le mariage

가족 축제들 중 가장 중요한 행사가 바로 결혼식이다. 프랑스에서 결혼식 행사는 일반적으로 두 번에 걸쳐 행해지는데, 첫 번째는 시청에서 결혼식 신고를 하는 것이며 두 번째는 종교적 의미의 행사로서 성당에서 행해진다. 그러나 최근 들어 점차 시청에서 결혼식을 하고 교회에서는 하지 않는 추세에 있다. 게다가 행사 자체가 매우 간소화 되고 있으며 가까운 친구들을 초대하여 저녁때 파티를 여는 정도이다.

결혼식

결혼신고

결혼기념일 l'anniversaire de mariage

일반적으로 부부간에 행다 행사지만, 때때로 결혼한 세월이 오래되었을 경우 이를 축하하기 위해 가까운 친지들을 초대하기도 한다.

- 은혼식(les noces d'argent) : 결혼한 지 25주년 되는 날
- 금혼식(les noces d'or) : 결혼한 지 50주년 되는 날
- 다이아몬드 식(les noces de diamant) : 결혼한 지 60주년 되는 날

금혼식

생일 l'anniversaire de naissance

자신이 태어난 날을 기념하는 것으로서 생일을 맞은 사람에게 "Bon anniversaire"(본아니베세르, 생일을 축하합니다)라는 말과 함께 선물이나 꽃을 준다.

생일축하

2) 종교적 축제일

크리스마스 le Noël

크리스마스는 12월 25일로 그리스도(Christ)의 탄생(la naissance)을 축하하는 날이다. 성당에서는 예수가 탄생하던 당시의 모습을 모형들을 통해 재현하는데 마굿간(l'étable), 동굴(la grotte), 성모 마리아(la Vierge), 성 요셉(Saint Joseph), 아기 예수(l'Enfant Jésus), 당나귀(l'âne)와 소(le boeuf) 등으로 구성된 구유(la crèche)를 만들어 놓

예수가 탄생하던 모습을 재현한 구유

고 크리스마스의 의미를 되새긴다. 그리고 지방(En Provence), 특히 남쪽 프로방스에서는 이 구유 안에 조그마한 인물상을 배치하기도 하는데 이들은 인류의 구세주인 예수의 탄생을 보기 위해 달려온 사람들을 표현한 것이다.

이 구유의 모형들은 성당(église) 뿐만 아니라 일반 가정에서도 볼 수 있는데 예수의 탄생을 기리는 종교적 의미뿐 아니라 크리스마스 때 집에 장식하는 소나무(le sapin)나 나무에 거는 장식품(les guirlandes)으로도 사용된다. 크리스마스는 가톨릭을 믿는 신자들이건 아니건 간에 이제 전 인류의 커다란 축제날이 되었음에 틀림없다.

이 날 평소에는 쉽게 먹지 못하는 연어(le saumon), 철갑상어알(caviar), 거위 간(foie gras), 굴(huître), 그리고 밤(marrons)을 넣은 타조고기(dinde) 등을 좋은 포도주(vin)나 샴페인(champagne)에 곁들여 먹는 다. 또 이 날 먹는 후식(le dessert)은 장작(bûche)을 연상케 하는 형태로 동그랗게 말린 케익인 뷔슈(bûche)를 먹으며, 만나는 사람마다 “Joyeux Noël”(주와유 노엘, 메리크리스마스)이라는 인사말을 건넨다.

주현절 l'Épiphanie, fête des Rois

이 날(1월 6일)의 기원 역시 가톨릭에서 비롯되었다. 주현절은 동방박사(Rois mages)들이 찾아와 아기 예수의 탄생을 축하하며 금을 비롯한 갖가지 선물을 아기예수에게 주었던 날을 기념하는 날이다.

주현절에 먹는 음식으로, 갈레뜨 데 루아(galette des Rois)라는 것이 있다. 둥그런 빵처럼 생긴 케익 안에다 크림을 넣어 만든 것으로 친구들이나 가족, 또는 직장 동료들이 모여앉아 나눠 먹는다. 이 빵 안에는 세라믹(céramique) 또는 플라스틱으로 만든

갈레뜨 속에 들어가는 다양한 세라믹의 페브

페브(fève)라 불리는 조그마한 조각이 들어있다. 일단 모인 사람들의 수만큼 케익을 잘라 한 조각씩 먹기 시작한다. 그러다가 페브가 들어있는 빵조각을 먹게 된 사람은 종이로 만든 금색 왕관(couronne)을 쓰고 자신의 파트너인 여왕(la reine)을 고를 수 있는 자격을 부여받게 된다. 그리고 마침내 여왕이 정해지면 나머지 사람들은 한쪽 무릎을 바닥에 대고 한쪽 손은 무릎 위에 얹고 고개를 숙여 폐하 만세! 여왕 만세 [Vive la roi! Vive la reine!]를 외치게 된다.

주현절의 여왕이 된 소녀

갈레뜨

성촉절 la Chandeleur

2월 2일 예수가 성당에 출현한 것을 기념하는 것으로서 특히 크랩(crêpe)을 먹는 날이기도 하다. 크랩은 우리나라 부침게와 비슷한데 후라이팬 같은 것에다가 밀가루를 얇게 펴서 동그랗게 편 다음 입맛에 맞게 초코렛이나 잼 같은 것을 발라 먹는다(이것은 지역에 따라 차이가 있다). 한 손에는 후라이팬을 들고 다른 한 손에는 동전을 들고서 한해 부자가 되기 위해서는 후라이팬에 있는 크랩을 공중으로 던져 다시 잘 받아야 한다.

이 날은 종교적 기념일 이외에 또 다른 의미를 갖는데, 이 날을 시작으로 가장무도회(bals costumés)를 비롯한 각종 카니발(Carnaval)이 시작된다. 프랑스는 문화의 나라라는 이름에 걸맞게 각종 카니발

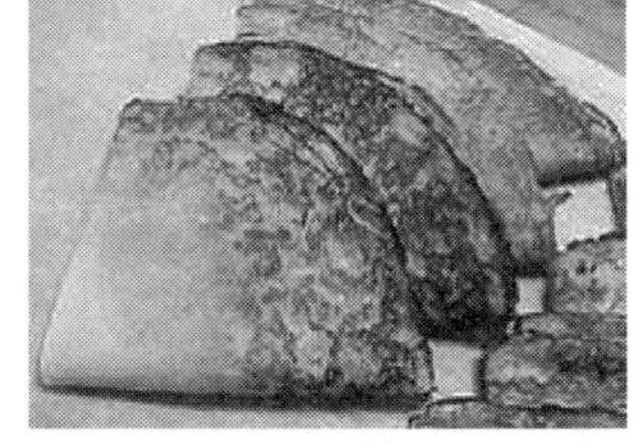
크 랩

이 지방에서 많이 열리는데 그 중에서 가장 알려져 있는 것이 니스 카니발이다. 맨 앞에 온갖 꽃으로 장식된 마차가 등장하고 각종 특이한 모습으로 꾸민 사람들이 뒤를 따른다. 이 카니발은 사람이 죽은 후 부활절 이전의 46일 동안의 암울하고 고통스러운 기간인 사순절(Carême)을 극복하기 위한 의식에서 비롯된 것으로 알려져 있다.

부활절 Pâques

부활절은 예수가 죽은 후 다시 부활한 것을 기리는 날이다. 이 날 로마(Rome)에서 거대한 종들(cloches)이 날아와 떠다니다가 초코렛(chocolats)으로 만든 달걀(oeuf)을 뿌렸다는 이야기가 전해진다. 그래서인지 부활절에는 모든 빵가게에서 달걀 모양의 초코렛들을 많이 팔고 있는 것을 볼 수 있다.

부활 전 예수의 상

부활절에 주고받는 달걀에 얽힌 이야기가 많이 전해지는데 18세기 프랑스 대혁명 이전까지만 해도 달걀은 왕족이나 귀족들의 전유물이었다고 할 만큼 귀하게 취급되어졌다고 한다. 부활절 일주일 전부터 부활절 당일까지 낳은 달걀들 중 가장 크고 잘 생긴 달걀은 왕의 차지였다니 사람만 차별이 있는 것이 아니라 달걀도 차별이 있었던 것 같다. 또한 절대 왕권의 상징이었던 루이 14세는 자신의 연인에게 달걀 속을 비우고 그 안에 십자가상을 넣어 선물했다고 하

부활절 미사광경

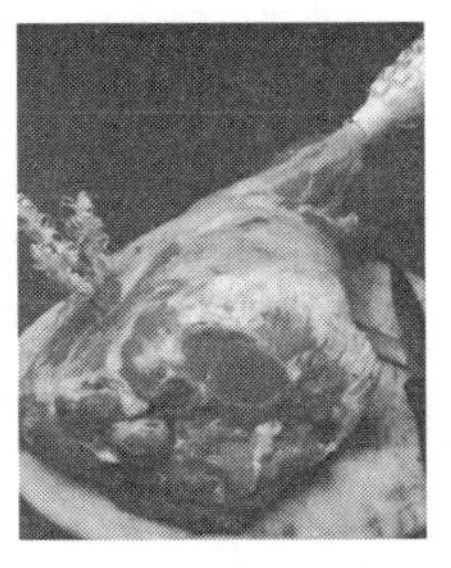
양고기

는데 부활절 달걀 중 가장 유명한 것은 루이 15세 때 바리 부인에게 선물한 것으로서 달걀을 황금과 비싼 보석으로 장식하였다고 한다.

다른 종교적인 날에 먹는 특별한 음식처럼 부활절에 먹는 음식이 있는데, 그것은 바로 양의 대접살(gigot d'agneau)이다. 양은 가톨릭에서 성스러운 제물로 상징되는데 이는 아마도 성경에 나오는 이야기 중에 히나님의 말씀에 따라 자식을 제물로 바치려는 순간 감동한 하나님이 자식 대신 양을 제물로 바치라고 했다는 이야기에서 양이 신성한 제물로 비유되는 것이 아닌가 싶다.

예수 승천 축일 l'Ascension과 성신 강림 축일 la Pentecôte

승천한 예수

예수 승천 축일은 부활절 후 6번째 목요일로서 가톨릭에서 아주 중요한 날 중 하나이다. 승천(ascension)은 라틴어로 몽떼(monter : 올라가다)라는 의미로서 신약성서에서 말하는 부활과 밀접한 관계를 갖는데. 이 예수 승천 축일은 예수가 죽은 자들 가운데서 부활하여 하늘로 올라간 날을 기념하는 날이다.

승천하는 예수

성신 강림 축일은 성령(Saint-Esprit)이 사도들(apôtres)에게 강림한 날을 기념하는 날로서 예수 승천 축일과 함께 매우 의미 있는 날이며 이를 기리기 위한 미사(messe)를 본다. 그리고 프랑스에서 이 기간은 쉬는 주간이다.

성축일 Toussaint

11월 1일 성축일은 모든 성인들(tous les saints)을 기리는 날이며 그 다음날인 11월 2일은 죽은 사람들(les défunts)을 기리는 날로서 모든 가족이 묘지(cimetière)로 가서 가족 중에 사망한 사람들의 무덤에 꽃을 놓고 먼저 간 사람을 추모한다.

성축일 친지의 묘지를 찾는 사람들

3) 일반 기념일 fê tes civiles

1월 1일 Nouvel An

12월 31일 자정(minuit)이 지나면 새로운 해가 시작된다. 이 날은 전 세계 사람들이 자신들의 문화와 풍속에 맞춰 아쉬운 한해를 보내는 동시에 다가오는 새해에는 좋은 일만 있기를 기원하는 날이다. 프랑스에서 자정을 알리는 종소리가 그치면 길가에서 만나는 사람들에게는 "Bonne année"(본 아네, 새해복 많이 받으세요.)라는 인사말을 건네며 자동차들은 크랙션을 마구 울려댄다. 아파트에서는 냄비를 요란하게 두들겨대며 환호하기도 한다. 이 날 아파트를 경비하는 분들에게 약간의 금전적인 성의를 표시하기도 한다. 또한 소방수들(pompiers)이나 우편배달부(postier)가 전통 달력(calendrier traditionnel)을 들고 집집마다 찾아다니며 인사와 함께 파는 모습도 볼 수 있다(마치 우리나라에서 복조리 파는 풍습과 비슷하다).

만우절 poisson d'avril

만우절을 상징하는 물고기

이 날의 기원은 다음과 같다. 프랑스에서는 1564년 이전까지는 4월 1일이 한해가 시작되는 날이었지만, 샤를르 9세가 달력을 바꾸고 1월 1일부터 한해가 시작되는 것으로 정하였다. 그리하여 1565년 1월 1일부터 모든 사람들이 새해를 축하하고 선물을 서로 주고받게 되었다. 그런데 4월 1일이 되자, 몇몇 짓궂은 사람들이 친구들에게 또 다시 마치 새해가 된 것 인양 새해인사와 함께 선물을 주었는데, 선물을 받은 사람들은 이 날이 새해라고 착각하게 되었다. 그저 웃기 위해서 가짜 선물을 주었던 이 풍습으로 인해 4월 1일이 되면 어른이건 아이건 간에 거짓말을 하였다. 이 날은 지나가는 사람 또는 친구들의 등에 종이로 만든 생선을 몰래 붙이고 놀리기도 하는데, 심지어 잡지나 신문, TV 등지에서도 거짓 정보를 내보기도 하며 심지어 정치인들까지 이에 가세하기도 한다.

노동자의 날

5월 1일은 노동자의 날로서 프랑스 거리는 각종 노동조합(syndicats)들의 행진으로 꽉 찬다.

뮈게(muguet)라는 하얀 색의 이 날을 상징하는 꽃은 행운을 가져다주는 꽃으로서 자신이 좋아하는 사람에게 이 꽃을 선물한다.

시위하는 노동자들

혁명기념일

7월 14일 프랑스 대혁명을 기리는 날이다. 굶주림을 견디지 못하던 프랑스 시민들이 왕정의 상징이었던 바스티유 감옥(Bastille)을 점령하고 왕정을 무너뜨린 날이다.

바스티유 감옥을 점령하는 모습

제 2 장

프랑스의 지형과 기후

1. 프랑스의 산

몽블랑Mont blanc

프랑스는 육각형의 형태를 띠고 있다.[1] 프랑스의 지형은 크게 산지와 평지로 구분하는데, 국토의 3분의 2에 해당하는 부분이 평야나 구릉지대를 형성하고 있으며, 거대한 산맥들이 인접한 국가들과 경계를 이루고 있다. 동남부에 위치한 알프스 산맥은 이탈리아, 스위스와 국경지대를 이루고 있는데, 특히 이탈리아 국경에 솟아 있는 몽블랑(Mont blanc)[2]은 해발 4,807m로서 유럽에서 가장 높은 봉우리로 알려져 있다.

---

1) 프랑스 국토의 총면적은 551,695㎢로 한반도의 2.5배에 해당하며 유럽공동체 EU의 총면적의 1/5을 차지하고 있다. 프랑스 형태가 육각형의 모양을 하고 있으므로, 흔히 에그자곤느(hexagone)라고 부른다.

2) 이탈리아어로 몬테 비앙꼬(Monte Bianco)라고 불리며 우리말로 굳이 번역하자면 '흰산'이라는 의미다. 프랑스와 이탈리아의 국경지역에 위치하며, 이탈리아에 걸쳐 있는 산맥은 비탈면이 매우 가파른 반면, 프랑스 쪽에 있는 산맥은 비교적 경사가 완만한 편이다. 특히 빙하가 발달하였는데, 메르 드 글라스(Mer de Glasse)는 절경으로 유명하다. 또한 프랑스와 이탈리아 사이에 몽블랑 터널이 뚫려 있어 산업도로인 동시에 관광도로로 이용되고 있다.

이 밖에도 그랑 조라스(Grandes Jorasses)를 비롯하여 4,000m가 넘는 거대한 봉우리들이 28개가 치솟아 있으며, 보쏭을 비롯한 거대한 빙산들이 있다. 그런가 하면, 남서북에는 프랑스와 스페인의 경계를 이루고 있는 440km 길이의 거대한 피레네 산맥이 위치해 있다.[3)]

피레네 산맥의 전경

그리고 프랑스를 남북으로 양분하는 거대한 산맥인 마씨브 쌍트랄(Massifs Centrale)[4)]이 있는데, 북서쪽의 루아르 강(Loire)과 남서쪽 가론 강, 그리고 동쪽의 론 강에 걸쳐 전개되면서 프랑스의 주요 하천과 지류의 분수계를 이루고 있다.

쥐라Jura 산맥의 전경

또한 쥐라 산맥[5)]은 프랑스 알프스의 북서쪽에 위치하면서 스위스, 독일, 프랑스의 삼국에 걸쳐 있다.

보쥬 산맥(Vosges)[6)]은 독일의 라인강을 따라

3) 피레네 산맥은 프랑스와 스페인 국경에 걸쳐져 있으며 대서양과 지중해를 연결하는 440km의 거대한 산맥이다. 알프스와 생성시기가 비슷하고 가론 강의 수원이 여기서 비롯된다.

4) 마씨브 쌍트랄은 면적이 약 85,000㎢로 프랑스 국토 총 면적의 1/6을 차지하며 르퓌(Le Puy)라는 전형적인 돔 모양의 화산으로 아주 유명하다. 주봉으로 퓌 드 상시(Puy de Sancy)가 가장 높다.

5) 알프스 산 형성기에 퇴적층, 특히 석회암으로만 이루어진 습곡의 산맥으로 많은 하천과 계곡이 발달되어 있다. 석회암 동굴이 많으며 최고봉은 크레드 라 네즈(1,732m)이다.

보쥬vosges 산맥의 전경

남북으로 125㎞, 동서로 40~90㎞프랑스의 대표적인 평지로는 북동쪽에 위치한 로렌 지방을 들 수 있는데, 이 지역은 제1차 세계 대전 당시, 18개월 동안 인접한 독일과 전쟁을 치루면서 40만명의 프랑스 군인들이 전사한 가슴 아픈 역사를 지니고 있다.

샤모니 몽블랑과 앙트레브를 잇는 케이블카

또한 파리 분지는 서쪽으로 아르모리캥 산지, 동쪽으로 보쥬 산맥, 남쪽으로 중앙 산지, 북쪽으로 아르덴 고원, 북서쪽으로 영국해협에 둘러싸여 있는 분지로서, 동서 400㎞, 남북 350㎞, 면적 18만㎢의 광대한 넓이를 자랑하는 프랑스 전 국토의 3분의 1에 해당하는 지역이

6) 라인강을 따라 남북 125㎞, 동서 40~90㎞의 산악지대인 보쥬 산맥에 있는 아르덴 산악지대는 평균 고도 400~600m로서 예로부터 군사 전략상의 요충지였다.

다. 특히, 수도 파리를 포함해서 일-드-프랑스(Ile de France)라고도 부른다.

일드프랑

쥐라Jura산맥 중 1,723m의 최고봉인 크레 드 라 네즈(Crêt de la Neige)

1,886m의 최고봉인 퓌 드 상씨(Puy de Sancy)

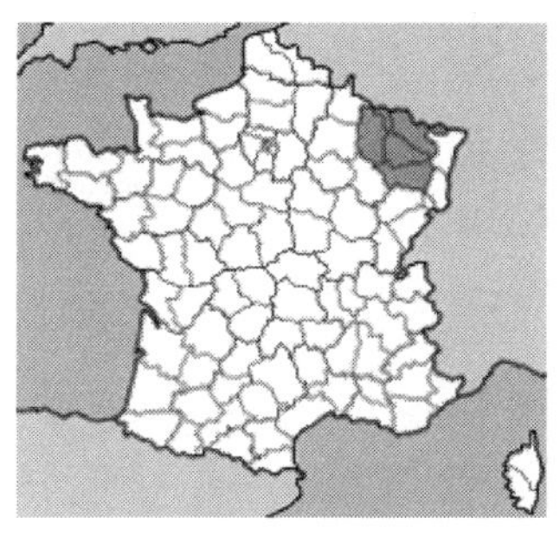

로렌지방

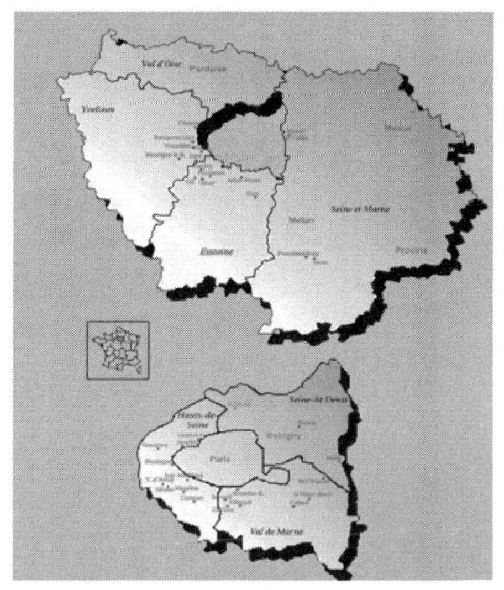

일드프랑2

피레네 산맥 최고봉인 3,404m의 아네토aneto

1,424m의 그랑 발롱 (Grand Ballon)

2. 프랑스의 강

프랑스에는 커다란 4개의 강이 흐르고 있는데, 그 중에도 우리에게 익히 잘 알려져 있는 강이 센느(la Seine)강이다. 센느강은 파리 중심부를 가로질러 루앙, 르아브르를 거쳐서 영불해협으로 흘러나간다.

길이 1,010㎞로서 프랑스에서 제일 긴 강인 루아르(Loire) 강은 마시프 쌍트랄을 통과하여 낭트를 거쳐 대서양으로 흐른다. 특히 뚜르(Tours) 지방의 크고 작은 성들은 가히 장관이라 할 수 있다.

하늘에서 본 센느강

론느강은 알프스의 빙하가 녹아 흘러 형성된 강으로서, 리옹에서 손느강과 합류하여 마르세이유를 거쳐 지중해로 흐른다. 또한 남쪽지방전반에 걸쳐 흐르는 가론느(Garonne)강 역시 빼놓을 수 없는 프랑스의 강이다.

프랑스를 흐르는 거대한 강을 전체적으로 살펴보면 다음과 같다.

프랑스강의 흐름

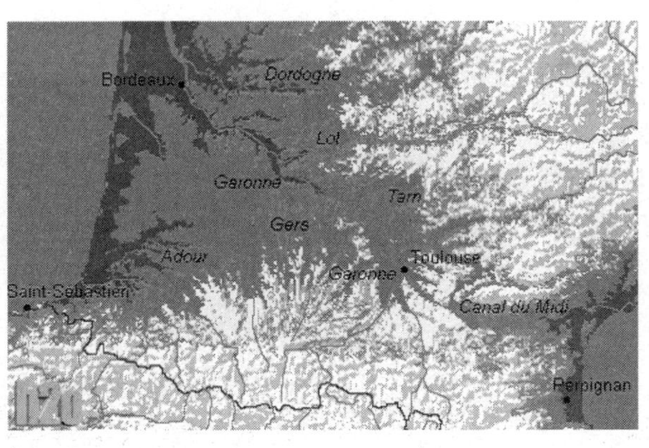

가론느Garonne 강의 흐름

쉬농소 성

샹보르 성

오른쪽 : 론 강
왼쪽 : 손 강

3. 프랑스의 기후

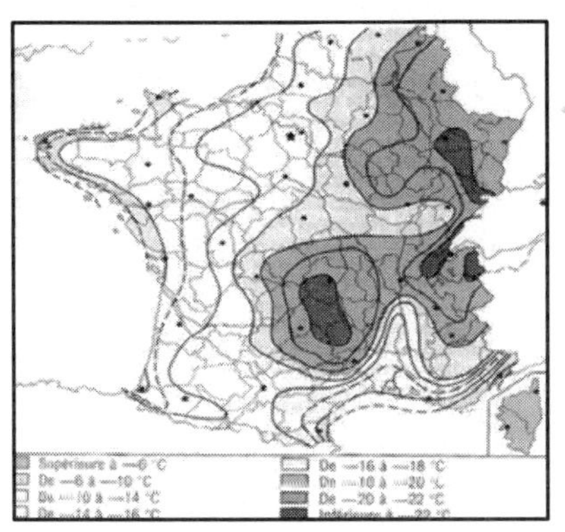

프랑스는 다양한 기후를 지니고 있는 나라이다. 지리적으로 한국보다 더 북쪽에 위치해 있음에도 불구하고 서부와 북부 프랑스는 겨울에 기온이 영하로 떨어지는 경우가 별로 많지 않다. 또한 흐리고 비가 많이 오는 전형적인 해양성 기후이다. 반면, 동부와 동북부 프랑스는 대륙성 기후로서 여름에는 덥고 겨울에는 추운 날씨를 보인다.

동부의 대륙성 기후와 서부의 해양성 기후가 만나는 지점이 파리 분지이다. 따라서 파리의 날씨는 두 기후의 영향을 받아 기후의 변화가 심하다.

제 3 장

프랑스의 역사

골루아족 당시의 모습을 보여주는 유물

1. 선사 시대에서 고대 시대까지

프랑스 땅에 정착한 최초의 인류

1) 선사시대

많은 프랑스의 역사학자들이 지금도 프랑스의 역사에 대해 열띤 토론을 하고 있지만, 아직까지도 프랑스의 역사가 정확히 언제 시작되었고 또 어떻게 시작되었는지에 대해서는 논란의 여지가 많다. 여기서는 일반적으로 알려지고 인정된 것만을 살펴보기로 한다.

약 3만년전, 2만명 남짓 되는 집단이 현재의 프랑스 땅 중심지인 파리 일대에 거주하기 시작하였는데, 이 인류 집단의 외형적 특징은 키가 작고, 다리가 짧으며, 등이 둥글게 굽은 것이었다. 이들이 프랑스 땅에 처음으로 살기 시작한 종적인 것이다. 이들은 주로 사냥(chasse)를 하거나 과일 등을 따먹으며 살았다.

이들이 세운 문화 중에 가장 특징적인 것이 거석(menhir)이라는 것으로, 어떤 학자는 이것을 무덤이라고 추측하기도 하고, 또 어떤 학자는 경계를 표시하는 것이라고 주장하기도 한다.1)

고인돌

2) 셀트 족(les Celtes), 골루아 족(les Gaulois), 바바르 족(les Barbares), 그리고 로마인들(les Romains)

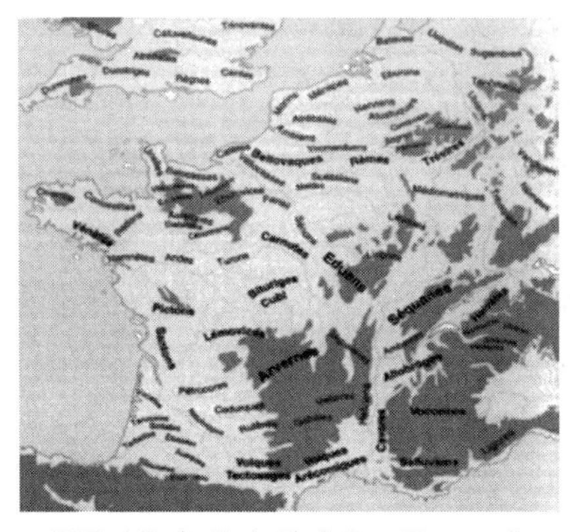

골루아족이 살던 당시의 프랑스 모습

중앙 유럽이 주 활동지였던 셀트 족은 알프스와 피레네 지역으로 이동을 시작하여 기원전 1200년경 골 지방에 정착하게 되는데 이곳에 정착한 셀트 족들을 골루아 족이라고 불렀다.[2)]

이들에 대해서 정확히 알려진 것은 없으나, 상당히 수준 높은 문화를 지녔던 것으로 추측되며 종교를 가지고 있었고, 자연과 조화롭게 살았던 것으로 알려져 있다.

역사의 기록을 보면, 이들 사회는 부족중심으로 족장에 의해 지배되었다. 그리고 골루와 족의 신앙을 담당하는 주술사(le druide)들이 존재하였는데, 각종 부족회의나 모임에서 족장에 앞서 연설을 했다는 기록으로 미루어 볼 때 이들이 부족사회에서 차지하고 있는 위치가 매우 중요했다는 것을 짐작할 수 있다.

역사학자들의 증언에 따르면 골루아 족은 금발의 긴 머리카락과 긴 콧수염과 품이 넓은 골루아 족의 부족장들의 전시 모습 바지를 입었다고 전해진다. 이들은 매우 용감하고 호기심이 많았지만 훈련을 받은 상태는 아니었으며 매사에 매우 적극적으로 달려들지만 끈기가 있는 편이 아니며, 한 가지 일에 쉽게 실망을 하는 스타일이었고, 친절

---

1) 프랑스의 거석문화에 대한 상세한 내용과 자료 사진들은 아래 인터넷 싸이트를 참조하기 바람. http : //bruno.marc1.free.fr/dolmen

2) 골루아 족의 역사와 문화예술에 관한 상세한 기록은 his.nicolas.free.fr을 참조하기 바람.

한 편이나 개성이 매우 강한 민족이었다고 한다.

골루아족의 생활 모습

매사에 일을 신중하게 생각하는 스타일이 아니라 매우 즉흥적이고, 끈기가 없는 성격의 골루와 족들의 특성을 잘 보여주는 얘기가 전해지는데, 한 부족장은 [나는 한가지 밖에 걱정거리가 없어. 그것은 바로 하늘에서 벼락이 나에게 떨어질까 하는 것이지]라고 말했다고 한다. 독립적인 성향이 매우 강해 부족들 간의 융합이 이루어지지 않았다고 주장하는 학자들도 있으나 다른 시각에서는 전체 부족의 족장이었던 브렌(Brenn)이 전쟁에 나갈 때 모든 골루와 부족을 지휘했다는 기록을 들어 골루와 족들 간의 융합이 잘 이루어졌음을 주장하기도 한다.

골루와 족은 프랑스에 있어서 아주 중요한 문화적 유산이라고 할 수 있다. 그 이유는 가장 인기 있는 <아스테릭스>라는 만화가 바로 이 골루와 족을 주인공으로 내세우고 있기 때문이다. 최근에는 영화로도 만들어졌는데, 만화 <아스테릭스>에 등장하는 주인공은 다음과 같다. (다음장)

중국의 훈 족(les Huns)이 그 수가 많아지면서, 중국의 만리장성을 넘어 서양으로 이동하게 된다. 375년, 훈 족으로 인해 밀리기 시작한 바바르 족은 먹고 살 땅을 찾아 대이동을 하게 되고 그 결과 골루와 족이 살고 있던 지역까지 침범한다.

훈족의 침략

* 꾀 많은 영리한 전사 – 아스테릭스

그리스어로 작은 별을 의미하는 아스테릭스는 골 족의 영리함과 대담함을 동시에 지닌 인물로 두뇌 회전이 빠르고 위험한 일에도 서슴없이 나서는 용감함을 지니고 있다. 그는 파노라믹스 주술사가 만든 마법의 물약을 먹고 초인적인 힘을 발휘하여 문제들을 하나씩 해결해 나간다. 항상 머리에 날개가 달린 투구를 쓰고 다니며, 오벨릭스를 구슬리고 다스리는데도 뛰어난 재능을 보인다.

* 엄청난 힘을 지닌 귀여운 악동 - 오벨릭스

어렸을 적 마법 물약단지에 빠져 엄청난 힘을 지니게 된 오벨릭스는 모든 걸 다 버리고 모험할 준비가 되어있는 아스테릭스의 둘도 없는 친구이다. 멧돼지 고기를 제일 좋아하고 걸핏하면 싸움을 거는 다혈질이지만 항상 같이 다니는 조그만 강아지 이데픽스를 엄청 아낀다. 직업은 고인돌 배달부.

* 마법물약의 제조자 – 파노라믹스

골루와 족 마을에서 존경받는 사제로서 각종 식물을 채집하여 여러 가지 물약을 만드는데, 그 중에서 제일 인기 있고 유명한 것으로는 먹으면 초인적인 힘을 발휘하는 물약이 있다. 이 물약 이외에도 수많은 비법을 알고 있으며 아스테릭스와 오벨릭스가 위험에 처해 있을 때 갖가지 비법으로 이들을 도와준다.

* 사람처럼 행동하는 강아지 - 이데픽스

오벨릭스의 둘도 없는 강아지로서 아스테릭스와 오벨릭스가 위기에 빠질 때마다 이들을 구해준다. 이 세상에서 단 하나 뿐인 환경친화적인 강아지로 혹시라도 사람들이 나무를 쓰러뜨리면 괴로워 울부짖으며 어쩔 줄 몰라 한다. 제일 좋아하는 것은 뼈다귀.

* 족장 아부라꾸르씨

부족을 이끄는 족장이지만 아주 중요한 결정을 내릴 때는 별로 영향력을 발휘하지 못하고 위의 주인공들의 의견을 전적으로 따른다. 성격이 이상하고, 상냥하며 말을 많이 하는 타입이다. 자기에게 하늘에서 벼락이 떨어질까 늘 두려워한다.

영토를 침략당한 골루와 족들은 로마에게 도움을 청한다. 그러나 로마인들은 골 지방(la Gaule)에 들어와 훈 족을 물리치고 나서도 계속 골 지방에 머문다. 이들의 야심을 알아챈 골루와 인들은 대항하였지만 결국 로마의 영웅인 케자르(César)에게 무릎을 꿇고 만다.

골루와 족에 대한 로마인들의 정책은 참으로 교묘했다. 우선 정복한 골루와 족 중 족장이나 귀족들에게는 나름대로의 대우를 해주고 로마 귀족 학교에 다니게 하면서 로마의 문화를 익히게 했다. 발달된 문명과 문화를 접하게 된 골루와 귀족들은 로마의 습관과 제도에 물들게 되었고, 이러한 정책으로 로마는 500년 동안 골 지방을 지배하게 된다. 그러나 긴 세월 동안 평화로운 생활로 인해 무력함과 나태함에 빠지게 된 로마는 내분까지 겹쳐 4세기경 멸망하고 만다.

골루아족 무속장들의 전투 모습

골루아족의 주술사

로마에 굴복하는 골루아족

2. 중세 시대 (Moyen âge)

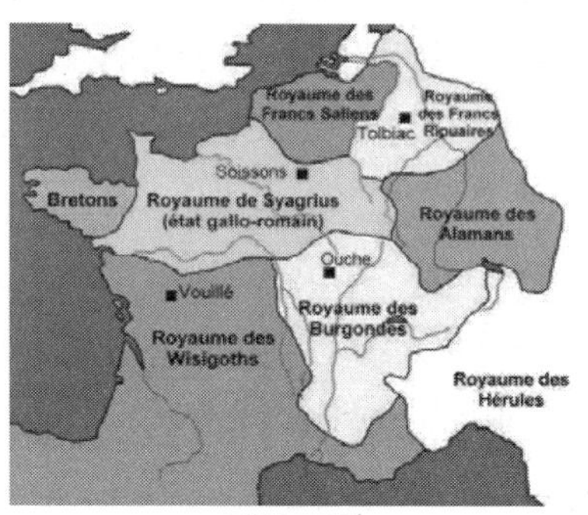

프랑크왕국

중세 시대는 두 개의 로마 제국의 붕괴가 일어난 시기라 할 수 있다. 구체적으로 말하면 동로마 제국이 멸망한 476년 초부터 터키의 콘스탄티노플 점령으로 인해 서로마 제국이 멸망하는 1453년 5월 27일까지의 시대를 일컫는다. 이 시기에 프랑스에서는 프랑크 족 왕의 지배하에 게르만 족과 갈로 로망족이 융합하고 봉건 제도 중심의 사회가 형성된다. 메로빙거, 카롤링거, 그리고 카페 왕조 등 골 지방을 지배하는 많은 왕조들이 흥망성쇠를 거듭하는 시기이기도 하다.

동로마 제국의 붕괴와 봉건 제도의 성립은 점차적으로 새로운 사회 체계를 탄생시켰으며, 국가의 개념이 생기게 된다.[3] 또한 중세 시대는 기사들의 등장, 유럽 국가들 사이의 전쟁 등으로 특징지어지며, 십자군 전쟁을 마지막으로 막을 내리게 된다.

1) 프랑크 족과 멜로빙거 왕조

5세기에 서로마 제국은 주변 부족들에게 영토를 부여하면서 훈 족과 같은 외부의 침략에 대항하는데 프랑크 족은 이런 부족들 중의 하나였다. 당시 프랑크 족에 관한 역사학자들의 연구에 따르면, 프랑크

3) 중세 시대의 위대한 왕으로 손꼽히는 필립 오귀스트, 쌩-루이, 필립 르 벨, 샤를르 5세 등은 오늘날의 국가형태의 기초를 세운 왕들로 알려져 있다.

족은 당시 거대한 영토를 소유하고 있었지만 국가(état)라는 개념이 없었고 행정력도 없었다고 한다. 프랑크 족은 매우 자유 분방한 성격으로 전시가 아닌 평상시에는 모두가 평등하였다고 전해진다. 심지어 왕 조차도 특권을 가지고 있지 않았으며 회의를 할 때는 그 누구라도 왕의 발언만큼이나 동등한 힘과 중요성을 갖는 의견을 당당히 발표하였다고 한다. 그렇지만 전시에는 왕이 모든 것에 대해 주도권을 가지고 삶과 죽음의 권리를 지닐 정도로 강력한 권력을 행사하였다고 한다.[4)]

자유분방한 성격의 프랑크족

동로마 제국은 과거 자신들의 선조들의 영토를 회복하면서 거대한 왕국을 이룩한 게르만 족(peuples germaniques)에 의해 멸망한다.[5)] 당시 프랑크 족의 족장이었던 클로비스(Clovis)[6)]는 골 지방의 정복에 나서는데 우선 쑤와쏭(Soissons)에 있던 갈로 로망인들과 똘비악(Tolbiac)에 있던 알라만 족(Alamans)을 차례로 물리치면서 루아르 강 북쪽의

전시의 프랑크족 왕

4) 프랑크 족은 평시에는 모든 이들이 평등하였으며, 반면 전시에는 왕이 절대 권력을 지니고 그의 명령에 절대 복종하는 매우 이분화된 사회구조를 지니고 있었다.

5) 당시 가장 강력했던 민족은 비시고트 족(Wisigoths)이었다.

6) 클로비스의 진짜 이름은 콜로도베크(Chlodowech)였다. 465년 경 프랑크 족의 왕인 실데릭 1세(Childéric I)의 아들로 태어나, 481년 프랑크 족의 왕이 된 클로비스는 과거 골 지방의 영토들을 하나씩 정복하기 시작하였다.

골 지방을 장악한다.

당시 골 지방의 남쪽에 있던 게르만 족이 가톨릭 교회에게 자신들의 종교를 강요하자 가톨릭 교회는 자신들을 보호해 줄 보호자가 절실하게 필요하게 되었고 이교도였던 프랑크 족에게 도움의 손길을 요청하게 된다. 이교도임에도 불구하고 클로비스는 오래 전부터 가톨릭 교회와 밀접한 관계를 맺고 있었는데, 그 이유는 가톨릭이 고대 로마 제국의 국교였다는 점에서 여러 가지 유리한 점이 많다는 것을 알고 있었기 때문이었다. 그는 493년에 가톨릭교를 신봉하는 뷔르공드 족(burgondes)의 공주인 끌로띠드(Clotide)와 결혼을 한다. 프랑크 족의 여왕이 된 끌로띠드는 남편 클로비스에게 가톨릭으로 개종할 것을 강력히 요구하고, 결국 클로비스는 세례를 받음으로써 가톨릭으로 개종하게 된다.

클로비스 왕

클로비스왕이 가톨릭으로 개종한 것은 그의 입장에서는 상당한 위험을 감수한 중대한 결심이었다. 당시 프랑크 족의 전통 종교에 따르면 신으로부터 왕권을 인정받았다는 것을 증명하는 것이 바로 긴 댕기머리를 하는 것이었고, 가톨릭으로 개종할 경우 이 긴 머리를 잘라야 하기 때문에 다른 족장들로부터 거센 항의를 받게 되기 때문이었다. 즉, 클로비스왕이 머리를 자르는 것은 곧 신으로부터 받은 프랑크 족의 왕으로서의 자질과 적법성을 포기하는 것이나 마찬가지였다.7)

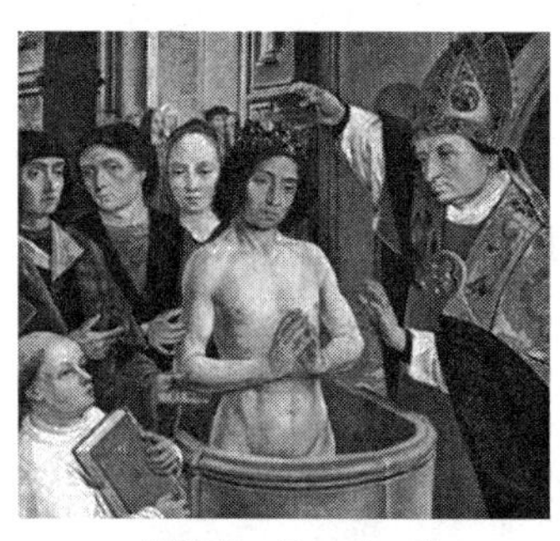
세례받는 클로비스왕

7) 위험성을 감수하면서까지 클로비스왕이 가톨릭으로 개종한 것은 상당한 의미를 갖는다. 첫째, 골 지방을 정복한 프랑크 족의 왕인 클로비스가 가톨릭으로 개종함으로써 가톨릭 교도들은 세력을 넓게 확장할 수 있는 계기를 마련하게 된다. 이들은 비단 프랑크 족 내에서 뿐만 아니라, 자신들이 정복한 타

클로비스왕을 시작으로 국가의 형태를 띠게 된 프랑크 족에게 최초의 왕조라 할 수 있는 메로빙거(Mérovingien) 왕조가 탄생하게 된다. 511년 11월 27일 클로비스왕이 죽고, 메로빙거 왕조는 그의 자식들에 의해 분열된다. 네 아들 중 클로테르 1세가(Clotaire I)가 다시 왕국을 세웠지만[8] 그가 죽자 그의 네 아들이 또 다시 형제간의 전쟁을 일으키게 되면서 프랑크 족의 분열을 초래하게 된다. 그 후 52년간의 긴 전쟁을 끝으로 실로페릭(Chiloperic)의 아들이 콜로테르 2세(Cloaire Ⅱ)로 등극하면서 다시 왕국을 통일한다. 그는 왕이 되자마자 영토를 차지하고 있던 귀족들에게 모든 행정권을 부여하는 새로운 법령을 발표 한다.[9]

그의 아들인 다고베르 1세(Dagobert I)[10]는 그의 아버지의 왕국을 이어받아 클로테르 2세(Clotaire Ⅱ) 이후의 왕국을 발전시키면서 평화로운 시대를 맞게 된다.

민족들에게도 가톨릭의 영향을 끼치게 된다. 반면 클로비스왕의 입장에서는 고대 왕국의 국교였던 가톨릭으로 개종함으로써 가톨릭을 믿고 있던 적들에게 상당한 호의감을 주어 당시 자신의 입지를 더욱 확실히 굳힐 수 있는 계기를 마련하게 된다. 둘째, 가톨릭으로의 개종은 교회의 입장에서는 더 이상 정복당한 민족의 약한 종교가 아닌 정복자의 국교로서 강력한 힘을 지니게 된다, 또 가톨릭과의 연합을 통해 클로비스왕은 상호 전략적 이익을 꾀할 수 있게 된다. 셋째, 클로비스왕은 가톨릭으로 개종함으로써 왕으로서의 특권을 갖추게 된다. 구체적으로 그 이전까지 프랑크 족의 왕은 전시를 제외하고는 다른 프랑크 족의 전사들과 다른 점이 없었다. 하지만 가톨릭으로 개종하고 자신들의 부하들을 개종시킴으로써 클로비스왕은 신으로부터 성스러운 왕이라는 자격을 얻게 된다. 이제 프랑크 족의 왕은 단지 부족들간의 투표를 통해 선출되는 것이 아니라 다른 이들을 지배하기 위해 신으로부터 선택받은 자가 된 것이다. 이는 곧 왕의 권력을 강화시키는 직접적인 계기가 된다.

8) 클로비스의 네 아들 중 오를레랑을 지배하던 장남 클로도미르(Clodomir)가 524년 부르공 족(Burgondes)과 전쟁 중 사망하게 되고, 그의 세 동생 중 쉴데르(Childert)와 클로테르(Clotarie)가 왕국을 나눠 지배하게 된다. 하지만 형제들 간의 피비린내 나는 골육상잔의 전쟁은 47년만에 종국을 맞이하게 되고 결국 클로테르가 왕국을 지배하게 된다.

9) 프랑크 족의 골 지방의 정복은 갈로 로망 족들과 프랑크 족들 간의 문화가 섞이는 결과를 낳는다. 교회는 프랑크 족들의 비인간적인 풍습을 계몽하려 하였는데, 이는 당시 가장 큰 영토를 가지고 있었던 귀족들과의 마찰을 빚는다. 이 문제를 해결하기 위해 강력한 힘을 가진 귀족들을 회유하는 정책을 시도하는데, 이것이 후에 봉건제도의 전신이 된다.

10) 그는 행정과 법을 개혁하면서 훌륭한 왕으로 평가받아 쌩-드니(Saint-Denis)에 묻히는 첫 번째 왕이 된다.

2) 샤를마뉴 대제와 카롤링거 왕조

메로빙거 왕조의 몰락과 함께 페팽 르 브레(Pépin le Bref)는 교황의 동의를 얻어 왕위에 오르면서 프랑크 왕국 내에서 자신의 권력을 더욱 견고히 해 나갔다.[11] 747년 페팽의 아들인 샤를마뉴(Charlesmagne)가 태어나고 768년 9월 24일 그의 아버지 페팽이 죽자 왕위를 이어받는다.[12] 샤를마뉴는 메로빙거왕조 당시의 혼란했던 조직을 재정비하여 중앙집권적 행정부를 조직한다.[13] 또한 샤를마뉴 대제는 문화와 교육에 전력을 기울였는데 그를 시작으로 카롤링거 왕조가 탄생하게 된다. 그는 또한 교회와의 관계를 강화하면서 나라 밖으로 영토를 확장하는데 힘을 기울인다. 이 와중에 778년 스페인 침공에서 실패하고 돌아오는 길에 롱스보(Roncevaux)에서 기습을 당하기도 하는 어려움을 겪는다.[14]

샤를마뉴 대제의 동상

800년 12월 25일 샤를마뉴 대제는 로마에 있는 교황 레옹 Ⅲ세로부터 황제

11) 궁중 감독관이었던 페팽 르 브레(Pépin le Bref)는 교황을 지지하였고, 교황의 지원을 받으며 쉴데릭(Childéric) Ⅲ세를 메로빙거 왕조의 마지막 왕좌에 오르게 한다. 그 후 그는 프랑크 왕국 내에서 절대적 권력을 장악하게 되며, 751년 마침내 왕으로 선출되면서 프랑크 왕국의 왕좌에 오른다.

12) 샤를마뉴(Charlemagne)는 당시 그의 동생인 카를로망(Carloman)과 함께 프랑크 왕국을 나누어 지배하는데, 내전을 통해 그의 동생은 죽고 그의 조카들을 수도원에 감금하면서 프랑크 왕국의 유일한 왕이 된다.

13) 그가 왕궁에서 명령을 하달하면 그 명령을 받은 신하들은 즉시 각 지방에 있는 귀족들에게 그 명령을 전달하였고, 왕으로부터 명령을 받은 신하들은 귀족들이 제대로 명령을 이해하는지를 감시하는 역할을 담당하였다.

14) 이 시기를 음유 시인들이 노래하여, 바로 프랑스 문학사에서 가장 중요한 문헌으로 손꼽히는 롤랑의 노래(Chanson de Roland)가 탄생하게 된다.

로 인정받게 된다. 그러나 샤를마뉴 대제가 죽은 후 그의 외아들인 루이 프르미에 르 삐외(Louis 1er le Pieux)가 왕위를 계승하고 그의 계속되는 실정으로 인해 결국 카롤링거 왕조의 시대는 막을 내리게 된다.[15)]

샤를마뉴 대제[16)]

68~814까지 프랑크 족의 왕인 동시에 800~814년까지 서양제국의 황제였던 샤를마뉴는 키는 중간 정도였고 턱수염은 없다고 알려져 있다. 하지만 굉장히 호탕한 성격의 소유자이며 대식가이고 수영과 승마를 특히 즐겼다고 한다. 이를 증명이라도 하듯 그의 왕궁인 엑스 라 샤펠(Aix-la-Chapelle)[17)]에 1,000명을 수용할 수 있는 수영장이 있었다고 하니 그 규모를 짐작할 수 있으리라.

---

15) 아버지로부터 왕위를 이어받은 루이 프르미에 르 삐외(Louis 1er le Pieux)는 수도승에 영향을 받아 자신의 왕국을 교회의 도덕적 지배 하에 놓이게 하였다. 그리고 마지막 아내의 영향을 받은 그는 왕국을 4명의 아들에게 나눠주었는데 그 마지막 아내인 주디뜨(Judith)의 아들인 샤를르(Charles)에게 유리하게 영토를 배분하였다. 이에 불만을 품은 장남이 반란을 일으켰으나 곧 진압된다. 그러나 삐외가 장남이 소유하고 있던 영토를 Charles와 또 다른 두 명의 아들에게 분배하는 과정에서 또 샤를르에게 특혜를 주면서 다른 두 아들로 하여금 전쟁의 불씨를 품게 하였다. 삐외가 사망하자, 샤를르는 루이(Louis)와 연합하여 그들의 형인 로테르(Lothaire)와 싸워 승리하게 되고, 샤를르 르 쇼브(Charles le Chauve)는 오늘날의 프랑스 지역의 왕이 된다.

16) 샤를마뉴의 탄생에 대해서는 자료의 부족으로 확실하게 알려져 있지는 않다. 그의 아버지인 페팽 르 브레(Pépin le Bref)가 죽자 샤를마뉴와 그의 동생인 카로망(Carloman) 둘 다 왕으로 선출되는데 샤를마뉴는 아버지가 다스리던 영토의 왕이 되고, 카로망은 그들의 삼촌이 다스렸던 영토를 맡는다. 그러나 771년 3년간의 통치 끝에 카로망은 사망한다. 이에 대한 상세한 자료는 다음을 참조. Pierre Riché, *Les Carolingiens, une famille qui fit l'Europe*, ISBN 2-012788513, Jean-Charles Volkman, *Bien connaître les généalogies des rois de France*, ISBN, 2-877472086.

17) 프랑크 왕조의 페팽 르 브레(Pépine le Bref)는 엑스(Aix)지역에 성을 건설하였는데, 그의 아들인 샤를마뉴는 이 지역을 특히 좋아하여 이곳에 궁전을 세우면서 왕국의 수도인 동시에 자신의 거처로 삼는다. 이때 이곳에 훌륭한 성당을 지었는데, 양식은 로마 비잔틴 전통에 따른 것이었다. 샤를마뉴는 이곳에 801년부터 거주하여 814년 사망하기까지 있었으며 그의 시신은 이곳에 안장되었다.

Aix-la-chapelle 의 모습

기록에 따르면 샤를마뉴는 둥근 머리에 커다랗고 생기에 찬 눈과 활모양의 코를 가졌고 복장은 지극히 수수하였으며 그의 유일한 사치품은 에메럴드와 루비가 박힌 그의 애검인 주와이유즈(Joyeuse)를 차고 다닐 때 사용하던 은으로 된 혁대였다.

오늘날 샤를마뉴가 높게 평가되는 이유는 바로 유럽을 하나로 통일시켰다는 것인데 그는 무력뿐 아니라 이 거대한 왕국을 개인적으로 감시할 수 있는 새로운 행정체계를 세웠다. 구체적으로 지방을 250개의 주로 분할하고 백작들이 다스리게 하였으며 공작이나 후작으로 이루어진 군인신분의 통치자들로 하여금 경계지역을 감시하게 하였다. 왕의 사자들은 각 지역을 돌아다니며 왕의 명령을 전달하는 임무를 가졌다. 매년 5월 국가의 대소사에 대한 회의가 소집되면 샤를마뉴는 그곳에 참석하여 그들의 의견을 경청하였고, 그뿐 아니라 궁전에 학교를 세워 교육에도 힘을 기울였다.

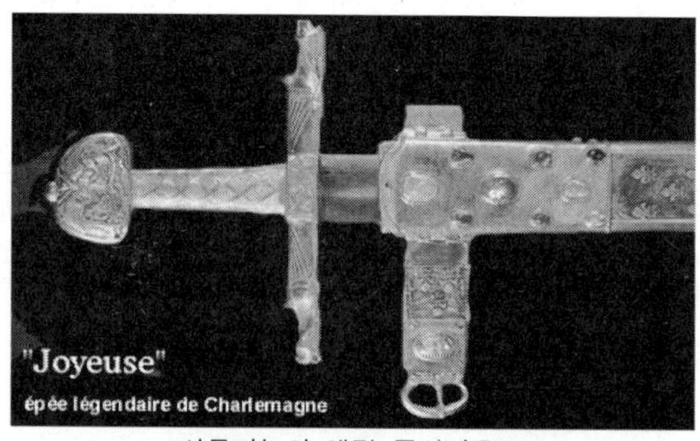

샤를마뉴의 애검 주와이유즈

롤랑의 노래[18]

샤를마뉴의 조카인 롤랑(Roland)을 주제로 한 <롤랑의 노래 : Chanson de Roland>는 무훈가(Chanson de geste)로서 굉장히 중요한 자료로 여겨지는데 그 내용을 간략하게 살펴보면 다음과 같다. 778년 8월 15일 샤를마뉴 대제는 스페인의 첫 번째 원정을 마치고 피레네 산맥을 통해 회군한다. 회군 중 롱스보(Ronceveaux)라는 언덕을 통과하면서 샤를마뉴 군의 선두와 후미 사이의 간격이 벌어지게 된다. 그때 산 속에 숨어있던 바스크인(Basques)들의 공격을 받아 군의 후미가 전멸 위기에 빠진다. 후미에 있던 군대의 지휘자이었던 샤를마뉴 대제의 조카인 롤랑[19]은 그의 친구이자 현명한 올리비에(Olivier)가 나팔을 불어 구원을 청하자는 의견을 무시하고 계속 싸운다. 그러나 주위의 친구들과 병사들이 무참히 학실당하는 것을 보고, 자신의 오만함을 뉘우치며 올리비에에게 구원의 나팔을 불 것을 요청한다. 그러나 그 나팔 소리를 듣고 온 샤를마뉴가 도착했을 때는 소나무 밑에 누워 신에게 감사하기 위해 그의 장갑을 하늘 쪽으로 뻗고 있는 롤랑의 마지막 모습만을 보게 된다.

3) 카페 왕조와 봉건주의

카롤링거 왕조의 마지막 왕이 죽자 봉건주의 체제를 갖추던 프랑스는 선거를 통해 왕을 선출하게 되는데, 프랑크의 왕족이자 가장 강력한 힘을 지니고 있던 휴그 카페(Hugues Capet)가 987년 6월 1일 왕좌에

---

18) 롤랑의 노래(La chanson de Roland)는 중세 시대에서 가장 유명했던 서사시로서 많은 서사시들의 모델로 사용되었다. 1837년에 처음 출판된 롤랑의 노래는 4002행으로 이루어져 있고 그 내용의 구성은 첫째 Roland의 죽음(배신, 전쟁), 그리고 둘째는 샤를마뉴의 복수로 이루어져 있다.

19) 롤랑(Roland)은 샤르마뉴의 누이동생인 베르트(Berthe)와 기사 밀롱(Milon) 사이에서 태어났다. 수사본(manuscrit)에 따르면 그는 매우 용맹하고 자존심이 강한 기사의 전형적인 성격을 지녔다고 한다. 롤랑의 노래에 관한 자료는 옥스퍼드 대학에 소장되어 있다.

<롤랑의 노래>의 줄거리를 설명하는 삽화

오르게 됨으로써 카롤링거 왕조는 몰락하고 카페 왕조가 시작된다.

카페 왕조의 초기 왕들은 프랑스의 봉건 제후들로부터 왕으로서 인정을 받기는 했지만 그 힘은 지극히 미비하였다[20]. 따라서 카페 왕조의 왕들은 왕권이 미칠 수 있으며 절대적인 통제를 가할 수 있는 영토를 확장시키려고 노력하였다. 휴그 카페는 그의 아들인 로베르(Robert)에게 왕위를 물려주었는데, 이처럼 카페 왕조의 왕들은 자식에게 왕위를 물려주는 세습 군주제를 확립시켰다. 주목할 만한 사실은 휴그 카페가 왕위를 물려줄 때 그 전에 있었던 다른 왕조에서 볼 수 있는 자식들 간의 분쟁의 경우를 겪지 않았다는 것인데, 그 이유는 로베르가 유일한 아들이었기 때문이었다. 반면 로베르(Robert) 2세는 두 명의 아들이 있었지만, 왕국이 분열되는 카롤링거 왕조의 전철을 밟지 않기 위해 왕위를 장남인 앙리 1세(Henri Ier)에게 넘겨주었다.[21]

카페 왕조의 가장 큰 특징 중 하나는 바로 자신들의 왕조를 계속 유지하도록 노력하면서 다른 한편으로 왕권의 강화에 힘을 썼다는 것이다. 이를 위해 이들은 거대한 권력을 쥐고 있던 군주들을 물론, 심지어 교황과의 투쟁을 주저하지 않았다. 1066년 10월 14일, 기욤 르 꽁께랑(Guillaume le Conqérant)은 섹슨(Saxons) 족과의 전쟁에서 승리하면서 영국을 정복하게 된다. 그러나 이는 프랑스 왕국에 대한 심각한 문제를 제기하는 계기가 된다. 즉, 노르망디 왕족으로서의 영국 왕은 프랑스 왕의 신하가 되는 일종의 <열등 관계>에 놓였다는 것이다. 그러나 영국의 왕으로서 프랑스 왕과는 동등한 위치이므로 결국 이런 주종관계의 복잡함은 당시 봉건 사회의 근간을 이루는 주종관계에 심각한 영향을 끼치게 되었고, 결국 첫 번째 100년 전쟁과 같은 불화의 씨가 되었다.

---

20) 휴그 카페(Hugues Capet)가 왕좌에 있었을 때 왕의 통치권이 미치는 곳은 오늘날의 일-드-프랑스 정도였다.

21) 이후, 프랑스 왕국은 분할로 통치되는 것이 아니라 왕의 장남에게 왕위가 세습되는 하나의 제도가 생기게 되었다.

4) 십자군 원정 (les Croisades)

십자군 원정 모습

십자군 원정은 하나의 단순한 신화적 성격보다는 그 이면에 훨씬 수많은 복잡한 이유들이 내포되어 있다.[22] 샤를마뉴 제국 말엽부터 봉건사회 초기까지, 유럽은 이제 거대한 권력을 쥔 세력가들이 자신들의 개인적인 이익을 위해 전쟁을 벌이는 전쟁터가 되어버렸다. 교회는 이들의 세력 확대를 막으려 안간힘을 썼지만 이미 권력의 맛을 들인 강력한 제후들을 설득하고 제재하기에는 역부족인 상태였다. 그러나 교회는 여러 차례의 십자군 원정을 통해 강력한 제후들로 하여금 군사적, 경제적인 힘을 빼앗을 수 있는 기회를 갖게 된다.

1차 십자군 원정

637년, 아랍인들이 콘스탄티노플을 점령하고 있었는데, 이 도시는 기독교인들과 마찬가지로 아랍인들에게도 성스러운 도시였다. 이들은 수세기동안 기독교인들의 순례를 용인하였다. 그러나 터키인들이

---

22) 종교적인 환상주의에 빠진 것 이외에도 터키인들에 대한 비잔틴인들의 계속되는 어려움, 그리고 정치적인 권력을 쥐고자 했던 교황의 야심, 정통교와 로마교회 사이의 주도권 싸움 등 십자군 원정은 횟수가 거듭될수록 순수한 종교적 이유가 아닌 정치적 야심으로 인해 그 원 의미가 상실되어 갔다.

1078년에 이 도시를 점령하면서 순례자들을 무참히 학살하였다.

이에 분노한 교황 위르벵 2세(Urbain Ⅱ)[23]는 1095년 끌레르몽(Clermont)에서 회의를 소집하고 예수의 무덤이 있는 이 성스러운 도시를 탈환할 것을 호소했다. 교황의 이런 요청에 수천 명의 영주들과 귀족들, 심지어 농부들까지 지원하게 되었는데 이들은 옷에다가 빨간 색의 십자가를 그려 넣고 1차 원정을 시작한다.

교황 위르벵 2세

일차 원정은 수천 명의 남자들과 여자들 그리고 아이들까지 포함한 민간인으로 구성되었는데 이 많은 군중들의 식량을 충당하기 위해 이들은 통과하는 마을마다 갖은 횡포를 저질렀다. 그러나 이 민간인 원정대는 터키인들에 의해 학살당했고 결국 민간인들로 조직되었던 1차 원정은 실패로 끝나고 만다. 영주들은 뒤늦게 이 원정에 참여하였는데 이들은 육지 혹은 바다를 통해 여러 그룹으로 나뉘어 콘스탄티노플에 도착한다. 원정을 떠난 지 3년 뒤 원정대는 콘스탄티노플에 도착하였는데, 처음 시작할 때 150,000명이었던 인원이 채 3분의 1도 남지 않았다. 1099년 7월 7일, 원정대는 성스러운 마을인 콘스탄티노플[24] 성벽 앞에

콘스탄티노플에서의 전투

23) 교황 위르벵 2세(Urbain Ⅱ)가 한 유명한 호소문의 시작은 다음과 같다 : "사랑하는 형제들이여, 하나님께서 성전에서 말씀하셨던 것들이 당신들 마음속에 메아리치고 있습니다. 너희가 둘 혹은 세 명이 나의 이름으로 모일 때 나는 그들 가운데 임하리라"라고.

십자군 원정

이르게 되는데, 이 성벽이 얼마나 웅장하고 대단했는지 '마치 천국의 문(porte du Paradie)같았다'라고 기록되어 있다. 콘스탄티노플을 정복한 후, 프랑스의 봉건제도 체제를 갖추었고 대부분의 십자군들은 유럽으로 돌아가게 된다. 따라서 회교도(musulman)들의 공격에 콘스탄티노플을 방어해야 했는데, 그래서 생겨난 것이 반은 종교인이고 반은 군인의 성격을 지닌 탕플레(Templier : 성당기사)와 튜튼 기사단(성당에 소속되어 있는 기사단)들이었다.

2차 십자군 원정

1144년 기독교 국가들은 이슬람교에 의해 크나큰 위기에 빠지게 되는데, 이에 새로운 십자군 원정이 불가피하게 되었다. 첫 번째 십자군 원정 때는 그 어떤 군주들도 참가하지 않았었지만, 이번 2차 원정에는 독일의 콘라드(Conrad) 2세와 프랑스의 루이(Louis) 7세가 군사를 동원한다.

하지만, 독일과 프랑스 사이의 마찰로 인해 2차 원정은 완전히 실

---

24) 라틴어로 Constaninopolis인 콘스탄티노플(Constantinople)은 오늘날 터어키의 이스탄불의 옛날 이름이다. 콘스탄티노플은 그리이스어로 Konstantinoupolis에서 유래된 것으로 그 의미는 Constantin의 도시이다. 콘스탄틴은 로마 황제의 이름으로서 330년부터 이곳을 로마 제국의 수도로 정하였다. 콘스탄티노플은 800년경에 세워져 비잔틴 제국의 수도가 되는데, 1204년 4차 십자군 원정 때 약탈되었다. 1453년 5월 29일, 콘스탄티노플은 메메드(Mehmed) 2세가 이끄는 오트만(ottemanes) 군대에게 점령당하게 되는데, 이 때 이스탄불이라고 새로운 이름을 짓게 된다.

패로 돌아간다. 이후 회교도들은 더욱 기세를 드높여 그 세력을 확장하여 1171년 이집트를 공략하게 된다. 만약 이집트가 회교도들에게 점령당하게 되면 프랑크인들이 갈 곳이라고는 바다 밖에 없다는 것을 누구보다도 잘 아는 보두윙(Baudouin) 4세는 강력한 대응을 한다. 그러나 왕이 죽자 사라센인들은 프랑크 족 왕들의 세력다툼을 교묘히 이용하여 1187년 7월 예루살렘에 입성하게 된다.

3차~8차 십자군 원정

계속되는 전쟁의 패배 속에 기독교인들의 마음속에는 "결국 예루살렘을 다시 되찾을 수는 없는 것일까?"라는 의구심이 들기 시작했다. 그러나 교황 이노센트(Innocent) 3세[25]는 강력한 의지를 표명하면서 제 3차 십자군 원정을 계획하게 된다. 교황의 이런 도움에 대답을 준 이들은 필립 오귀스트(Philippe-Auguste)와 우리에게 너무도 잘 알려진 리차드(Richard) 왕이었다.[26] 그러나 동맹국인 독일의 황제가 아나톨리(Anatolie)를 건너다가 급류에 휘말려 익사하는 사고로 시리아에 도착하지 못한데다가, 리차드에게 질투와 시기를 가지고 있었던 필립 오귀스트는 병을 핑계로 십자군 원정에서 빠지게 되고 결국 영국의 왕이었던 리차드는 사라센인들

십자군원정의 모습

25) 1160년 지오바니 로타리오(Giovanni Lotario)의 영향력 있는 가문인 세니(Segni) 백작 가문에서 태어나 1190년 추기경이 되었고 1198년에 교황으로 선출되었다. 1187년 사라센인들의 손에 넘어간 예루살렘을 되찾기 위해 1200년 4차 십자군 원정을 주도하였다. 1202년 콘스탄티노플이 점령당하자, 그는 1212년 제5차 십자군 원정을 조직하였으나 그 이전에 사망한다.

26) 사자의 심장(coeur du lion)라는 별명을 가진 리차드 왕은 앙리(Henri) 2세의 세 번째 아들로 태어났다. 아버지에 대항하여 전쟁을 벌일 정도로 호전적인 성격의 소유자로 잘 알려진 그는 1189년에 왕위에 올라 필립 오귀스트(Philippe Auguste)와 함께 제3차 십자군 전쟁에 참여한다.

루이IX의 흉상

에게 전쟁에서 승리를 하고서도 예루살렘을 탈환하지 못하게 된다.

1198년, 이노센트 교황은 회교도들의 중심지였던 이집트를 공격할 것을 결심하지만 이런 교황의 의견에 반대를 한 많은 십자군들은 바로 시리아로 진격을 한다.

이집트로 진격하려는 또 다른 무리의 십자군들은 이집트까지 가는 배 삯이 너무 비싸 우선 기독교 마을이자 상업도시인 조라(Zora)와 콘스탄티노플을 거치기로 합의한다. 그러나 이것은 처음의 원정 의도와는 전혀 다른 방향으로 흘러가게 되고 십자군의 힘은 분열된다. 결국 예루살렘은 1244년부터 다시 회교도들의 손에 넘어가게 된다.

기독교인의 모델이었던 프랑스 왕인 루이(Louis IX) 9세[27]는 예루살렘이 회교도들의 손에 넘어갔다는 소식을 접하고 제 6차 십자군 원정(1228~1229)을 결심한다.

십자군원정의 모습

1248년 막 건설된 항구인 에귀 모르뜨(Aigues-Mortes)에 도착한 후 9개월을 기다린 끝에 이집트에 도착하게 되는데, 처음에는 몇 번의 전투에서 승리하는 듯했으나 1250년 2월 만수라(Mansourah)에서 그의 동생인 로베르 다루뚜아(Robert d'Artois)를 비롯한 많은 기사들이 죽음을 맞이하는 등의 참패를 당하면서 그의 군

27) 루이(Louis) 9세는 그의 아버지 루이 7세가 죽은 1226년에 12살의 나이로 왕위에 오른다. 그는 두 번의 십자군 원정에 참정하게 된다.

십자군원정 모습

대와 함께 적의 포로가 된다. 결국, 루이 9세는 석방의 조건으로 4십만 루브르라는 금액을 지불하였고 회교도들은 기독교인들의 최후의 보루이자 방어선이었던 성스러운 땅인 예루살렘에 4년 동안 머문다.

그러나 복수의 기회를 기다리던 루이 9세는 1263년 바바르(Baïbares)인들의 침략으로부터 기독교 국가들을 지켜내려는 사명과 이전 십자군 원정에서 당했던 치욕을 만회하고자 다시 8번째 원정[28]을 계획하게 되고 시실리아의 왕이자 그의 동생이었던 앙주의 샤를르(Charles)의 요청에 따라 튀니지로 행하게 되는데 이때 그의 나이 50세였다. 튀니지의 왕이 기독교인이 되는 것을 간절히 바라고 있다는 소문이 돌자 루이 9세는 십자군이 팔레스타인을 공략할 경우 튀니지 왕이 도와줄 것이라는 생각을 하게 되지만 페스트라는 전염병이 그의 군대를 덮치게 된다.

십자군 원정은 군사적인 면에서 본다면 완전 참패라고 할 수 있지만 서양의 입장에서는 돈으로는 값어치를 매길 수 없는 결과를 갖게 되었다.

교황의 세력 약화

그때까지 황제보다 높은 지위에서 종교자의 신분을 망각하고 강력한 권력을 행사하였던 교황은 여러 번의 십자군 원정에서의 실패로 말미암아 많은 것을 잃고 말았다. 사람들은 연속되는 전쟁의 패배 속에서 신에 대한 불신감이 들 수밖에 없었다.

28) 십자군 원정의 행로는 다음을 참조. M. Balard, J.-Ph. Genet, M. Rouche, Le Moyen-Age en Occident, Hachette, 1995.

귀족의 세력 약화와 왕권 강화

중앙집권체제가 완전히 갖추어지지 않은 봉건시대에 강력한 힘을 구사하던 제후들은 십자군 원정에 참가하면서 자신들이 가지고 있던 사병들 뿐 아니라 막대한 자금까지 잃게 되면서 자연히 세력이 약화되고 그때를 이용하여 왕은 자신의 세력을 구축하였다. 이는 어찌 보면 당연한 결과인데, 왜냐하면 십자군 원정에 참가하게 된 동기가 처음에는 순수한 신의 종으로서 임무를 다하기 위한 것이었지만 원정이 거듭되면서 각 제후들은 나름대로의 이익을 위해 참가하였기 때문이다.

포로가 된 루이 9세 ↑

← 이집트에 도착한 루이 9세

페스트가 덮인 마을을 지나가는 군인들↓

무역의 상호교환

십자군 원정을 통해 동양을 왕래하면서 이제까지 몰랐던 동양 세계를 발견함으로써 그들은 생전 보지도 못한 물건들을(오렌지, 레몬, 메론, 양탄자, 비단 등등) 수입하였다. 이렇게 무역이 활성화 되자 당시의 교통수단 중 육로로는 많은 물건을 수송하지 못하니 당연히 배를 이용해야 했고 따라서 바다를 끼고 있던 해양 도시들이 발전을 하였다.

문화의 다양성

십자군 원정을 통해 동양을 접하면서 이들은 그때까지 전혀 알지 못했던 이슬람, 특히 비잔틴 문화를 알게 된다. 동양의 섬세함과 화려함을 자랑으로 하는 문화를 접함으로써 무뚝뚝하고 볼품없었던 봉건시대의 딱딱한 치츰 자취를 삼추게 되고 지식층의 아랍인들과 그리스인들의 사상 등이 서양에 알려지게 된 계기가 된다.

5) 백년전쟁(Guerre de Cent Ans)

1337년에서 1453년까지, 영국과 프랑스간의 전쟁을 일컬어 백년전쟁이라고 하는데 발루아(Valois) 왕조의 프랑스 왕들과 영국의 왕들 사이에 주도권 싸움으로 인한 100년에 걸친 전쟁이다. 샤를르(Charles) 4세가 사망하자, 그의 동생인 발르와 왕조의 필립(Philippe)과 손자인 영국의 젊은 왕 에드워드(Edouard) 3세가 합법적인 프랑스 왕위 계승자로 거론되었다. 그러나 왕위 계승자로서의 혈통을 인정받지 못하고[29] 1259년 파리협약에 따라 프랑스 왕인 필립(Philipe) 4세의 신하가 되어야 한다는 사실에 불만을 품은 에드워드 3세가 프랑스의 왕위

---

29) 둘 다 프랑스왕의 후손이기는 했지만, Philippe은 아버지 쪽이 왕인 Philippe Ⅱ세의 후손인 반면, Edouard Ⅲ세는 그의 어머니가 영국의 왕인 Edouard Ⅱ세와 결혼하였기 때문에 어머니 쪽으로 프랑스 왕족이었다. 불행히도, 프랑스 법에는 왕위를 계승할 수 있는 자격에 있어서 모계 쪽으로의 혈통을 인정하지 않았다.

를 노림으로써 100년 전쟁이 시작된다.

100년 전쟁의 직접적인 계기는 플랑드르에서 발생한다. 플랑드르 지방은 양의 털을 주로 생산하여 영국의 이불 수요에 상당부분을 충당하고 있었는데, 영국의 에드워드 3세가 플랑드르와 영국과의 상업적 관계를 금지시키겠다는 선포를 한다. 그러자 하루아침에 생계를 위협받게 된 이 마을 주민들은 부랴부랴 영국에 달라붙게 된다. 따라서 에드워드 3세는 이곳에서 유리한 위치에 서게 되었고 프랑스의 왕에게 보여주었던 가식적인 충성심을 버리고 본격적인 야욕을 드러낸다. 상황이 이쯤 되니 프랑스의 왕인 필립 4세는 자신이 다스리는 영토 안에서 다른 나라 왕이 권력을 행사하는 것을 그냥 두고 볼 리가 없었고, 에드워드 3세의 영지를 회수해 버린다. 이로 인해 1337년 영국과 프랑스간의 전쟁이 일어난다. 이 전쟁에서는 당연히 프랑스가 이길 것이라고 예상을 하였는데, 일단 수적인 면에서 프랑스는 거의 2천만이었던 반면 영국은 단지 5백만 밖에 되지 않았기 때문이다. 그런데 막상 전쟁이 벌어지자 예상과는 달리 영국군이 월등한 우세를 보였는데 그 이유는 영국의 에드워드 3세와 그의 후손들은 이미 국민들에게 강제 징집권을 발동하여 군대를 양성하고 있었던 반면, 프랑스의 경우는 봉건시대의 전통 때문에 단지 40일 간만 의무 복무기간이 있었을 뿐이었다. 게다가 결정적으로 프랑스 군대는 용맹하고 강했지만 체계적인 훈련이 부족한 터였다. 특히 이들은 봉건시대의 전통 때문에 여전히 무거운 갑옷을 입고, 긴 창을 들고 말을

백년전쟁

백년전쟁 당시의 모습

타고 달려가 마주 오는 상대방을 쓰러뜨리는 결투가 전쟁이라고 착각하고 있었고 땅에서 뛰어 다니는 보병들을 멸시하는 사고방식을 가지고 있었다. 이러한 다양한 원인으로 인해 영국이 전쟁에서 유리한 위치를 차지하게 된다. 플랑드르와 연합전선을 편 영국은 1340년 6월 24일 에클루즈(Ecluse)라는 항구에서 프랑스 함대의 대부분을 물리친다.

사면이 바다로 둘러싸여 어려서부터 바다를 보며 자란 에드워드 3세는 1346년 노르망디 상륙작전을 감행하고 이곳을 정복한 에드워드 3세는 승리의 여세를 몰아 파리에서 얼마 떨어지지 않은 마을까지 단숨에 진격한다. 그러나 자신의 군대가 수적으로 열세라는 점을 간파한 그는 북쪽으로 우회를 하려고 하는데 이러한 사실을 안 필립 6세가 영국군의 뒤를 좇는다. 결국 두 군대는 1346년 8월 크레씨(Crécy)라는 곳에서 부딪친다. 이곳에서 프랑스 군대

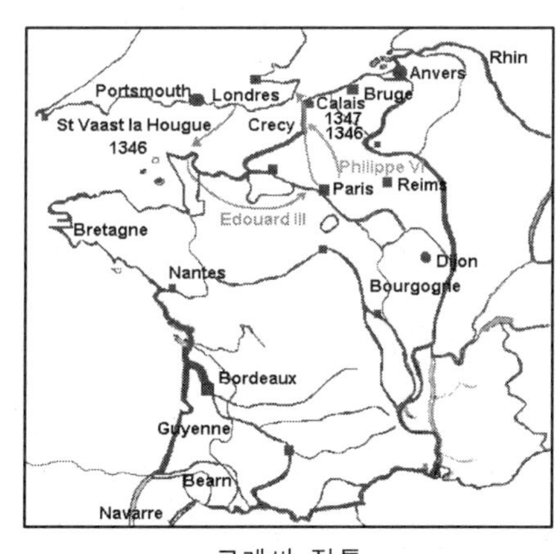

크레씨 전투

장 르봉

에게 승리한 에드워드 3세는 1년 정도 깔레(Calais)라는 도시를 점령하면서 영국에서 가까운 항구 도시를 갖게 된다. 하지만 양쪽 다 지친 상태가 되면서 전쟁은 1356년까지 임시휴전을 갖는다. 당시 프랑스는 장(Jean) 2세[30]가 왕위에 올랐는데, 그는 용기가 있으면서도 머리 회전이 빠른 인물이었다.

영국의 당시 왕은 에드워드 3세의 아들인 프린스 누아르(Prince Noir)였는데, 그는 이미 프랑스의 랑그독(Languedoc), 리무젱(Limousin), 그리고 뻬리고르(Périgord) 등지에서 승승장구를 하고 있었다. 아버지들 싸움에서 이제는 아들들의 싸움으로 발전한 이 전쟁은 뿌아띠에(Poitier) 근처에서 1356년 9월 19일 운명의 한판 승부를 벌였고 결과는 영국의 승리였다. 영국은 수적인 열세에도 불구하고 이 싸움에서 또 다시 승리를 하였고 게다가 프랑스의 왕은 포로가 되어 영국으로 끌려가고 말았다. 그러나 장기간 지속된 전쟁으로 인해 프랑스와 영국은 1360년에 평화 협정을 맺는다.[31]

당시 18살의 어린 청년이었던 프랑스의 샤를르는 재정을 정비하고 특히 세금을 걷는 제도를 정립한 후 다시 영국과 전쟁을 하는데, 노련한 백전노장들의 도움을 받은 왕은 성에 가만히 틀어박힌 채 일체의 전투를 피하는 대신 소규모 게릴라 전투를 벌여 적들의 진을 뺐다.

영국에게 점령 당했던 지방들을 되찾는 데는 1369년부터 1377년까

30) 필립(Philippe) 6세의 아들로 행정가적 기질보다는 전투를 좋아하는 호전적인 기질의 기사 스타일이었다고 알려져 있다.

31) 에드워드 III세는 평화 협정을 체결하는 조건으로 인질로 잡혀있는 프랑스 왕을 석방하는 대가로 프랑스 왕족이 가지고 있던 것의 4분의 1과 3백만 금화, 그리고 프랑스의 왕이라는 타이틀 넘겨줄 것을 요구하였다. 그러나 사실 이 조약은 성립되지 못하게 되는데, 프랑스의 왕 장(Jean)이 영국의 인질로 남겨두었던 그의 아들들 중에 한 명이 도주를 하는 바람에 하는 수 없이 자기 발로 영국으로 가 포로가 되었기 때문이었다.

샤를르 7세

지라는 오랜 시간이 걸렸다. 차례차례 잃었던 지방들을 되찾아가던 프랑스에게 결국 영국의 에드워드 3세는 손을 들고 휴전 협정을 제의한다. 그 결과 영국은 깔레(Calais), 쉐부르그(Cherbourg), 브레스트(Brest), 보르도(Bordeaux) 등의 일부 도시만을 소유할 뿐 프랑스에서 대부분의 영토를 잃게 되었다. 이 협정은 비교적 상당 기간 지속되었는데, 그 이유는 에드워드 3세가 죽고 그 뒤를 이어 즉위한 리처드(Richard) 2세가 정치적, 종교적으로 어려움을 겪었기 때문이었다. 같은 시기에 프랑스는 샤를르 5세의 어린 아들인 샤를르 6세가 왕위에 즉위했는네, 나이가 어린 관계로 1389년까지 삼촌들이 섭정을 하게 된다. 이때까지만 해도 사람들은 지긋지긋한 전쟁이 곧 끝날 것이라고 생각하였는데, 그 이유는 영국의 왕이 평화 주의자였기 때문이었다. 그는 프랑스와 두 번에 걸친 휴전협정을 맺었으며 샤를르 6세의 딸인 이자벨(Isabelle)과 1396년 결혼함으로써 세부르와 브레스트의 두 도시를 프랑스에게 반납하게 된다. 이 사건은 영국의 귀족들로부터 비난을 받으면서 정치적으로 공격의 대상이 되고 말았고 결국 1399년 그의 사촌인 앙리(Henri)에게 왕위를 넘겨주게 된다.

리처드 Ⅱ세 보다는 훨씬 호전적이며 싸움을 좋아했던 앙리는 프랑스와 다시 전쟁을 하려 했지만 스코틀랜드(Ecosse)의 반란 때문에 이루지 못한다. 그의 후계자인 앙리 4세는 1413년 영국의 왕위에 오르면서 자신이 프랑스의 왕이라고 주장하는데 이때의 상황은 그에게 대단히 유리하게 전개되었다. 우선 1407년 루이가 암살당하면서 프랑스는 아르마냑(Armagnac)가와 부르기뇽(Bourguignons)가의 암투가 벌어져 대단히 혼란 상태에 빠져 있었다. 이때 앙리 4세는 브루곤

Guerre d'Azincourt 아젱꾸르 전투

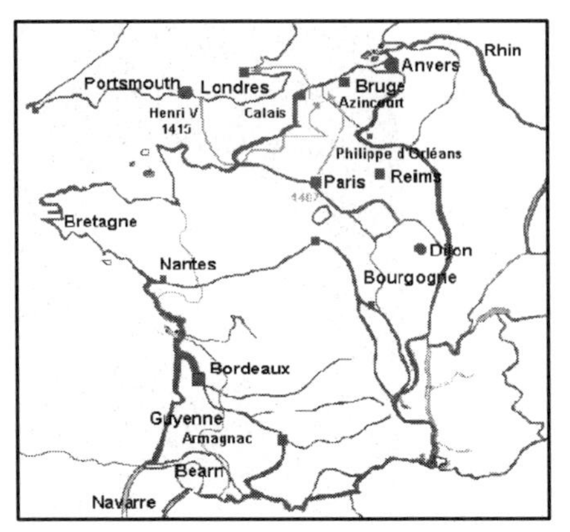

뉴 지방의 공작인 장 쌍 뻬르(Jean sans Peur)가 도움을 청하자 1415년 그를 돕는다는 명목 하에 노르망디에 상륙하게 된다. 그리고 프랑스에서는 그를 저지하기 위해 깔레에 진을 치게 된다. 1415년 아쟁꾸르(Azincourt)에서 영국과 프랑스는 또 다시 전쟁을 하는데 이때도 프랑스는 영국에게 패배를 당하였고, 앙리 4세는 1418년 루앙(Rouen)을 점령하게 된다.

그 다음 해에 장 쌍 뻬르는 도핀가(Dauphin) 사람들에게 암살을 당하게 된다.[32)] 결국 브르곤뉴 왕가는 앙리 4세에게 트루아(Troyes)에서 휴전조약을 체결하고 앙리 4세를 프랑스 왕국의 후계자라로 인정하게 된다.[33)] 그리고 앙리 4세는 샤를르 6세의 딸인 꺄뜨린느와 결혼을 한다.

1422년, 프랑스의 왕과 영국의 왕이 둘 다 사망하는데 당시 8개월

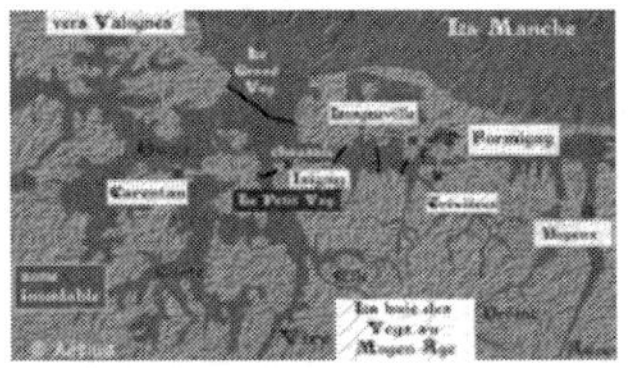

밖에 되지 않은 갓난아기인 샤를르 7세는 무기력하였고 또 그의 주위에는 간신들만이 가득 차 있었다. 이런 심각한 상황에서 1428년 영국은 루아르(Loire) 남

32) Bourgogne공작인 Jean과 Duaphine가의 Charles는 협력하여 Azincourt 전투에서 승리하고 Normandie 지방을 장악하고 있던 영국군을 무찌른다. 1419년 7월 19일 두 집안은 화해를 하게 되는데 그러나 이것은 어디까지나 외형적인 것 뿐이었고 Dauphine가는 12년 전에 암살당했던 Louis d'Orléan에 대한 앙갚음을 노리고 있었다. 1419년 9월 10일 Jean sans peur는 Dauphine 사람을 만나기 위해 Monterau 다리로 군대의 호위도 받지 않고 가다가 결국 암살을 당하고 만다.

33) Bourgogne공작이 된 Jean Sans Peur의 아들인 Philippe le Bon은 아버지에 대한 복수를 하기 위해 영국과 연맹을 맺게 된다.

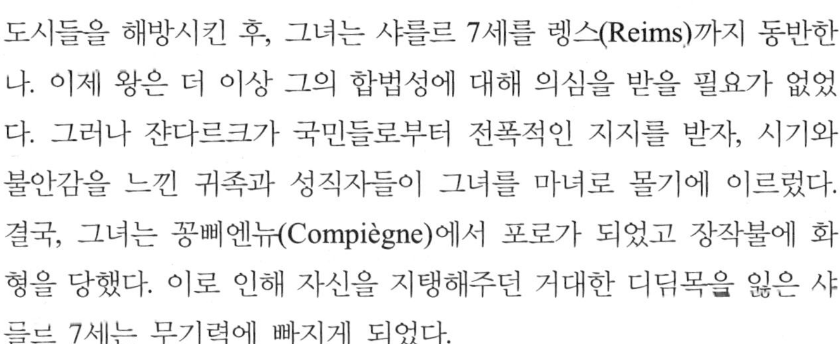
쟌다르크

쪽을 정복하려고 하는데 바로 이때 우리가 너무도 잘 아는 쟌다르크(Jean d'Arc)가 등장하게 된다.

쟌다르크는 샤를르 7세의 허락을 받아 군대를 이끌면서 1429년 5월 8일 오를레앙(Orléans)을 영국의 손에서 구하게 된다. 그리고 루아르 북부 도시들을 해방시킨 후, 그녀는 샤를르 7세를 렝스(Reims)까지 동반한다. 이제 왕은 더 이상 그의 합법성에 대해 의심을 받을 필요가 없었다. 그러나 쟌다르크가 국민들로부터 전폭적인 지지를 받자, 시기와 불안감을 느낀 귀족과 성직자들이 그녀를 마녀로 몰기에 이르렀다. 결국, 그녀는 꽁삐엔뉴(Compiègne)에서 포로가 되었고 장작불에 화형을 당했다. 이로 인해 자신을 지탱해주던 거대한 디딤목을 잃은 샤를르 7세는 무기력에 빠지게 되었다.

이 시기에 영국과 연맹을 맺고 있던 필립 르 봉(Philippe le Bon)이 샤를르 7세와 협약을 체결하면서 영국은 프랑스와 또 다시 전쟁을 하게 된다. 전쟁이 국지전 양상으로 흐르자 샤를르 7세는 영토를 지키기 위해서는 군대의 근본적인 개혁이 없으면 불가능하다는 것을 깨닫고 왕의 군대를 창설하였는데 활로 무장한 군대가 매주 일요일마다 활 쏘는 연습을 하였다. 그리고 포르미니(Formigny)전투[34]에서 승리함으로써(1450년 4월 15일) 모든 노르망디의 도시가 영국으로부터 해방된다.

이것은 아쟁꾸르(Azincourt)전투 이후 최초의 승리였고 여세를 몰아 보르도까지 회복하면서 1453년, 결국 백년전쟁이 막을 내리게 된다.

영국과 프랑스는 이 백년전쟁을 치루는 동안 국력을 소진하였는데,

---

34) 이에 대한 상세한 내용은 다음을 참조.
André Plaisse, La délivrance de Cherbourg et du Clos du Cotentin à la fin de la guerre de Cent Ans, Presse de la Manche, Cherbourg, 1989.

특히 프랑스는 그 피해가 심해서 농부들은 전쟁의 황폐 속에 허덕이게 되었다. 그러나 프랑스 왕국은 루이 9세(Louis XI)에 의해 재건되는 반면 영국은 장미전쟁(guerre des Deux Roses)이라는 끔찍한 내전을 겪게 된다.

쟌다르크(Jean d'Arc)

쟌다르크는 1412년 로렌 지방의 동레미라는 곳의 농부의 딸로 태어났다.[35] 기록에 의하면 13살에 그녀는 천사 미카엘, 캬뜨린느와 마가렛의 목소리를 들었는데 이 천사들은 영국인들을 프랑스 밖으로 쫓아내고 샤를르 공작을 렝쓰로 데리고 와 칭송받게 하라는 말을 그녀에게 전했다고 한다.

신의 계시를 받은 쟌다르크

쟌다르크는 1429년 2월 어떤 대위에게 샤를르 공작을 만나게 해달라고 부탁을 하게 되는데, 이때 마침 프랑스가 오를레랑에서 대패를 한 직후였고, 대위는 쟌다르크를 공작 가까이 접근할 수 있게 해주었다.

Chrales는 그녀에게 영국군이 1428년부터 점령하고 있는 오를레앙 방향으로 보낼 식량 보급부대에 함께 가줄 것을 명령한다.[36] 쟌다르크는 오를레앙에서 강을 사이에 두고 영국군과 마주보게 된다. 강을 건너 영국군의 북쪽으로 돌아서 블루아(Blois)까지 길을 확보해야 했던 쟌다르크는 몇 명의 부하들을

35) 이곳에서 어린 시절을 보낸 쟌다르크는 영국군에 의해 마을 사람들이 무참히 학살당하는 모습을 지켜보면서 전쟁에 대한 공포와 두려움을 경험하게 된다.

36) 이때까지 아직 성례를 받지 않았기 때문에 왕인 아버지가 죽은 후에 왕이 된 샤를르 공작은 그녀를 만나게 되는데 기록에 보면 [그는 그녀가 신과 자신만이 알고 있는 비밀을 자신에게 말했을 때 놀랐다]고 적혀 있다. 즉, 그녀가 천사들로부터 프랑스를 구하라는 지시를 받은 것이 틀림없다는 점을 확인시켜주는 대목이다. 그는 신학자들을 모아, 그녀를 조사하게 한 후에 비로소 그녀로 하여금 자신을 호위하게 하였다.

샤를르 7세에게 맹세하는 쟌다르크

데리고 4월 29일 적진이 포진해 있는 심장부인 오를레랑으로 잠입한다. 이 때 기록에는 '그곳 주민들이 그들과 그들의 말을 맞이하기 위해 달려왔다' 라고 적혀 있다.

5월 4일 오후, 구원병들이 조용히 오를레앙으로 접근하였고 프랑스군은 마을의 동쪽에서 공격을 감행하였다. 쟌다르크는 두 번의 부상에도 불구하고 병사들을 독려하기 위해 전쟁터로 뛰어 들었다. 그리고 7개월 동안 점령당했던 오를레앙을 되찾는데 일주일도 채 걸리지 않았다. 이런 소식은 프랑스 전 지역으로 퍼져갔고, 쟌다르크는 영국인들이 더 이상 무적이 아니라는 것을 보여주었다. 그녀는 하루라도 빨리 공작을 렝스로 데리고 가 성례를 받아 왕좌에 오르게 해야 한다고 생각했다. 그러나 사람들은 우선 오를레앙 주위부터 되찾아야 한다고 결정했고 결국 공작은 7월 16일 렝스에 입성하게 되었고 성례를 받게 된다. 이때 쟌다르크는 [당신은 이제 프랑스 왕국을 지배하실 진정한 왕이십니다] 라는 말과 함께 샤를르 왕에게 충성을 맹세하게 된다.

그러나 쟌다르크의 역사적 사명은 여기서 끝나지 않았으니, 그녀는 프랑스에서 영국군을 완전히 몰아낼 때까지 투쟁을 해야 했고, 결국

오를레앙의 공격과 전투 장면, 그리고 1492년 4월 29일 오를레앙 입성

파리에 있는 영국군들까지 몰아내기 위해 9월 8일 파리로 진군한다. 영국군의 강력한 저항으로 인해 잔다르크는 또 다시 부상을 입게 된다. 그녀는 그 다음날 또 다시 공격을 할 생각이었지만, 왕은 센느 강에 놓여있는 다리를 파괴할 것을 명령하였다. 샤를르 7세의 군대는 루아르 강에서 파리로 이동을 한다. 1429년 10월, 잔다르크는 왕에게 알리지 않고, 그녀를 위해 기꺼이 목숨을 내놓겠다는 지원군을 이끌고 일-드-프랑스로 진격하는데, 부르기뇽의 한 병사에게 1430년 5월 24일 잡히고 만다.

영국군-부르기뇽 연합군은 [마녀를 잡았다]는 기쁨에 환호성을 질렀고, 영국군에게 10,000 금화를 받고 그녀를 넘기게 된다. 그녀는 곧 종교 재판대에 서게 되고, 재판은 루앙에서 이루어졌다. 이 재판의 수장은 보베의 주교인 피에르 꼬숑(Pierre Cauchon)이었고, 부르기뇽 쪽에 속하는 인물들이 재판관이 되었으며 재판은 1431년 2월부터 5월까지 계속되었다. 재판이 진행되는 기간 동안 잔다르크는 재판관들 앞에서 당당함을 보였다. 그녀가 풀려나기 위해서는 샤를르 7세가 왕위를 차지하기 위해 마녀와 결탁하고 사탄의 지지를 받았다고 자백을 해야 했다. 그러나 그녀는 끝내 이를 시인하지 않았고 결국 무기징역에 처하게 된다. 그런데 재판관들이 그녀에게 평소 입고 다니던 남성 복장을 벗어 던지고 여성 복장으로 입으라는 명령을 내렸고, 그녀는 그들의 지시를 따르려 했으나 간수들이 그녀를 강간하려 하자 하는 수 없이 남성 복장을 다시 입을 수밖에 없었다.

샤를르 7세의 즉위식, 적에게 잡힌 잔다르크와 재판장면

이것을 빌미로 재판관들은 그녀가 다시 죄에 빠졌다고 말하면서 그녀를 화형시킬 것을 명한다. 그리하여 1431년 5월 30일, 쟌다르크는 루앙의 뷰 마르세(Vieux Marché) 광장으로 끌려갔는데 그녀의 용기를 보고 그곳에 있던 사람들이 눈물을 흘렸다고 한다. 영국군은 그녀의 타고 남은 재를 센느 강에 뿌리면서 영원히 깨어나지 못할 것을 믿었다. 1429년 5월부터 1431년 5월 까지 2년 동안, 쟌다르크는 영국군으로부터 프랑스 영토를 되찾는데 결정적인 도화선이 되었고 프랑스 역사에 가장 위대한 한 페이지를 장식했다.

화형 당하는 쟌다르크

3. 근대 시대

Louis XI

루이 11세(Louis XI)가 프랑스 왕에 오르면서 중세 시대는 종국에 달하게 되는데, 그는 중세 시대 귀족들의 지나친 영향력과 권위 때문에 왕권이 약화되었던 것을 거울삼아 국가를 재정비하면서 프랑스의 왕 체제를 굳건히 한다. 이러한 노력은 우리가 익히 잘 알고 있는 프랑스 혁명(Révolution française)까지 계속된다. 루이 11세는 프랑스의 영토를 확장하는데 주력하였고 평화가 다시 찾아오고 상업이 활발해지면서 프랑스인들은 서서히 전쟁의 공포로부터 벗어나게 된다.

16세기 초, 프랑스뿐 아니라 세상은 새로운 형국에 접어들게 되는데 우선 지금까지 알고 있었던 것과는 달리, 세상이 공처럼 둥글다는 것이 콜롬브스가 아메리카 대륙을 발견하면서부터 알려지게 된다. 또한 이탈리아 원정을 떠난 프랑스의 왕들은 이탈리아의 놀라운 발전된 문명을 접하게 된다.

그리고 알프스 산맥 너머로는 르네상스(Renaissance)가 절정에 다다르게 된다. 발루아(Valois) 왕조는 이탈리아에서 돌아오면서 건축, 그림, 조각 등을 프랑스에 가지고 들어와 프랑스의 이미지를 변신시키는데 중요한 역할을 한다. 전쟁을 위해 만들었던 성곽의 망루는 유쾌한 거주지로 탈바꿈하고, 루아르 강가에는 거대한 정원을 가진 아름다운 크고 작은 성들이 즐비하게 늘어선다. 프랑스 왕의 궁정은 유럽에서 가장 화려함을 자랑하고, 문학에서도 론자르(Ronsard), 라블레(Rabelais), 몽떼뉴(Montaigne) 등은 프랑스어를 품격 있고 고

라블레(좌)와 몽떼뉴(우)

상한 언어로 탈바꿈시킨다. 이때부터 프랑스는 <예술과 군대와 법의 어머니>라는 칭송을 받게 된다. 콜롬브스가 스페인 왕에게 지원금을 받아내어 아메리카를 발견하게 되자 스페인 왕은 엄청난 부를 차지하게 된다. 그러자 프랑스와 오스트리아를 이전부터 못마땅하게 여기던 스페인의 왕이자 동시에 독일의 왕이었던 샤를르 켕(Charles Quint)은 이 두 나라에 대해 노골적인 불만을 표시하기 시작한다. 결국 프랑스와 1세(François I)는 1525년 영국과의 전쟁에서 포로가 되고, 이탈리아를 포기하고 북동쪽의 경계를 굳건히 하는 것으로 만족하게 된다.

르네상스는 새로운 개혁을 불러 일으켰는데 기독교의 경우 독일에 있는 루터(Luther)에 의한 종교 개혁으로 두 파로 나누어진다. 이 모든 것은 성경이 번역되고 인쇄되면서 시작되었는데, 성경에 대한 번역을 하면서 지식인들은 그 동안에 교황들이 예수의 이름을 빌어 수많은

콜럼버스의 원정

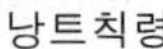
낭트칙령

쌩-바테르미의 학살

음모와 권모술수, 그리고 학살을 자행했다고 생각한다. 칼빈(Calvin)을 중심으로 하는 개혁은 정치에 새로운 바람을 불러 일으켰고, 귀족들은 왕의 권위에 대항하고 그동안 잃어버렸던 자신들의 권리를 찾기 위해 이 개혁을 지지한다.

Luther Calvin

36년 동안 벌어진 종교 전쟁은 모든 것을 폐허로 만들었다. 앙리 Ⅱ세가 죽고 난후, 그의 어머니였던 메디치가의 까뜨린느는 이런 대혼란을 잠재우기 위해 칙령을 발표하게 된다. 그러나 세 명의 발르와 왕족들의 내전이 계속되면서 결국 쌩-바떼르미(Saint-Barthélemy)의 학살37)에 이르게 된다.

37) 1572년 8월 24일 루브르 궁 맞은편에 있는 쌩-제르맹 록세루아(Saint-Germain l'Auxerrois) 교회에서 신교도들이 학살당한 사건이다. 이것은 신교도와 구교도 사이의 종교전쟁 중 가장 잔인한 사건이다. 사건의 발단은 나바르(Navarre)의 앙리(Henri)와 샤를르 (Charles) Ⅸ세의 누이인 발루와(Valois) 왕조의 마가리뜨(Marguerite)가 결혼식을 올리면서 시작된다. 당시 스페인의 왕이자 구교도인 필립(Philippe) Ⅱ세와의 전쟁이 있을 것이라는 소문에 구교도와 신교도들은 흥분한 상태였는데, 신교도였던 가스파르 꼴리니(Gaspard Coligny)가 스페인을 침공할 것을 왕에게 부추겼다. 그러나 왕의 어머니였던 꺄뜨린느는 이 전쟁을 원하지 않았다. 8월 22일 아침, 구교도였던 니콜라 드 루비에(Nicolas de Louviers)대위가 길에서 꼴리니(Coligny)와 맞부딛치게 되고 그에게 부상을 입힌다. 이 사건의 주동이 평화를 유지하길 원하던 꺄트린느의 명령에 의해 이루어졌다고 오해를 하면서 왕은 자신의 어머니와

살인극은 계속되었고 결국 발르와 왕조는 자멸하게 된다. 그리고 이들에게 가장 거세게 저항했던 부르봉(Bourbon)[38]이 프랑스의 왕좌를 차지하게 된다. 그는 우선 왕권을 확실하게 장악하고 프랑스를 하나로 뭉칠 수 있는 정책을 펼쳤는데 이는 앙리 4세나 잔다르크의 선행에 비교될 수 있을 정도였다. 우선 프랑스를 하나로 만들기 위해 대부분의 프랑스 사람들이 믿고 있던 가톨릭 종교를 인정하였고, 낭트 칙령[39]을 발표하여 모든 사람들이 자신들의 선택에 따라 종교를 선택할 권리를 허용하였다. 이런 관용은 당시의 유럽 왕국들에서는 유일한 것이었다. 이것을 시작으로 프랑스는 부를 축적하면서 거대한 국가로의 발돋움을 시작하게 된다.

1) 종교 전쟁(Guerre de Religion)

종교 전쟁은 샤를르 IX 때부터 시작되어 앙리 4세 때까지인 1562~1598년간 벌어졌다. 칼빈[40]의 죽음이 그 발단이 되었는데, 그가 죽을

멀어진다. 한편 프랑스의 왕이 머물던 루브르 궁에 신교도들이 너무 자주 왕래하고 그로 인해 군주제가 위협을 받는다고 생각한 꺄트린느는 신교도들의 우두머리들을 제거할 것을 결심한다. 8월 24일 쌩-바떼르미 축제날 3시에 쌩-제르맹 옥쎄루아(Saint-Germain l'Auxerrois) 교회의 종소리를 신호로 신교도들에 대한 무차별 학살이 시작된다. 꼴리니는 그의 침대에서 목이 졸려 죽었고 그의 시체는 거리에 버려졌다. 이로 인해 왕의 결혼식에 참석하려 프랑스 각지에서 왔던 200명의 신교도 대표들이 살해 당했고, 이들의 시체를 루브르궁 뜰에 모아놓았다 이 사건으로 희생자는 총 3만명에 이르렀다.

38) 부르봉 라르샹보라는 도시의 이름에서 유래된 부르봉 왕조는 신교도의 우두머리로서 1589년 프랑스 왕위에 오른 앙리(Henri) Ⅳ 이후, Louis 13와 14세로 이어지면서 프랑스 절대왕정의 황금시대를 이룩하였던 왕조였다.

39) 1598년 4월 13일 앙리 4세가 선포한 낭트칙령은 프랑스에서의 구교와 종교간의 종교적 평화를 재건하려는 의도에서 발표된 칙령이다. 신교도들은 모든 공공건물에 출입할 수 있고, 모든 직업에 종사할 수 있는 자유를 부여한다는 내용의 이 칙령은 그러나 파리를 비롯한 몇몇 도시에서는 신교도들의 문화가 금지되는 등 제한적 성격을 지니고 있었다.

40) 장 칼벵(Jean Calvin)은 프랑스 북부 피카르디 지방의 누아용 출생으로서 프로테스탄트주의의 입장을 주장하였다. 1535년 프랑스 왕인 프랑수와 1세에 의한 생명의 위협을 느껴 스위스로 피신한 후 복음주의의 고전으로 인정받고 있는 <그리스도교 강요>를 저술하였다. 그 후 프랑스의 프로테스탄티즘을 위해 종교 개혁 운동에 참가하였다.

종교 전쟁의 모습

당시 약 20,000개의 신교집단이 있었다고 추정된다. 신교도들에 대한 박해와 학살은 극으로 치닫게 되는데, 구교도인 기즈(Guise)와 신교를 믿는 Bourbon 왕족들은 종교적인 문제를 자신들의 이익을 위해 종교 전쟁이라는 이름을 붙인다. 이 기간 동안 8번의 대전투가 벌어졌고 그 와중에 정치적 야욕이 개입되는데 이 싸움이 계속되는 동안 종교적인 증오는 사람들 사이에서 그치지 않았고 도시 또는 시골에서 작고 큰 싸움으로 피 마를 날이 없었다.

특이한 점은 프랑스 사람들의 대부분이 구교신도이면서도 기즈가를 별로 따르지 않았다는 것인데 그것은 이들이 외부인으로 간주되었기 때문이며 오히려 사람들은 프랑스 왕족 출신이면서 소수의 신교도인 부르봉 집안에 대해 더 호의적이었다. 이것은 파리 시민들이 브루봉 왕가의 출신인 베아르네(Béarnais)를 환대했다는 것에서 잘 알 수 있으며 대부분의 사람들이 전쟁을 원하지 않았다는 것을 알 수 있는 확실한 증거이기도 하다.[41]

41) 그것은 바로 그가 앙리 III세에게 썼던 품위를 지키면서도 감동적인 편지를 보면 알 수 있다. "그들(Guise)이 찾는 사람이 나라면, 아니면 나의 그림자라면, 나라를 도탄에 빠트리지 말고, 일 대 일, 이 대 일, 그렇지 않으면 열명 대 열명으로 결투를 하기를 바라오. 외국 군대를 개입시키는 것은 명예로운 기사가 할 짓이 아니오."

와씨의 학살

종교 전쟁의 첫 번째 발단은 기즈가의 공작들에 의해 자행된 와씨(Wassy)의 학살(1562)이다.[42] 충돌은 이미 피할 수 없는 상황이었고 기즈 가의 공작인 프랑수아(François)가 구교의 중심에 있었고 신교도들의 우두머리는 부르봉가의 사람이었다. 종교 전쟁은 전부 8번에 걸쳐 일어났는데, 8번째 전쟁이 가장 길었다(1585~1598).[43]

1589년 Navarre출신의 앙리가 프랑스의 왕이 되면서 적들을 차례차례 무찌르면서 파리로 입성하게 되는데, 당시 파리 사람들은 기근에 허덕이고 있었다. 그는 수도로 쳐들어가는 것을 포기하고 루앙으

---

42) 1562년 와씨(Wassy)는 아주 번창한 도시였는데 1561년 신교도들의 인구가 계속해서 증가하는 바람에(1200여명) 구교도들과의 작은 충돌이 점차 증가했다. 1562년 2월 첫 번째 목사가 와씨에 들어왔고 신교도들은 헛간에서 예배를 보았다. 1562년 3월 1일 프랑수아 드 기즈(François de Guise)가 그의 군대와 함께 와씨에 들어와 헛간에 있는 신교도들을 무참히 학살하였고 목사는 포로가 된다. 와씨의 학살은 종교 전쟁의 첫 번째 신호탄이 된다.

43) 1차 종교 전쟁 : 기즈(Guise) 공작이 와씨(Wassy)에서 신교도들을 학살한 것이 원인이 되어 1562~1563년간에 걸쳐 벌어졌으며 앙부아즈(Amboise) 평화 협정으로 1563년 3월 19일에 끝나게 된다. 이 협정에서 종교의 자유가 보장된다. 2차 종교 전쟁 : 왕으로부터 종교에 대한 관대한 국가가 되길 원하던 신교도들이 무기를 장악함으로써 1567~1568년에 2차 전쟁이 벌어지고 롱쥐모(Longjumeau) 조약으로 끝이 난다. 3차 종교 전쟁 : 1569~1570년 신교도들의 수가 많았던 서부지역에서 충돌이 일어나면서 벌어졌고, 신교도들에게 안전을 보장받을 수 있는 도시들을 인정해 주는 생-제르멩(Saint-Germain) 조약으로 끝이 난다. 4차 종교 전쟁 : 1572~1573년에 걸친 전쟁으로서 1572년 8월 22일 쌩-바르떼르미 에서의 끔찍한 신교도 학살로 인해 발단이 되었으며 1573년 7월 블로뉴(Boulogne) 평화 협정의 칙령으로 끝이 난다. 5차 종교 전쟁 : 1574~1576에 걸친 전쟁으로서 감시를 받으며 지내왔던 신교도들이 일으킨 전쟁으로 신교도들에게 커다란 자유를 보장하는 보리우(Beaulieu) 칙령으로 끝이 난다. 6차 종교 전쟁 : 리그(Ligue)에서 1576~1577년에 벌어진 전쟁으로 신교도들의 자유에 대한 조건을 제약하는 뿌아띠에(Poitiers) 칙령으로 끝이 난다. 7차 종교 전쟁 : 1579~1580년, 앙리 Ⅲ세가 리그의 중요성을 최소화하려는 의도로 벌인 전쟁으로 신교도들의 안전한 장소를 6년간 임대해주는 플렉스(Fleix) 칙령으로 끝이 난다.

로 방향을 바꾼다. 앙리 IV[44]는 이 전쟁을 끝낼 수 있는 유일한 방법으로 이미 각 마을에 퍼져있던 신교자들에게 신교를 믿을 수 있는 자유를 준다.

2) 절대 군주제

앙리 4세

1598년 4월 13일 낭트 칙령부터 1789년 프랑스 혁명까지를 절대 군주제 시대라고 일컫는다. 발루아 왕조가 종교 전쟁을 끝으로 물러나고, 행정, 법, 재정, 그리고 군사력을 포함한 모든 권력을 왕이 독점하는 전제 군주 시대가 도래한다. 루이 14세는 "짐이 곧 국가이다(l'État, c'est moi)"라고 말할 정도로 절대 권력을 누렸다.

종교 전쟁이 끝나고 베르뱅 조약[45] 후, 앙리 4세는 구교와 신교 둘 다 지원하면서 안정을 되찾는다. 이때 막시밀리앙 드 쉴리 공작 Maximilien de Béthune, duc de Sully[46]이

44) 1589~1610년까지 프랑스와 나바르(Navarre)의 왕으로서 종교 전쟁 동안 가톨릭 성향의 군주제를 타파하면서 Nantes 칙령을 통해 왕국의 평화를 이룩하였고 프랑스 왕들 중 가장 인기있는 왕으로 알려져 있다. 그는 신교도파의 우두머리로서 30년간의 내전으로 인해 황폐해진 국가를 재건하고 강력한 군주제를 위해 힘을 썼다. 그리고 귀족들에 대해 강력한 정책을 씀으로서 프랑스인들을 하나로 뭉치게 하는 정책을 썼다. 또한 신교도였던 쉴리(Sully) 공작의 지지를 발판으로 산업과 무역에 힘을 써 프랑스의 경제발전을 이룩하였다. 그러나 1610년 5월 14일 구교도의 광신도인 라바이악(Ravaillac)에 의해 암살된다. 앙리 4세는 왕궁 도서관을 복원하는 등 예술과 문학에도 많은 노력을 기울였고, 또한 뽕 네프(Pont-neuf)를 비롯한 많은 건물을 세웠다. 그는 황폐해진 그의 왕국의 번영과 질서를 가져왔을 뿐 아니라 절대주의적 사고의 구교도를 끊임없이 경계하였다.

45) 프랑스와 스페인과의 전쟁을 더 이상 참을 수 없었고, 특히 터키인들의 헝가리 침약에 위협을 느낀 교황의 중재로 필립 II세는 1598년 5월 2일 앙리 4세와 조약을 맺게 된다. 이 조약으로 프랑스는 싸부아 지방을 스페인에게 거의 넘겨주는 대신, 스페인은 1559년부터 지니고 있었던 요새를 프랑스에게 되돌려준다.

재무장관을 맡게 되는데 그는 도로, 다리 운하 등 공공교통시설을 건설하면서 경제를 일으키는데 큰 공헌을 한다.

봉건제도가 무너지면서 앙리 4세는 새로운 방향의 군주제를 세울 수 있는 기회를 얻었다. 이후 나라의 권력은 왕에게 집중되었는데, 이것이 절대 군주제의 시초이다. 비록 왕의 중재로 인해 구교와 신교 사

막시밀리앙 드 쉴리

마리 드 메디치

이의 정치적 균형이 이루어졌다고는 하나 종교 전쟁으로 인한 후유증은 심하였고 그 결과 앙리 4세는 라바이악(Ravaillac)[47]에게 의해 1610년 5월 14일 암살을 당하고 만다. 앙리 4세의 뒤를 이어 왕위를 이어받은 루이 13세는 겨우 9살이었다. 이 때 부터 그의 어머니인 마리 드 메디치(Marie de Médicis)[48]가 섭정을 하게 되었고 그 후에는

---

46) 1560년 로스니-쒸르-센느(Rosny-sur-Seine)에서 태어난 그는 앙리 4세에 의해 1598년 재무장관에 임명받으면서 당시에 어려웠던 프랑스 경제를 살리는데 노력한다. 1610년 앙리 4세가 죽기까지 그는 세금을 내리고 중간상들을 줄이면서 물건을 수출하게 하고 교통수단을 개선함으로써 성공적으로 경제를 부흥시키는데 성공한다.

47) 프랑수아 라바이악(François Ravaillac)은 뚜브르(Touvre) 태생으로 가난한 가정에서 태어나 종업원과 교사의 일을 하였다. 1609년 앙리를 신교도파인 위그노 (Huguenot)로 개종할 것을 요구하려 하였지만 왕을 만날 수가 없었다. 그는 이것을 왕이 네덜란드를 배신하는 것이라고 생각하고 왕을 암살할 결심을 하고 1610년 5월 24일, 파리에 있는 페로느리(Ferronnerie) 거리에서 왕을 칼로 찔러 암살한다.

48) 1573년 토스칸느(Toscane) 공작의 딸로 태어났다. 1600년경, 앙리 4세와 결혼하여 여왕이 된다. 콘치니의 영향을 받아, 자신의 남편인 앙리 4세와 전쟁을 벌였던 스페인과 사이좋게 지내는 정책을 쓴다. 1617년 그녀의 아들인 루이 13세가 정권을 잡으면서 콘치니를 없앴지만 자신은 감금되기까지 한

리슐리에

콘치니(Concini) 부부가 섭정을 한다. 메디치가 사람들은 친-스페인 정책을 쓰면서 루이 13세를 스페인의 안느 도트리슈(Anne d'Autriche)와 결혼시킨다. 그러나 루이 13세가 정권을 잡으면서 그는 콘치니와 그의 어머니를 몰아낸다. 1617년 4월 24일 왕의 승인하에 콘치니는 암살당하고 1617년 7월 8일, 그의 아내 역시 사형을 당한다.

루이 13세는 신교도와 타협을 하는데, 낭트칙령을 개선한 몽뻴리에 칙령이 발표되면서 신교도들의 권리가 강화되고 정치적인 위약감에서 벗어나게 된다. 루이 13세가 이처럼 강력한 권력을 가질 수 있게 절대적인 도움을 주었던 사람이 리슐리에(Richelieu)였다. 리슐리유[49]는 처음에는 마리 드 메디치의 측근이었지만, 콘치니의 암살사건으로 인해 그녀와 사이가 벌어졌고 왕의 권력을 강화시키는 정책을 폄으로써 왕의 신임을 얻었다.

어린 루이14세의 모습

1643년 5월 14일 루이 13세가 죽고 루이

다. 그 후 탈옥하여 아들과 전쟁을 벌이기도 했으나 화해한다. 그러나 리슐리유에 의해 그녀의 모든 계략이 드러나고 도피하면서 콜로뉴에서 쓸쓸한 생을 마감한다.

49) 1585년 9월 9일 파리에서 태어난 리슐리에는 1605년 신학을 시작하였고 1615년 11월 마리 드 메디치에 의해 후에 루이 13세의 부인이 되는 안느 도트리슈의 사제가 되었고 이를 계기로 1616년 5개월 동안 국방대신과 내무대신을 겸했다. 그러나 마리의 총애를 받던 콘치니가 왕의 승인 하에 암살당하는 것을 보고 마리와 거리를 두게 된다. 그는 정부의 요직에 들어오면서 세 가지 계획을 추진하였는데, 첫째, 프랑스에서 신교도들의 정치적 힘을 파괴하는 것이었고, 둘째, 귀족들의 거만함과 우월의식을 타파하는 것이었으며 셋째는 프랑스에서 오스트리아 공화국의 힘을 약화시키는 것이었다. 이로 인해 왕 루이 13세와 리슐리에는 서로를 신임하게 된다.

14세가 왕위에 오르는데, 당시 나이 5세였다. 어린 시절, 그의 어머니인 안느 도트리슈(Anne d'Autriche)가 섭정을 하였고 이어 마자랭(Mazarin) 추기경[50]이 섭정을 하게 된다. 루이 14세는 프랑스 왕 중에서 가장 강력한 절대 왕권을 누렸던 왕이었다(1638~1715). 1643년 루이 13세가 죽었을 때 루이 14세는 너무 어렸고 엎친데 겹친 격으로 당시에 프랑스는 스페인과 영국과 전쟁 중이었다. 1643년부터 1648년까지, 국내적으로 귀족들은 세금 내는 것을 거절하는 등 노골적으로 왕권에 대해 불만을 표시했다. 어린 시절, 귀족들의 이런 횡포와 자신이 사랑했던 어머니가 귀족들에게 굴복하고 눈물을 흘리던 모습을 본 루이 14세는 후에 이에 대한 처절한 응징을 다짐하게 된다. 자신이 사랑하고 또 자신을 아끼고 사랑해주었던 추기경인 마자렝에게서 루이 14세는 정치를 배웠고 마자렝으로부터 정권을 넘겨받았을 때 그의 능력을 알아보는 자는 마자렝 뿐이었다. 마자렝은 <당신들은 그를 모릅니다. 그는 아직 어려 그의 정치의 뜻을 펼치려면 약간 시간이 걸리겠지만 누구보다도 오래 왕좌를 지킬 것입니다> 라고 말할 정도로 그의 정치력을 믿었다. 실제로 루

태양왕
루이14세

마자렝
추기경

50) 마자렝은 1602년 남부 이탈리아 페스치나 (Pescina)에서 태어났다. 교황군대의 장교였던 그는 정계로 뛰어든다. 1630년 리옹에서 리슐리에를 만나게 되는데, 그를 눈여겨보던 리슐리에는 루이 13세에게 그를 소개한다. 루이 13세의 사망 후, 추기경이 된 그는 루이 14세의 교육을 담당하였는데, 그는 프롱드(Fronde)파와 사이가 좋지 않아 내전을 일으키기도 했다. 그는 루이 14세를 도와 절대 왕권을 구축하는데 힘을 기울였다.

콜베르

이 14세는 그의 선대왕들이 어떤 방법으로 선정을 베풀었는지, 그리고 정직한 사람이 어떤 사람인지를 누구보다도 잘 알고 있었다. 그가 어렸을 때 그의 눈에 비쳤던 수많은 귀족들의 권모술수를 지켜보며 자란 그의 머리 속에는 절대 왕권의 생각이 이미 자라나고 있었다.

1661년 마자렝이 죽음을 맞이하면서 그는 왕에게 두 가지 큰 선물을 주었는데 하나는 그의 지혜였고, 다른 하나는 정말 믿을 수 있는 신하 콜베르(Colbert)였다[51].

이때가 루이 14세가 23살 때였다. 그는 이때부터 직접 정사를 돌보았고 모든 신하들에게 자신의 허락 없이는 어떠한 서류에도 사인을 하지 말라는 강력한 명령을 내린다. 그는 하루에 두 번씩 회의를 하였고, 일을 진행함에 있어 전문가들에게 충분한 자문을 얻고 완벽하리만큼의 시험을 거친 후에야 그 계획을 실행해나갔다. 누군가가 그에게 건의를 해왔을 때 그가 습관적으로 한 말은 [두고 봅시다]라는 말로써 긍정도 부정도 하지 않는, 그리고 뒤로 자세히 검토하는 용의주도한 면을 보였다. 루이 14세는 사람들에게 <왕은 신을 대신하는 자로서 그로부터 절대적인 권리를 부여받은 사람이다>라는 의식을 불어넣었다. 그는 어렸을 때의 악몽을 떨쳐버리기 위해 파리에 있는 왕궁에 살지 않고 우리가 잘 알고 있는 베르사이유 궁전을 건설하고 모든 정책을 그곳에서 펼쳤다. 그가 중앙집권을 하기 위해 택한 방법은 아주 교묘했다. 그는 베르사이유 궁전에서 거의 매일 파티를 열었다.

---

51) 1619년 8월 29일 렝스에서 태어난 콜베르는 1651년 추기경 마자렝과 만나게 되고, 마자렝은 루이 14세에게 그를 추천한다. 왕의 절대적인 신임을 얻은 그는 국가의 경제관리를 담당하면서 행정·산업에까지 영향을 확대한다. 276개의 전투함정을 만들고 브레스트 항구를 확장시켰을 뿐 아니라 아카데미의 회원으로서 과학과 예술·문학의 발전에 많은 기여를 하였다.

코르네이유, 데카르트, 파스칼 (왼쪽부터)

물론 그 파티에는 힘 있는 귀족들이 다 초청되었는데, 만일 어떤 귀족이 일이 있어서 오지 못하면 그는 파티 도중에 간간히 다른 귀족들에게 그 귀족에 대해 좋지 않은 얘기를 슬쩍 흘렸다. 그리고 서로 간에 이간질을 시켜서 다른 귀족들이 결국 힘 있는 한 귀족을 궁지에 모는 방법을 택했다. 그러다 보니 귀족들은 왕이 초대하는 파티에 싫어도 참석하지 않을 수 없었고 왕에게 갖은 아양을 떨어야 했다.

1661년 루이 14세는 중앙 집권 체제에 돌입하게 된다. 그는 우선 푸케(Fouquet)를 해임시키고 충신인 콜베르를 그 자리에 앉힌다. 그리고 텔리에(Tellier)와 로부아(Lovois)를 시켜 군대를 재편성하게 하고 보반(Vauban)으로 하여금 왕궁 주위에 성벽을 설치하게 한다. 이렇게 실권을 장악한 루이 14세는 종교에도 관여하게 되는데 이것은 오래전부터 신을 앞세워 왕권 위에 군림하며 갖은 만행을 저질렀던 가톨릭 교단을 제압하지 않고서는 자신이 원하는 일을 할 수 없다는 계산이 섰기 때문이었다.

대외적으로는 강압적으로 로마에 프랑스 대사를 파견할 것을 강하게 요구하는 등 유럽 전체에 프랑스의 외교적인 힘을 알리는데 주력했다. 루이 14세는 이런 모든 정책을 바탕으로 55년간이라는 오랜 세월동안 절대왕권을 누리면서 태양의 왕이라는 칭호를 받게 된다. 1661년 루이 14세가 왕위에 올랐을 때 프랑스는 역사상 가장 강한 나라로서 유럽을 지배하게 되는 전성기를 누리게 된다. 그러

퐁네튜, 몰리에르, 라씬느 (왼쪽부터)

자 자연 프랑스의 수도인 파리는 최고의 국제도시로 발돋움하게 되고, 이미 16세기에 발루아 왕조의 호화스러운 왕궁은 예술과 문학 그리고 우아함의 상징이 되었다. 17세기 초, 이성과 질서를 중시하는 사고와 생활양식이 싹트게 된 것은 바로 파리 사람들의 귀족 문화에서 비롯된다. 루이 14세 때 프랑스는 정치와 군사적인 측면에서 뿐 아니라 세련된 삶의 예술, 그리고 코르네이유[52], 데카르트[53], 파스칼[54]과 같은 거장들에 의해 쓰여진 풍부한 문학으로 전 유럽의 중심지가 된다.

---

52) 코르네이유(1606~1684)는 프랑스 시인이자 극작가로서 루앙(Rouen)에서 출생했다. 프랑스 고전주의 희곡의 창시자이자 완성자로 알려져 있고, 몰리에르, 라씬느와 함께 프랑스 3대 고전작가로 불리우며, 고전비극의 탄생이라고까지 극찬을 받은 르 시드(Le Cid)와 함께 그의 5대 비극으로 Horace(1640), Cinna(1640), Polyeucte(1643), Nicomède(1651), La mort de Pompée(1644)가 있다.

53) <근세철학의 아버지>라고 불리우는 데카르트(1596~1650)는 절대적인 신중심주의 즉, 신이라는 절대적이며 완전한 존재를 가정하지 않고는 불완전한 것을 생각할 수 없다는 아우그스티누스 사상에 논리적 근거를 둔 <나는 생각한다 고로 존재한다(Je pense, donc je suis>라는 유명한 명언을 남겼다. 유명한 저서로서는 경험을 통해 얻는 외래관념들과 외부 대상이 반드시 일치하지는 않는다는 내용의『방법서설(Discours de la méthode)』이 있다. 이에 대한 상세한 내용은 Pierre Cubaud를 참조 바람.

54) 파스칼(Blaise Pascal, 1623~1662)은 프랑스가 낳은 천재로서 수학자요, 물리학자요, 철학자요, 신학자로 불리우는 다재다능한 사람이다. 오늘날 세계인의 최고의 교양서적의 하나로 손꼽히고 있는『팡세(Pensée)』는 사실 그가 완성한 것이 아니라, 파스칼이 39세의 나이로 사망한 후 친우들에 의해 그가 썼던 초고들을 정리하여 간행한 것으로, 기독교 변증론에 대한 924개의 단상으로 이루어져 있는데 우리가 익히 알고 있는 <인간은 생각하는 갈대다>라는 명언을 포함하고 있다.

루이 14세의 통치 하에서, 모든 것은 왕과 왕궁이 중심이 되었다. 태양의 왕이라는 칭호를 받는 루이 14세 시절에는 고급스러움, 위대함, 그리고 위엄과 같은 것들이 마치 상징처럼 떠오른다. 이 시대가 낳은 위인들만 해도 몰리에르, 라씬느, 퐁텐느와 같은 당대뿐 아니라 오늘날에도 사람들의 입에 오르내릴 정도의 사람들이 배출된다.

루이 14세가 통치한 기간은 30년 남짓인데 이 기간 동안에 프랑스는 루부아에 의해 편성된 군대를 통해 전쟁에서 그 누구도 이길 수 없는 강력한 군대를 보유하게 된다. 그러나 1682년, 낭트칙령의 폐쇄는 쇠락의 시초가 되었다. 모든 유럽이 합심하여 프랑스에 대항하였고, 결국 22년간이라는 전쟁 속에서 프랑스 국민을 가난과 기근으로 빠져들게 하면서 막을 내리게 된다.

18세기는 1715년 5살의 나이로 왕위에 올라 장장 60년 동안 왕위

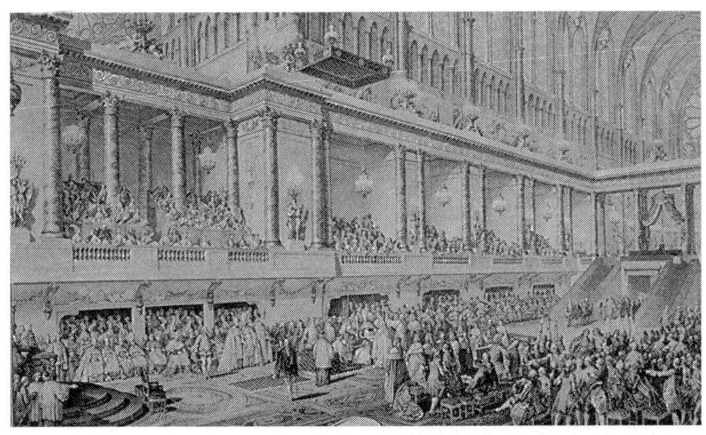

[영광의 시대]의 베르사이유 궁전

에 있었던 루이 르 비앙-에메(Louis le Bien-Aimé)로 시작된다. 당시 5살이었던 왕 대신 Fleury 추기경이 섭정을 하는데 이 기간 동안에 프랑스 국민들은 비교적 편안한 생활을 하게 된다. 그는 프랑스의 경제와 부를 제 궤도에 올려놓기 위해 은행 제도를 만들었다. 비록 루이 15세 때 많은 전쟁에서 패하긴 했지만, 그래도 45년 동안 외국으로부

터 침공을 받는 일은 없었다.

위에 열거한 이유 때문에 사람들은 18세기를 [영광의 시대]라는 이름으로 부른다. 루이 14세 당시의 우아함이나 영광은 이 시기를 삶의 유연성의 시대라고 일컫기에 조금도 손색이 없다. 18세기가 되면서 문화의 중심은 루이 14세가 만든 베르사이유 궁전이 아닌 커피숍이나 지적인 여인들이 모여 담소를 나누는 살롱으로 옮겨졌고, 사람들은 과학적인 발견이나 철학 또는 인간의 이성 등에 대해 밤새도록 토론하였다. 그러나 새로운 개혁을 해야 할 때를 놓치면서 루이 16세는 비운의 주인공이 되고 만다.

4. 왕정의 붕괴와 프랑스 혁명, 그리고 공화국

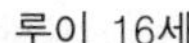

루이 16세

영원히 지속될 것 같았던 왕정 시대가 쇠락의 길을 걷게 되는 결정적인 사건은 바로 프랑스 대혁명이다. 우유부단한 성격의 왕이었던 루이 16세는 국민들의 생활에 대해 전혀 무관심했고, 그의 부인 마리 앙뚜아네뜨[55]의 사치는 프랑스 혁명이 일어나게 되는 결정적 계기를 제공하였다.

왕정의 상징이었던 바스티유 감옥을 시민들이 탈환하고, 공화국임을 선포하면서 루이 16세는 단두대에서 목이 잘리고, 그 유명한 로베

55) 1755년 11월 2일 비에는(Vienne)에서 태어난 마리 앙뚜와네뜨(Marie Antoinette)는 1770년 봄 루이 15세의 손자인 Louis 공작과 결혼하였는데, 결혼식을 축하하기 위해 쏘아올린 폭죽으로 인해 놀란 몰려있던 인파들이 피신하는 사태가 발생하여 132명의 사상자를 낳기도 했다. 그의 어머니 마리 테레즈(Marie-Thérèse)가 사망한 후 1774년 여왕이 된 그녀는 무기력한 남편인 루이 16세 대신 정권을 잡게 된다. 프랑스 혁명이 일어난 후 1793년 10월 16일 오전 4시 38살의 나이로 처형된다.

당통(왼쪽)과 로베스삐에르(오른쪽)

스삐에르(Robespierre)와 당똥(Danton)이 등장하게 된다.

그러나 당똥이 시민들에게 절대적 지지를 받자, 로베스삐에르는 그를 모함하여 결국 단두대로 보낸다. 하지만 그 역시도 얼마 안 있어 단두대의 이슬로 사라진다. 이처럼 프랑스 혁명은 대 혼돈 속으로 흘러가고, 기록은 [단두대가 설치되었던 곳에는 피가 흘러 작은 냇물을 이루었다]라고 적고 있다. 이런 혼돈 가운데서도 희망이 사람들 마음속에 싹트기 시작했는데 군주를 잃어버린 시민들은 각자가 프랑스에 대해 책임감을 가지게 된다. 국가가 전쟁으로 인해 위기에 처했을 때, 그렇게 서로 앙숙이던 정치인들과 정부가 일심동체가 되어 프랑스 국가인 마르세이에즈(Marseillaise)를 불러가며 자원하여 군대에 지원하는 등 엄청난 단결력을 보여준다. 이때부터 프랑스는 외국에 대항할 때 항상 하나가 되었다.

프랑스인들에게서 프랑스 대혁명이 낳은 가장 긍정적이며 위대한 결과는 바로 이탈리아의 북부 지방을 전쟁을 통해 정복한 것이었다. 이때 등장한 인물이 바로 우리가 너무도 잘 알고 있는 나폴레옹이다. 그는 군에서의 성공을 바탕으로 마침내 정계에 입문하였고, 전쟁 때마다 승승장구하는 그에게 시민들은 절대적인 지지를 보냈다. 나폴레옹이 정권을 잡은 후에 프랑스는 안정된 질서를 갖추게 되었고 평화가 깃들게 된다. 나폴레옹은 이제 프랑스에 만족하지 않고, 이전 로마의 시저나 샤를마뉴 대제와 같이 전 유럽을 자신의 발 아래에 두기 위해 무리수를 두기 시작한다. 그가 쇠락의 길을 걷기 시작한 첫 번째가 바로 러시아와 일전을 벌였던 워터루 전쟁이다. 러시아는 정면으로 맞서기보다는, 추운 기후를 적절히 이용히면서 프랑스 군대가 점령하는 마을의 모든 식량을 없애면서 지구전으로 대항한다. 결국 추위와 배고픔에 굶주린 프랑스군은 후퇴하게 되며, 결국 나폴레옹은 한편의 드라마와 같은 삶을 겪다가 섬으로 유배되어 삶을 마감하게 된다.

1) 프랑스 혁명(la ré volution franc aise)

프랑스 혁명이 일어나기 약 40일전, 의회가 베르사이유 궁에서 열렸는데, 위원들은 정부가 세금에 대한 단순한 변형만을 꾀하려한다는 것을 알게 되었고, 문서로서 세금 제도를 처음부터 다시 제정해야 한다고 주장했다. 그리하여 7월 9일 베르사이유궁에 모인 위원들은 <제도적 국회>를 선포하였는데, 왕과 그의 측근들이 이에 불만을 품었다. 위원들의 결정을 전혀 고려할 생각이 없던 왕과 그의 측근들은 6월

베르사이유 궁전에서의 회의

24일부터 베르사이유궁에 스위군과 독일군을 비밀리에 배치시켰다. 그리고 당시 경제 감독관이었던 쟈끄 네커(Jacques Necker)를 해고하고 그 자리에 브르테으(Breteuil) 백작을 선임한다.

파리에서는 왕이 위원들의 불복종에 불만을 품고 그들을 모두 해임하려 한다는 소문이 돌면서 소규모의 상인들과 장인들의 불안감이 커져간다. 결국 왕의 사촌이며 매춘과 놀음에만 정신이 팔려있던 오를레앙 공작이 살던 팔레 루와이얄(Palais-Royale) 정원에서 까미유 데물렝(Camille Desmoulins)은 시민들에게 봉기할 것을 연설한다.[56)]

7월 13일, 왕의 군대가 위원들을 체포하기 위해 파리로 진격하고 있다는 소문이 퍼졌는데 실제로 군대는 샹 드 마르쓰(Champs de Mars)와 파리 근교에 집결하였다. 결국 시민들에 의해 선출된 위원회들이 위협에 대처하기 위해 새로운 위원회를 결성한다. 7월 14일 직공들과 상인들이 앵발리드(Invalides)로 가서 무기를 탈취하는데 당시 앵발리드에는 28,000정의 총과 20개의 대포가 있었다. 이곳에서 무기를 탈취한 이들은 바스티유(Bastille)로 진격하게 된다. 바스티유 감옥은 사상이 불순한 무게 있는 정치범들을 주로 가둬두는 감옥이었는데 주위에는 무장한 군대들과 높은 성벽 등 흔히 말하는 난공불락의 요새였다.

불타는 바스티유 감옥

56) <Citoyens, vous savez que la nation avait demandé que Necker lui fût renvoyé et on l'a chassé... Après ce coup, ils vont tout oser et pour cette nuit, ils méditent peut-être une Saint-Barthélemy des patriots!... Aux armes! Aux armes, citoyens!>

저녁 4시경, 바스티유 감옥에는 80명의 부상당한 군인들과 30여명 남짓한 군인들이 지키고 있었는데 이들은 갑자기 수많은 시민들이 자신들을 향해 몰려오자 겁을 먹은 나머지 대포를 발사하게 되고 100여명의 희생자를 내게 된다. 자신들의 동료가 옆에서 쓰러지는 것을 본 군중들은 흥분하였고, 당시 고위 관리였던 로네(Launay)의 목을 베어 장대 끝에 걸고 파리 시내를 돌아다녔다. 결국 루이 16세와 그의 가족들 역시 단두대에서 사라지는 비운을 맞게 된다.

왕정시절, 수많은 정치범들과 흉악범들이 투옥되었던 바스티유감옥은 이제 2명의 미친 자와 5명의 사기꾼 7명만이 남아 있었다. 바스티유 감옥의 점령은 불과 45분밖에 지속되지 않았지만 이 사건은 프랑스 전체 역사에서 하나의 큰 획을 긋는 사건이었는데, 그 이유는 바로 처음으로 시민들이 권력을 잡았다는 것이었다.

2) 지롱댕(Girondins)파

1791년 선거에서 젊고 열정적이며 혁명적인 이상을 가지고 있던 젊은이들이 대표로 대거 참여하게 된다. 이들은 국회의 좌파를 형성하게 되는데, 대표적인 인물은 브리쏘(Brissot)와 노르망(Normand)으로서 이들은 이미 <프랑스의 애국자들>이라는 칭송을 들을 만큼 유명해져 있었다. 이 젊은이들 집단을 일컬어 브리쓰탱(Brisstins)이라고 불렀고, 이중에서도 가장 뛰어난 능력을 가지고 있던 베르지노(Verginaud), 가데(Guadet), 정소네(Gensonné) 세 명은 지롱드 지역에 대표들이었는데, 이 지명을 본 따 이들을 지롱댕이라고 불렀다.

지롱댕파의 모습

이들은 회의가 없는 날이면, 쟈코벵파들이 주로 애용하던 클럽에 모이거나 아니면 철학에 심오한 깊이를 가지고 있던 콘도르쎄(Condorcet) 부인이 경영하는 살롱, 그렇지 않으면 미와 지성을 겸비한 롤랑(Roland) 부인의 살롱에 모여 자신들의 이상에 대해 토론하였다. 고대문화와 이상론에 심취해 있었던 이들은 유토피아적인 세상을 꿈꾸었고, 그러기 위해서는 전쟁은 바람직할 뿐 아니라 필요하다고 생각했다. 지롱댕파의 우두머리는 루이 16세에게 오스트리아와 전쟁할 것을 주장하였으나 그 결과 1792년 4월에 전쟁에서 무참히 패배하고 만다. 루이 16세는 지롱댕파 출신의 장관을 해임시키게 되지만 7월 20에서 8월 10일 사이에 왕정은 무너지게 되고, 지롱댕파는 정부에서 다시 자리를 되찾게 된다.

롤랑 부인

그들은 국민회의(Convention)에서 150석을 차지할 정도의 막강한 힘을 가지고 있었지만, 지롱댕 파 자체 내의 극좌파와의 대립으로 파국의 길을 달리게 된다.

1793년 6월 29일, 파리 코뮨(Commune de Paris)은 국민회의에게 지롱댕파를 넘겨줄 것을 요구했고, 6월 2일 국민회의는 이들의 협박에 굴복하여 22명의 지롱댕파를 넘겨주게 된다. 이들은 그 다음 해 10월 31일 단두대에 이슬로 사라진다. 또 다른 지롱댕파들은 살길을 찾아 뿔뿔히 흩어지게 되고, 다시 한번 재기를 노렸으나 체포되거나 자살함으로써 지롱댕파는 몰락하게 된다. 롤랑 부인은 체포되어 죽음에 이르는 순간에 [자유여, 너의 이름하에 얼마나 많은 범죄가 저질러졌던가]라는 유명한 말을 남기기도 했다.

3) 쟈코뱅(Jacobins)파

프랑스 혁명은 왕정의 오랜 부패 정치와 탄압에 대항하는 많은 지식인들의 머리에서 나온 것이라고 해도 과언이 아니다. 그렇다면 이것이 어떻게 가능했을까. 그것은 바로 600개나 되는 파리의 카페들과 많은 클럽들에서 뜻있는 사람들끼리 모여 의견을 나누고 계획하는 과정에서 가능했던 것이다. 쌩 또노레(Saint-Honoré)거리 건물에 있던 구석방은 자코뱅파들의 중심지였고, 1789년부터 1794년까지 모든 비밀회의가 이곳에서 결정되었다.

이 클럽은 처음에 브르타뉴 출신의 위원들에 의해서 베르사이유에서 생겨났는데, 국회가 파리로 들어오면서 함께 파리에 자리 잡았다. 이 클럽은 대중들을 위한 클럽이 아니라 아주 비싼 비용을 내야 들어올 수 있는 폐쇄적인 클럽이었다.

클럽에 모인 쟈코뱅파의 모습

루이 16세가 바렌느(Varennes)로 도주한 후 왕에게 충성을 했던 라파이에뜨(La Fayette)를 비롯한 몇 명이 이 클럽을 떠났고, 1792년 지롱댕파 역시 이 클럽을 떠나게 된다. 1792년 프랑스 전역에 400개의 클럽이 있었으며 파리에서 요구하는 정보나 경찰의 임무를 수행하였다. 1794년 11월 11일, 이 클럽들은 문을 닫게 되고 1799년에 완전히 사라진다.

4) 마리 앙뚜아네뜨(Marie Anntoinette)

마리 앙뚜아네뜨는 오스트리아 여왕의 딸로서 정치적인 이유로 인해 루이 16세와 결혼을 하는데 이때 그녀의 나이는 14세였다. 남편인 15살의 루이 16세는 먹는 것을 밝히고 노는 것만을 좋아하는 철없는 아이였고, 그런 아이에게 실망을 느낀 그녀는 프랑스, 특히 파리에 대해 아주 큰 매력을 느끼게 된다.

1774년 5월 10일, 루이 16세가 왕위에 오르자 그때부터 왕비는 자신의 역할을 충실히 한다. 물론, 파티를 자주 열기도 했지만, 여왕이었던 그녀의 어머니의 자질을 타고 난 그녀는 자연스럽게 루이 16세 대신 나라의 정치를 담당하게 된다. 그녀는 정치적으로 많은 적들을 두게 되는데, 심지어 궁정 내부에서조차 적이 있었다. 따라서 그녀를 모함하는 인물들이 많았고 그녀가 즐기는 사치는 당연히 비난의 대상이 되었다.

그러나 1778, 1781년 그리고 1785년 아이들을 낳고 나서부터 그녀는 많은 변화를 보인다. 그녀는 어머니로서의 본분에 최선을 다하였고 가족을 최우선으로 생각하게 된다. 1789년 첫째 아들을 잃은 후 그녀의 망연자실은 말로 표현할 수가 없었다. 그러나 그녀의 이런 노력에도 불구하고 그녀에 대해 나쁜 인상은 좀처럼 사라지지 않았다. 혁명이 일

마리 앙뚜아네뜨

어나자, 그녀는 가족을 지키기 위해 루이 16세에게 대항할 것을 종용하였다. 그러나 친가인 오스트리아와 밀접한 관계를 유지하면서도 상황이 더욱 악화되자, 그녀는 루이 16세에게 프랑스를 떠날 것을 요청하게 된다. 하지만, 1792년 8월 10일 마리 앙뚜아네뜨는 왕과 그의 자식들과 함께 포로의 신세가 된다.

먼저 그녀는 자신의 남편인 루이 16세의 죽음을 보아야 했고, 일방적인 재판 하에 제대로 변론 한번 해보지 못하고 자식들과 헤어져야 했다. 그러나 그녀는 1793년 10월 16일 처형장으로 끌려가는 순간에도 목을 세운 채 자존심을 지켰다.

5. 나폴레옹과 공화정시대

젊은 나폴레옹 보나파르트

나폴레옹은 1799년 말부터 프랑스를 이끌었으며 1804년에서 1814년까지 프랑스인으로서 첫 번째 황제를 지냈다. 그는 스칸디나비아 반도를 제외한 대부분의 유럽을 지배하였다.

나폴레옹은 1769년 일, 코르시카 섬에 있는 아자치오(Ajaccio) 마을에서 태어났다. 그의 가족은 이 지역의 소 귀족 출신이었는데, 그의 아버지는 나폴레옹이 9세가 되던 1778년 때 프랑스에서 공부를 할 수 있도록 하였다. 1784년, 파리에 있는 사관학교에 입학한 후 1년 뒤, 기병 소위로 임관을 하게 된다. 그후 옥쏜느(Auxonne)의 기병학교로 배치된 나폴레옹은 그곳에서 전쟁에 대한 많은 전술법과 정치에 대해 관심을 갖는다. 그는 혁명 당시 프랑스 군대의 장교로 근무하였는데 코르시카가 프랑스에 대항하여 독립하려는 움직임을 보이자, 코르시카로 돌아온다. 내전이 발생하고 나폴레옹의 가족들은 프랑스로 피신을 해야만 했는데 나폴레옹은 혁명을 지지하면서 빠른 속도로 진급을 하게 되고, 1793년 왕의 군대와 영국 군대와 맞서는 전투에 대위로서 참가한다. 자코뱅과의 친분 때문에 그는 잠시 투옥되기도 하였지만 감옥에서 석방된 후 그는 26살이라는 젊은 나이에 이탈리아 주둔군의 총 책임자인 장군이 된다. 그러나 이태리로 간 그는 휘하 장교들로부터 환영을 받지 못하였으며 그의 부대는 적들보다 훨씬 적은 30,000명밖에 되지 않았다. 하지만 그의 치밀한 작전 덕분에 연승 가도를 달리면서 차츰 장교들 역시 그를 존경하고 따르게 되었고 오스트리아군을 무찌르면서 명성을 쌓게 된다.

나폴레옹 보나파르드

천부적으로 행정가의 기질을 타고 난 나폴레옹은 정복한 도시로부터 세금을 징수하고 군대를 재정비하며 차츰 정치가의 세계를 꿈꾼다. 하지만 군 지휘관이 군대를 파리로 밀고 들어온다는 것은 쿠데타를 의미하는 것이었기 때문에 그는 호시탐탐 기회만을 노리고 있었다. 그런 그에게 마침내 기회가 왔는데 당시 프랑스 정부는 혼란 속에 빠져있었고 국민들로부터 외면을 당하고 있었다. 반면 연승 가도를 달리고 있던 나폴레옹은 국민들로부터 프랑스를 구원해 낼 수 있는 사람으로 칭송받기 시작한다. 그의 인기를 두려워한 정부는 그를 어떻게 하면 멀리 떨어뜨려 놓을까를 궁리하기 시작했다. 이때 영국과 적대관계에 있던 프랑스는 인도로 가는 길을 차단하기에 가장 효과적인 방법으로 이집트를 정복하는 것이라고 생각하고 나폴레옹을 보낸다. 알렉산드리아에 도착한 나폴레옹은 전쟁에서 승리를 하게 되는 반면, 프랑스 함대는 넬슨 제독에 의해 참패를 당하고 만다.

이 시기에 프랑스는 모든 것이 불안정한 상태였고 결국 나폴레옹은 스스로 파리로 귀대할 것을 결심하고 파리 정부의 한 관리인 씨에쓰(Sieyès)와 결탁하게 된다. 1799년 11월 나폴레옹은 쿠데타를 통해 마침내 정권을 잡게 된다.57)

정권을 장악한 나폴레옹은 우선 영국 왕과 오스트리아 황제에게 편지를 써 평화 협정을 제의한다. 그러나 부르봉 왕조의 재 등극과 프랑스가 전쟁을 통해 얻은 영토를 되돌려주지 않은 한 평화란 없다는 답변을 받게 되자 이들 국가들과 전쟁을 벌이게 되고 용맹무쌍한 나폴레옹의 군대에 의해 오스트리아-영국 연합군은 마렝고(Marengo) 전투에서 처참히 패배하고 만다. 1800년 12월 24일, 나폴레옹을 죽이기 위한 폭탄 암살 사건이 발생하였는데 폭탄이 늦게 터지는 바람에 나폴레옹은 목숨을 건졌지만 십여 명의 사상자가 발생하였다. 그리고 경찰청장인 푸세(Fouché)가 이 사건이 왕정주의자들에 의해 주도되었다는 것을 밝혀낸다. 이 밖에도 4번에 걸쳐 암살시도가 있었으나 모두 수포로 돌아간다. 한편 연승가도를 달리는 나폴레옹은 프랑스 시민들에게 최고의 영웅으로 부상하게 되었고 결국 프랑스 혁명의 종지부를 찍는다. 그는 우선 유럽에서 전쟁을 종식시키기 위해 영국 장관들과 아미엥(Amiens) 평화 협정을 맺게 된다. 동시에 그는 어지러운 국내 정세를 안정시키기 위한 노력을 기울이는데 프랑스 은행을 만들고, 국무회의 및 민법을 개정하여 사법 체계를 재구성하는 동시에 종교의 자

나폴레옹 1세의 모습

57) 나폴레옹은 1804년 나폴레옹 법전이라는 이름으로 교육, 사법, 경제와 행정 분야에서 많은 개혁을 단행하는데 민법에 관계되는 많은 조항들이 오늘날까지도 강력한 영향력을 발휘하고 있다.

나폴레옹 황제의 즉위식 Le Sacré de Napoléon 1er

유를 보장해준다. 그 후, 나폴레옹을 못마땅하게 여기던 왕정파가 영국의 도움을 받아 쿠데타를 시도하였으나 실패하고, 결국 1804년 12월 2일 노트르담 성당에서 프랑스의 황제에 등극한다.58)

프랑스의 완전한 평화를 이룩하기 위해서는 영국을 굴복시켜야 한다는 생각을 가진 나폴레옹은 영국을 침공하지만, 프랑스-스페인 연합 함대는 넬슨 제독에게 참패를 당하면서 바다의 주도권을 영국에게 내어주는 결과를 초래한다.

---

58) 나폴레옹의 열렬한 추종자였던 다비드는 나폴레옹 황제를 찬양하는 작품들을 그렸는데 그 중에 하나가 바로 <나폴레옹황제의 즉위식>이다. 이 작품에서 특이할 만한 특징은 그림 속에 나타나있는 사람들의 심리적 반응을 통해 역사적인 순간의 극적인 장면을 연출하고 있다. 나폴레옹의 대관식은 1804년 12월 4일에 거행되었는데, 다비드가 이 그림의 제작을 의뢰받고 작품을 시작한 것은 그 다음해 12월에서였다. 이 그림에서 가장 특이한 점은 바로 나폴레옹이 황후인 조세핀에게 관을 직접 씌워 주는 광경인데, 그 옆에는 교황 비오 7세가 무력한 모습으로 대관식을 축복하고 있다. 일반적으로 황제 즉위식의 경우 교황이 관을 씌워줌으로써 황제가 신에 의해 선택된 것이라는 것을 암시하는 의미가 내포되어 있었는데, 나폴레옹은 직접 관을 씌워줌으로써 나폴레옹이 황제가 된 것은 신이 아닌 자신의 힘으로 이루었다는 자신의 힘을 과시하고 있는 것이다.

오스테를리쯔 전투

1805년 오스트리아, 러시아와 함께 삼국동맹을 맺은 나폴레옹의 군대는 프랑스의 전쟁사중 가장 유명한 전쟁이 되었던 오스테를리쯔(Austerlitz) 전투에서 대승을 하게 된다.

1806년 프러시아와 다시 전쟁을 하게 되는 나폴레옹은 완전한 승리를 거두면서 영국으로 통하는 모든 대륙의 문을 차단시킨다. 그러나 나폴레옹의 계속되는 전쟁의 승리에도 불구하고 마침내 그의 시대의 종말을 알리는 시초가 있었으니, 바로 러시아와의 전쟁이었다. 모스크바로 진격하던 나폴레옹 군대를 러시아군은 직접 싸우지 않고, 점령하는 도시마다 모든 식량을 비롯하여 마을 전체를 파괴하였고, 우여곡절 끝에 모스크바에 도착한 나폴레옹 군대를 맞이하는 것은 역시 불에 타고 남은 잔재들 뿐이었고 결국, 나폴레옹은 후퇴를 명령하게 된다.[59] 반면 프랑스 내에서는 말레(Malet) 장군이 나폴레옹이 전쟁 중에 전사했다는 소문을 퍼뜨리며 쿠데타를 꾀한다. 물론 그는 실패했지만, 많은 수의 사람들과 왕의 소속 부대가 이에 가담하게 된다. 러시아와의 전쟁을 보고 프러시아는 1813년 3월, 프랑스와 전쟁을 선

59) 5십 만명의 대군을 이끌고 전투에 참가하였으나 겨우 십 만명 정도의 병사만이 돌아오는 치명적인 패배를 겪게 되는 나폴레옹은 결국 이 때문에 쇠락의 길을 걷게 된다.

러시아 원정에 실패한 나폴레옹

포한다. 1814년 영국, 러시아, 프러시아 그리고 오스트리아가 동맹을 맺고 프랑스를 침공하게 되고 나폴레옹은 이들 연합군을 맞이하여 싸움을 했으나[60] 그가 파리를 비운 사이 탈레랑(Talleyrand)과 마르몽(Marmont)이 적들과 내통하는 바람에 파리를 빼앗기게 되고 결국 이 사건으로 나폴레옹은 연합군에 의해 엘바 섬으로 유배를 떠나게 된다. 그러나 프랑스 대부분의 사람들이 그가 다시 돌아올 것을 바랬고 결국 엘바 섬을 탈출한 나폴레옹은 다시 권력을 되찾는다.[61] 하지만 또 다시 1815년 6월 18일, 워터루 전쟁에서 패하면서 나폴레옹은 모든 희망을 잃게 된다.

다시 세인트헬레나 섬으로 유배를 당한 나폴레옹은 결국 그곳에서 쓸쓸한 죽음을 맞이하면서 화려했던 그의 생애를 마감한다.[62] 후에 그의 조카인 나폴레옹 III세에 의해 그의 유해는 앵발리드로 옮겨지게 된다.

---

60) 경험이 전혀 없는 젊은이들로 구성된 군대를 이끌면서 나폴레옹은 많은 전투에서 승리를 하지만, 3월 31일 파리는 적의 수중에 넘어가고 만다. 4월 12일에서 13일로 넘어가는 밤, 나폴레옹은 독약을 먹고 자살을 기도하는데 극적으로 목숨을 건진다.

61) 프랑스에서 루이 18세가 권력을 잡게 되는데, 나폴레옹은 그의 아내와 특히 오스트리아에 인질로 잡혀있던 아들에 대한 걱정이 컸다. 왕정 정권은 그에게 약속했던 급료를 지불하지 않았고, 그가 대서양 남쪽에 있는 조그마한 섬으로 유배를 갈 것이라는 소문이 돌자 나폴레옹은 1815년 3월 엘바섬을 탈출한다. 나폴레옹을 체포하기 위해 파견된 군대들은 오히려 나폴레옹을 영웅으로 환대하였고 파리에 도착한 나폴레옹은 100일간 정권을 다시 잡는다. 하지만 1815년 6월 18일 워터루 전쟁에서 패하면서 결국 세인트 헬레나섬으로 유배당하게 된다.

62) 1821년 4월, 그는 약 40페이지에 달하는 유서를 남겼는데, 그의 마지막 말은 <프랑스, 군대, 조세핀>이었다고 한다.

각국의 전쟁으로 인해 유럽은 황폐해 질대로 황폐해졌다. 비엔나 회의(congrès de Vienne)에서 승리를 거둔 나라의 수장들은 25년에 걸친 크고 작은 전쟁으로 인해 폐허가 되어버린 유럽을 과거의 왕정 제도를 적용하면 재건할 수 있을 것이라고 아주 단순하고도 쉽게 생각했다. 그리하여 프랑스는 다시 왕정 체제로 돌아가면서 역사의 순환이 시작된다. 그러나 [같은 물은 결코 똑같은 강물로 두 번 흐르지 않는다]는 말처럼 아무리 왕정 체제도 돌아갔다 해도, 혁명당시의 이상이나 사상은 프랑스 군대가 이르는 곳곳에 이미 확산되어져 있었다. 한번 혁명의 경험이 있는 시민들은 왕정 체제에서의 귀족이나 왕족들과 시민들간의 사회적인 불평등에 대해 불만이 많았고, 시민의 권리는 시민 스스로 지켜야 한다는 생각으로 가득 차 있었으며 이를 위해 모든 희생을 감수할 각오가 되는 상태에서 과거제도로의 복귀는 사실상 불가능했다. 왕이 국가의 대소사를 마치 자기 집안의 일을 다루는 것처럼 하고 싶은 대로 할 수 있었던 시절은 이미 지나간 것이었다. 왕정복고(Restauration)를 겪고 난 후 프랑스에서는 신진 세력이 등장하는데, 바로 부르조아 계급(bourgeoisie)들이었다. 혁명 때 모든 권력을 상실했던 귀족 계급들은 다시 힘을 되찾고자 하였지만 헛수고였다. 1830년의 혁명은 이들의 꿈에 결정적으로 쐐기를 박았으며 부르조아들 중에서 루이 필립(Louis-Philippe)이 왕으로 선출된다. 동시에 과학과 기술의 눈부신 발전이 일어나면서 바야흐로 산업시대로 한걸음 들여놓게 된다. 증기선, 전보, 철도 등은 비단 일상생활 뿐 아니라, 구멍 가게식의

나폴레옹 1세

조그만 가내수공업에서 거대한 산업 체제로 변형시키는 역할을 하게 되었다.

과거 귀족들의 독점이었던 사회, 정치적인 분야에 시민들이 참여하였고 젊은이들은 감성적이면서도 고뇌하며 자유를 갈망하고 관용을 베풀면서 약한 자를 위해 희생할 수 있는 그런 사고들을 갖게 된다. 이런 분위기는 여러 인쇄 매체들이 생겨나면서 대중 여론을 조장하고 확산시키는 역할에 의해 더더욱 활성화되었다.

1830년, 처음으로 <사회주의(socialisme)>이라는 단어가 탄생하게 되는데, 주축을 이루었던 사람들은 소위 말하는 시민들의 굶주림에 허덕이는 모습을 안타까운 시선으로 지켜보던 지식인들이었다. 산업 시대는 사회적인 관계에 있어 근본적인 변혁을 초래하게 되었고, <자본주의(Capitalisme)>는 <프롤레타리아(prolétariat)>가 탄생하는 계기가 된다. 잠깐이 왕정제도는 알제리를 정복하면서 반짝이는 듯 했으나 곧 무너지고 마침내 공화국이 탄생하였고 공화국의 우두머리로서 사람들은 나폴레옹의 조카인 루이 나폴레옹(Louis Napoléon)을 선출한다.

앵발리드에 있는 나폴레옹의 무덤

황제의 자리에 오른 그는 세인트헬레나 섬에서 비참하게 최후를 맞이한 나폴레옹 황제에 대한 복수를 꿈꾸며 다시 한 번 프랑스의 영광

나폴레옹 3세

을 재건할 것을 다짐한다. 전성기를 다시 맞이하게 된 프랑스는 왕궁에서 엄청난 파티를 벌리며 갖가지 전시회를 개최하였다. 프랑스가 유럽 정치권에서 가장 강력한 힘을 갖기를 원했던 나폴레옹 Ⅲ세[63]는 이탈리아, 멕시코와의 전쟁에서 승리하면서 가장 강력한 국가였던 프러시아에게 선전포고를 하게 된다.

그러나 세당(Sedan) 전투에서 나폴레옹 Ⅲ세는 포로가 되었고 프랑스는 유린되었다. 프러시아 황제는 유명한 베르사이유 궁전의 거울의 방에서 5억에 해당하는 전쟁 배상금과 알사스 로렌(Alsac-Lorraine)의 세 곳을 포기할 것을 종용하였다. 파리 시민들은 이런 수치스런 조약을 받아들인 프랑스 정부에게 심한 반감을 느끼게 된다. 파리 코뮨이 정부를 구성하는 동안 프랑스는 최악의 상태가 되는데 방화, 인질의 처형 등 곳곳에서 일주일 동안 싸움이 일어나면서, <피의 일주일(semaine sanglante)>이 되었다. 제 3공화국은 피의 세례를 받고 만 것이었다.

파리 코뮨 (Commune de Paris)

파리 코뮨은 1871년 3월 18일, 프랑스가 프러시아에 항복하자 분노에 찬 파리 시민들이 만든 정부이다.[64] 공화당원들이 주축이 되어, 독일군에게서 뺏은 5십만 정의 총과 227문의 대포를 가지고 몽마르

---

63) 1808년 4월 20일, 나폴레옹 황제의 동생인 루이 나폴레옹의 장남으로 태어났다.

64) 물론 이런 정부가 세워진 배경에는 여러 가지 이유가 있다. 먼저 1870년 프랑스와 독일과의 전쟁에서의 패전을 들 수 있고, 제 2왕정 시대의 종말을 알리는 노동자들의 운동의 확산이 그 이유가 된다. 당시 파리 시민들은 헐벗고 굶주린 상태였는데 독일군의 파리 점령은 파리 시민들에게 분노와 수치심을 자아내기에 충분했고, 이들의 마음속에는 독일군에게 복수를 하고자 하는 마음이 간절했다.

트르에 집결한다. 이 때 국회의 의원들은 국회를 파리에서 베르사이유로 옮기고 시민들에게 각종 물건 값과 집세를 비롯하여 각종 세금을 부당하게 인상하며 띠에르(Thiers)가 227문의 대포를 가지고 몽마르트를 포위하고 군대를 보내 1871년 3월 17일과 18일 밤에 공격을 감행하려고 계획한다. 이 소식을 전해들은 파리 시민들은 모두 분노에 치를 떨었고, 결국 국회로 몰려가 마침내 군인들과 대치하게 된다. 정규 군인들은 시민들과 합세하여 르꽁뜨(Lecomte)와 토마스(Thomas)장군을 체포하고 이들을 처형하면서 또 다른 혁명이 시작되었다. 시민들의 분노를 가라앉히면서 상황을 안정시켜야 함에도 불구하고 띠에르는 파리를 벗어나 베르사이유로 피신할 생각을 하였고 이로 인해 오히려 소요가 더 확산되어 최악의 상태가 된다. 이렇게 버려진 파리를 수습하기 위해 사람들이 노력을 했지만 어떠한 계획을 세울 수도, 또 그 계획을 수습할 사람들을 모으기에도 시간이 너무 모자랐다.

파리코뮨의 모습

1871년 3월 26일, 코뮨은 90명의 의원으로 구성된 위원회를 구성했고, 다른 도시들도 파리처럼 위원회를 만들었다. 그러나 워낙 상황이 나쁜 상태여서 민심을 수습하기 위해 위원회는 병원비와 학비를 면제해주거나 군의 종신 복무제 폐지 등 몇 가지 방안을 제시한다.[65] 코뮨은 공화력으로 달

코뮨에 참가한 여인들

65) 민심을 수습하기 위한 정책 방안 중에 세든 사람이 집주인에게 집세를 내

력을 바꾸었고 붉은색의 국기를 채택하면서 특권층과의 전쟁을 선포하였다. 그러나 이 제도를 실시하기도 전에 베르사이유를 중심으로 하던 군인들과 충돌하게 된다.

오로지 자신들의 힘에만 의존할 수밖에 없었던 코뮨은 비록 5십만 정의 총과 227문의 대포를 보유하고 있긴 했지만 급조된 군대로서 훈련도 제대로 되어있지 않았다. 여인들과 아이들까지 이들을 격려하고 전쟁에 함께 참가하기 위해 합류하기 시작했다. 반면 독일의 비스마르크의 지원을 받는 띠에르는 130,000명의 정규군을 모았는데 이 군대를 이끌던 막 마옹(Mac Mahon)과 갈리페(Galiffet) 장군은 베르사이유의 시민들을 체포하고 처형하였다. 막 마옹은 여세를 몰아 파리로 진격하여 5주간 파리를 장악하지만 결국 파리 시민들의 거센 항거에 무릎을 꿇고 만다. 3월 21일, 베르사이유 군은 파리로 입성하여 중심부를 장악하려 시도하면서 <피로 얼룩진 일주일>이라는 가장 치열한 시가전이 벌어진다. 하지만 결국 정규군에게 패배함으로써 파리

피로 얼룩진 일요일의 전사자들

지 않아도 된다는 조항이 있었는데, 이 소식이 전해지자 세들어 사는 사람들은 좀 더 나은 환경의 집으로 이사를 가느라고 난리법석을 떨었다.

코뮨은 막을 내리게 된다.

파리 코뮨은 프랑스인들의 마음속에 너무도 큰 상처를 남겼다. 1871년 4월 3일에서 5월 28일까지, 877명의 베르사이유 정규군과 2만 명의 민병군이 사살되거나 처형되었고, 띠에르는 파리를 장악하면서 38,000명의 민병군을 체포하여 귀향을 보내거나 처형했다. 이 끔찍한 탄압은 결국 혁명당과 사회주의를 20년간 몰락시켰다. 파리 코뮨은 칼 막스(Karl Max)와 함께 브루조아들에 대항한 노동자들의 프롤레타리아 혁명의 상징으로 남게 된다.

6. 공화국

공화국으로서의 프랑스는 국민들로 하여금 자긍심을 가질 정도로 매우 안정적인 상태였다. 또한 다른 시대와 마찬가지로 노동자들의 파업할 권리와 교회와 정부의 분리, 독일에 대한 앙갚음에 해당하는 알사스 로렌 지방의 회복, 그리고 세계 대전과 같은 많은 변화를 겪게 된다. 또한 경제와 사회적 현실은 국경을 초월하여 서로에게 영향을 미치게 된다. 생활 패턴 역시 과거 천년 동안의 세월에 걸쳐 변화한 것을 불과 50년 만에 갈아 치우게 된다. 아이슈타인의 상대성 이론의 발표 이후, 화학과 물리학의 놀라운 발전이 뒤따르면서 원자 폭탄을 만들게 된다.

사회적인 측면에서는 사회주의자들의 이론이 점점 강하게 대두된다. 1929년, 미국을 시작으로 시작된 경제공항은 프랑스를 어려움에 빠지게 했으며, 히틀러의 등장으로 제 2차 세계대전을 겪게 된다. 세계는 미국이라는 자유 진영과 소련이라는 공산 진영 두 곳으로 크게 양분된다.

프랑스는 드 골 장군을 대통령으로 뽑으면서 제 5공화국을 맞이하게 되며, 그 후 프랑스 사람들의 삼촌이라는 별명을 가진 미테랑 대통령, 그리고 시락 대통령을 맞게 된다.

1) 드레퓌스 사건 (Affaire Dreyfus)

1894년 10월 15일, 유대인 태생이었던 드레퓌스 대위는 스파이라는 죄목으로 체포당해 군법회의에 회부된다. 파리에서 활약하던 스파이가 독일 대사관에 보내는 비밀 편지를 중간에 가로챈 프랑스 첩보부가 그 편지를 조사해 보니 필적이 드레퓌스 대위와 아주 흡사하다는 이유와 비밀 편지로 생각되는 종이에 D라는 철자가 있다는 이유로 드레퓌스를 기소하였다. 12월 22일, 드레퓌스 대위는 영구추방이라는 판결을 받고 감금되었으며 악마의 섬이라는 곳으로 보내졌다. 당시 유대인에 대해 좋지 않은 감정을 가지고 있었던 한 신문에 의해 이 사건이 보도되면서 대부분의 사람들은 그에 대한 판결이 옳았다고 생각한다.

드레퓌스

그런데 앙리라는 인물이 새로 부임해 피꺄르(Picquart) 대령을 시켜 이 사건을 완결시키려는 과정에서 독일 대사관의 휴지통에서 찢어진 종이 한 장을 발견했는데, 이것은 에스테라지(Esterhazy)라는 인물이 보낸 전보였고 그의 글씨체가 문제의 편지의 필체와 완벽하게 일치한다는 것을 알게 된다. 그러나 피꺄르 대령은 자신의 상관에게 이 사실을 보고하고는 이 사실을 은폐하려 한다. 이로 인해 국회는 드레퓌스의 무죄를 확신하고 이 사건을 전면 재조사하려 했으나, 결과적으로 에스테라지라는 지휘관은 무죄로 풀려난다.

드레퓌스의 재판 모습

이 때 이 사건에 대해 유명한 문호인 에밀 졸라가 대통령에게 편지를 쓰면서 많은 정부의 인사들이 이 사건을 왜곡하려 한다고 말을 한다. 이 졸라의 편지 내용은 수천부가 팔렸고 파리 곳곳의 벽을 장식한다. 이로 인해 프랑스인들은 드레프스의 무죄를 확신하는 파와 드레프스가 범인이라는 확신을 갖는 쪽, 이렇게 두 편으로 완전히 갈리게 된다. 우파는 드레프스의 죄가 확실하다며 군대와 법 집행에 대한 존중을 강조하였고, 드레프스를 옹호하는 좌파와 사사건건 충돌하게 되고, 파리 어디에 가도 이 사건이 화제의 중심이 되었다. 그러던 중 결정적인 사건이 발생하는데, 1898년 가을 드레프스의 서류가 앙리에 의해 조작되었다는 사실이 밝혀진다. 앙리는 그의 아내에게 사실을 알리는 편지를 보낸 후에 자살을 하는데 이 죽음이 알려지자 에스테라지는 영국으로 도망간다. 이 사실이 밝혀진 후 피꺄르는 센느 강에 시체로 발견된다. 사태가 이쯤 되자 군사재판이 다시 재개된다. 난처해진 군사재판관들은 드레프스의 유죄를 선고하긴 하지만 그 정도를 매우 약하게 한다. 사실, 이 드레프스 사건은 아직까지 미궁으로 남아있는 상태인데, 어쨌든 이 사건은 이데올로기적 대립을 보여주는 한 예로 기록된다.

에밀 졸라

2) 드 골 장군

샤를르 드 골(Charles de Gaulle)은 1890년 11월 22일 릴(Lille)에서 가톨릭 집안이자 애국적 성향이 강한 집안에서 태어났다. 1912년 군사학교를 졸업한 그는 가장 군인답다고 생각한 보병을 선택한다. 제1차 세계대전 당시 그는 부상을 당하여 포로가 되는데, 몇 번의 포로수용소 탈출에 실패하고 다시 엥골스타트 요새에 투옥된다.

전쟁을 겪은 드 골은 군대의 개혁에 대해 깊이 생각하게 되고, 1935년 출간된 직업군인에 대한 그의 저서에서 기갑병과에 대한 중요성을 강조한다. 1937년 대령으로 진급한 그는 1940년 5월말 임시적으로 장군의 직함을 받고, 당시 국가 위원회 책임자였던 폴 레이노(Paul Raynaud)의 부름을 받고 6월 5일 국가 비상 안보 책임자로 임명된다. 6월 16일, 드 골은 휴전 협상이 진행되고 있다는 사실을 알고는 전쟁을 계속하기 위해 런던으로 가 6월 18일 BBC 방송 전파를 통해 프랑스의 레지스탕스들에게 도움을 청한다.

처칠 수상의 후원에 힘입은 드 골은 후에 프랑스 자유 해방군의 전신인 군대를 조직하고 르네 까생(René Cassin)의 도움을 받아 1943년 6월 3일 프랑스 임시정부를 수립한다. 전쟁 기간 동안에 그는 점차적으로 독일 제국의 영토를 레지스탕스의 책임자였던 장 물랭(Jean Moulin)과 협력하여 회복한다. 연합국이었던 미국, 영국, 그리고 소련과 당시 임시정부 대통령이던 드 골은 이들과 의견을 달리하면서 1946년 1월 20일 사퇴한다.

BBC방송을 하는 드 골

1946년 6월 16일 바유(Bayeux) 연설에서, 드 골은 진정한 정부 구성에 대한 대안을 내놓았는데 이것이 바로 제 5공화국의 밑거름이 된다. 1947년 4월 14일, 드 골은 프랑스 국민들의 대대적인 움직임을 호소하며 의회에서 대승을 거둔다.

알제리 문제에 대처하는 4공화국의 무기력함은 많은 정치인으로 하여금 드 골 장군이 다시 정계로 돌아오길 바라게 하는 계기가 된다. 4공화국 대통령이던 르네 코티

바유 연설하는 드 골

(René Coty)는 강력한 지도력을 가지고 있는 드 골에게 자리를 넘겨주고 드 골은 4공화국 말기 국가 위원장을 맡는다. 그는 강력한 권력을 이양 받으면서, 1958년 9월 28일 국민투표를 실시하여 79.2%라는 엄청난 지지율을 얻는다.

드 골 대통령

드 골은 다음 해 12월 21일 선거를 통해 프랑스 대통령으로 취임한다. 대통령이 되고 난 후 가장 시급한 사항은 알제리에 대한 문제였다. 드 골은 수차례 여행을 하면서 알제리를 독립시켜주는 쪽으로 해결방안을 찾았고, 1958년 10월 "용기있는 자들의 평화"라는 이름으로 알제리의 독립을 제안하였다. 1962년 3월 22일 프랑스와 알제리에서 실시된 국민투표를 통해 에비앙 조약에 따라 알제리는 독립을 한다.

공화국의 핵 정책을 따라 첫 번째 핵실험이 1690년 2월에 레간느(Regannes)에서 시행된다. 미국의 감독통치를 거부한 드 골은 대서양조약기구에는 적을 두면서도 조금씩 OTAN 기구에서 발을 뺀다. 진정한 유럽다운 유럽을 건설하는 방향을 모색하던 드 골은 1963년 1월 22일 알리제 조약에 사인을 하면서 독일 연방을 비방하고, 미국과 너무 긴밀한 관계를 유지하던 영국이 관여하는 것을 거절한다.

또한 드 골은 세계에 프랑스의 힘이 건재하다는 것을 보여주기 위해 노력하였다. 이를 위해 그는 아시아, 라틴 아메리카 그리고 중국을 여행하며 외교정치를 한다. 그는 1966년 베트남에서 가진 연설에서 베트남에 대한 미국의 정치를 비난하였다. 그러나 그는 서양의 우방

국에 대한 의리를 지켰는데, 1962년 쿠바 사건 때 후르시초프에 맞서는 케네디를 제일 국무회의에서 적극 후원하였다.

드 골은 강력한 프랑스를 이룩하기 위해서는 안정적인 정책이 우선시 되어야 히며 이를 위해 5공화국이 대대적인 국민들의 지지를 얻어야 한다는 생각을 하게 되지만 알제리의 독립이나 에비앙 조약과 같은 성과로는 충분하지 못했다. 그리하여 드 골은 1965년 국민 대 투표를 제안하게 된다. 이 선거에서 프랑수와 미테랑을 상대로 54.8%의 투표율을 보이며 7년간의 임기를 갖는 대통령에 당선된다.

드 골은 프랑스의 경제를 부흥시키고자 하였다. 1958년 경제 개혁이후 제 4공화국의 풍부한 경제 성장을 물려받았지만 이로는 충분하지 못했다. 그러나 무리한 정책 추진은 학생들의 데모와 근로자들의 불만을 사게 되었고 이를 타결하기 위해 1969년 4월 27일 또 다른 계획을 국민들에게 제시하여 투표를 하였지만 52.4% 비율로 부결된다. 이를 계기로 항상 자신의 약속에 충실했던 드 골은 대통령직을 사임한다.

일체의 공직 생활에서 떠난 드 골은 글을 썼는데 전쟁에 대한 기록서를 1954년에 발간하였다. 그는 1970년 11월 9일 그는 생을 마감했으며 파리 노트르담 성당에서 성대한 장례식이 치러졌다.

3) 프랑수와 미테랑(Franc ois Mitterand)

두 번에 걸쳐 대통령을 역임한 프랑수와 미테랑은 독일의 헬무트 콜 수상과 함께 최근 20년 동안 유럽 연합을 구성하게 하는데 가장 큰 공을 세운 인물로 손꼽히고 있다.

미테랑은 1916년 10월 26일 샤렁트(Charente)에 있는 쟈르낙(Jarnac)에서 태어났다. 대학에서 문학을 전공한 후, 비씨(Vichy) 정부에서 전쟁 포로들의 분류작업을 맡았던 그는 1941년 레지스탕스에 합류하면서 중요한 임무를 수행한다. 변호사라는 직업과 함께 프랑스 정치에

프랑수와 미테랑

뛰어든 그는 1946년 니에브르의 의원으로 당선되면서 4공화국 시절 동안 정치생활을 하지만, 알제리에 대한 정책에 불만을 품고 1957년 정부에 사표를 제출한다. 4공화국에 대해 적대적인 입장을 취하면서 미테랑은 1965년 대통령 선거에 출마하여 드 골과 경쟁하게 되지만, 2차 선거에서 패배한 후 사회당(Parti Socialiste)에 입당하여 왕성한 활동을 한 결과 1974년 다시 한 번 발레리 지스카르 데스탱과 대통령 자리를 놓고 승부를 벌이지만 2차 선거에서 또 다시 고배를 마시게 된다. 그러나 그가 속한 사회당은 대통령 선거에 실패했음에도 불구하고 점차 그 힘을 더해간다. 1981년 5월, 미테랑은 마침내 선거에서 승리하여 대통령이 된다.

미테랑은 유럽과 개발도상국에 있는 나라들과 연계를 맺기 위한 노력을 기울인다. 또한 유럽 공동체의 확장에 매우 관심을 기울이면서 1986년 1월 1일 유럽 공동체에 정식으로 가입하는 스페인과 포르투갈의 대통령 후보를 적극 지지한다. 그리고 1993년 1월 1일, 국경 없는 경계구역을 창출할 목적으로 하는 1986년 2월 14일 악트 유니끄(Acte Unique) 조약에 서명한다.

그는 1982년 독일 수상이 된 콜과의 만남을 통해 프랑스와 독일의 관계를 더욱 굳건하게 한다. 1984년 9월 두 나라 정상이 서로 악수를 하고 서 있는, 베르뎅 전투가 벌어졌던 그 장소의 사진은 프랑스-독일의 화해를 상징하는 가장 두드러진 것 중에 하나가 된다.

1992년 이 두 사람은 유럽 방위를 위한 프랑스-독일 연합군을 창설하는데 여기에 벨기에, 룩셈부르크, 스페인이 참가한다. 1994년 7월 14일 샹젤리제에 유럽 연합군 소속으로 독일 군대가 주둔하였는데 이는 국제 주역으로서의 독일의 부활과 유럽 방어의 첫 번째 구체적인 실현을 상징한다. 미테랑은 1993년 부뤽셀에서 열린 유럽 정상 회담에서 OTAN에 견줄 수 있는 유럽의 안전과 방어 구축을 위한 서유럽 연합(Union de l'Europe Occidentale)을 만들 것을 제의하는 마스티리츠(Maast- richt) 조약을 건의한다.

연설하는 프랑수와 미테랑

1989년 베를린 장벽이 무너진 이후, 콜과 미테랑은 1990년 4월 19일 유럽연합국의 진정한 정치 단합을 위한 관계의 발전을 제안한다. 이들의 노력은 1992년 2월 7일 유럽경제와 단일 통화를 주요 목적으로 하는 마스티리츠 조약을 체결함으로써 결실을 맺는다. 1996년 1월 8일 프랑수와 미테랑은 세상을 떠난다.

미테랑은 프랑스의 대통령으로 재직하는 동안 많은 업적을 남겼다. 우선 지방자치제와 표현의 자유, 그리고 형법의 현대화와 사형제도 폐지 등을 실시하였고, 권력의 분권과 정치 노선을 달리하는 야당과도 적극적인 협력을 하였다. 세계에서 유럽의 위치를 굳건히 하고자 노력하였으며, 라데팡스의 아치, 루브르 박물관의 피라미드 국립 도서관 등 문화적인 사업에도 적극 동참하였던 인물로 프랑스인들이 존경하는 인물로 손꼽히고 있다.

4) 쟈끄 시락(Jacques Chirac)

1932년 11월 29일 행정관이었던 프랑수와 시락과 마리 루이스 발레뜨 사이에서 태어난 시락은 파리에 있는 명문 고등학교인 루이 르 그랑(Louis-le-Grand)을 졸업하고 1957년 국립 행정학교(ENA)에 입

쟈끄 시락

학하였다.

1962년 당시 수상이었던 조르쥬 뽕삐두 비서실에 근무하면서 정계에 입문한다. 1967년 꼬레즈 지방의 의원으로 선출되었고, 1972년 농산부 장관을 거쳐 1974년에는 내무부 장관을 역임하였다. 발레리 지스까르 데스탱이 대통령이었던 1974~1976년에 수상을 지내기도 한다. 1977년 프랑스 대통령보다도 실제 권력이 세다는 파리 시장에 선출되어 1995년 5월 대통령 선거에 출마하기 전까지 20여년 가깝게 파리 시장으로 재직한다.

1988년 사회당이 시민들로부터 외면을 당하자, 당시 좌파였던 대통령 프랑수와 미테랑과 손을 잡고 수상으로 근무한다. 같은 해 3월 대통령 후보로서 미테랑에게 2차 투표에서 패배한 후 1995년 3월 대통령 선거를 준비하기 위해 1993년 수상직을 사임한다. 1995년 5월 7일 투표 52.64%의 지지율을 얻어 당시 좌파 대통령 후보였던 리오넬 조스팽을 물리치고 대통령이 되고, 알랭쥬뻬를 수상으로 임명한다. 그리고 우파가 국민들로부터 외면을 당하기 시작하자 시락은 1998년 좌파의 리오넬 조스팽을 수상으로 임명한다. 2002년 5월 5일, 시락은 82.21%의 지지율로 대통령에 재선되어 2007년 5월까지 대통령으로 재임하였다.

5) 니콜라 사르코지(Nicolas Sarkozy)

니콜라 사르코지는 1974년 프랑스의 정당인 공화국 민주동맹(UDR)에 가입하고 1981년 변호사 자격 취득 후 1983년 28살의 나이로 뇌이쉬르센(Neuilly-sur-Seine) 시장에 당선되었다. 1993년 시장을 지냈던 뇌이쉬르센에서 프랑스의 하원의원이 되었고 1999년 유럽의회(EP) 의원으로 당선되어 2004년까지 유럽의회 의원으로 재직한다.

정치인 사르코지는 뇌이쉬르센의 시장으로 선출되어 2002년까지 임기를 마친 후 1993년 발라뒤르 총리 정부에서 예산장관 겸 정부대변인이 되어 처음으로 국정에 참여한다.

2007년 1월 14일 사르코지는 대중운동연합(UMP)의 유일한 대선 후보로 98%의 당내 찬성을 얻어 대통령 후보가 되었고 3월에 대선을 위해 내무부장관 자리에서 물러난다.

2007년 4월 22일 사르코지는 프랑스 대선 1차 선거에서 우파 역사상 2번째로 높은 기록인 31.18%를 득표하였다. 사회당 소속의 세골렌 루아얄과 TV 공개 토론 후 그는 2차 선거에서 53%를 획득함으로써 47%를 획득한 세골렌 루아얄을 물리치고 프랑스 23대 대통령이 되었다.

2007년 5월 16일 전임자인 쟈끄 시락 대통령에게 권력을 이양받았다.

니콜라 사르코지

6) 프랑수아 올랑드(Franc ois Hollande)

파리정치대학의 경제학교수였던 프랑수아 올랑드는 1979년 사회당에 입당했다. 사회당에서 나름대로 정치적 커리어를 쌓아가며 사회당 당수까지 되었으나 정치인이지만 인기 없는 정치인, 존재감 없는 정치인으로 학자였던 그는 정치인답게 보이지 않았다.

2007년 대선에서 사회당은 올랑드의 동거녀였던 세골렌 루아얄에게 대선후보 자리를 주었으나 결국 대중운동연합의 사르코지가 대통령에 선출된다.

이후 2012년 대선에서도 사회당은 올랑드를 제쳐두고 사르코지를 이길 후보를 찾는데 고심했다. 가장 유력한 후보로 스트로스 칸 세계은행총재가 거론되었으나 스트로스 칸의 스캔들로 결국 사회당은 스트로스 칸을 포기했다.

이때 올랑드는 다이어트와 여러 가지 외양의 변화를 통해 자신의 이미지를 변화 시킨다. 이러한 변화는 후덕하고 점잖은 이미지의 올랑드를 날카롭고 세련되게 바꾸는데 중요한 역할을 했다.

이런 올랑드의 변신에 결국 250만 명이 참여한 국민경선을 통해 사회당 대통령 후보로 선출되었고, 2012년 5월 6일에 51.67% 투표율로 결선투표에서 사르코지를 이겨 프랑수아 미테랑 이후 17년 만에 사회당 집권에 성공하게 된다. 그리고 프랑스 공화국의 24대 대통령으로 선출되었다.

프랑수아 올랑드

제 4 장

프랑스의 교육

1. 프랑스 교육의 발달과정

대부분의 나라에서 그러하듯이, 프랑스의 교육 역시 특정한 종교나 집단 또는 민족간의 차이, 성별 등에 국한되지 않고 모든 사람이 공평하게 교육을 받을 권리를 교육 이념중 하나로 삼고 있다.[1] 그러나 프랑스 역사를 돌이켜볼 때 처음부터 교육이 모든 국민들에게 평등하게 적용되었던 것은 아니었다. 귀족이나 성직자들의 전유물로서 일종의 우월감의 상징으로 자리 잡았던 프랑스 교육이 오늘날의 교육이념과 학교체계를 갖게 된 것은 여러 사람의 끊임없는 노력과 투쟁 속에서 이루어졌다.

1) 교육 이념의 발달

오늘날 프랑스 학교에서 추구하고 있는 교육 이념은 종교, 사회, 민

1) 몇 년 전 프랑스의 한 학교에서 이슬람교도 여인들이 머리에 머플러를 쓰고 수업을 듣는 것을 금지하는 바람에 사회적으로 큰 이슈가 된 적이 있다. 사실 이 문제는 1980년대 말부터 이미 대두되기 시작했던 쟁점이었다. 교육을 담당하는 사람들조차 이에 대해 두 가지 상반되는 의견으로 대립하였다. 한쪽에서는 머플러가 이슬람 국가의 여자들만이 착용하는 특정 종교의 상징임으로, 특정 종교의 교리에 따른 이러한 남녀 차별 방식은 교육의 중립성에 위배된다하여 머플러를 쓴 여학생들이 수업에 참관하지 못하게 해야 한다는 입장을 보인다. 다른 한편에서는 머플러 착용이 본인들의 의지에 의해서라기보다는 특정 종교에 의한 것이므로 오히려 이 여학생들이 희생자라는 점에서 이들이 교육을 받는 장소인 학교에서 거부된다는 것은 부당한 것이라는 입장을 가지고 있다.

족 간의 구별 없이 모든 이들이 평등하게 교육을 받을 수 있는 권리를 갖는 것인데, 이를 학교의 중립화[2]라고 일컫는다. 이런 교육 의도의 계기를 마련한 사람은 장 마쎄(Jean Macé)[3](1815~1894)이다. 1851년 나폴레옹의 쿠데타 이후, 장 마쎄는 꼴마(Colmar) 가까이에 있는 베블레헴(Beblenheim)에 있는 여학교 기숙사로 피신을 하였고 그곳에서 학생들을 다시 가르치기 시작하였다. 이 기간 동안 그는 여인들 역시 교육을 받을 권리가 있다는 생각을 가지게 된다. 베블레헴에 있는 공공 도서관을 열어 그 곳 일부에 자신의 개인 도서 작품들을 소장하게 된 장 마쎄는 1863년 시민 도서관 협회를 창설한다. 이런 시도는 곧 프랑스 전체로 확산된다. 1866년 10월 25일 장 마쎄는 신문에 국가 교육 발전에 기여하길 원하는 사람들의 단합을 호소하는 "국가적 여론" 이라는 글을 싣게 된다. 이에 많은 이들이 호응을 하고 장 마쎄는 프랑스 교육 연맹

장 마쎄

2) 프랑스어로 라이씨떼(laïcité)는 사전상의 해석으로는 비종교성 혹은 세속화로 정의하고 있지만, 여기서는 종교의 존재를 부정하는 무신론적 입장에서의 비종교성이 아닌 모든 종교를 초월한 중립성의 의미로 보아야 한다.

3) 장 마쎄는 1815년 8월 15일 파리에서 노동자 가정에서 태어났다. 장학금 받으며 학교를 다녔던 그는 학창시절부터 두각을 나타내었다. 군 복무를 마친 그는 교편을 잡는 동시에 정치기자가 되었다. 1848년 대혁명이 일어나고 나폴레옹 황제가 보통 선거에서 공화국의 첫 번째 대통령으로 선출되자 그는 낙담을 하였다. 보통 선거에 대한 강력한 지지자였던 그는 이러한 진보적 민주주의는 시민들의 교육 없이는 이루어질 수 없다는 자각을 하게 된다. "보통 선거를 실시하기 전에 적어도 30년간의 의무교육을 실시했어야만 했고, 그러지 못한 결과가 바로 이것이다" 장 마쎄는 교육의 해방이 지니는 가치를 굳게 믿었다. 국민 각자가 책임있는 시민으로서의 역할을 다 할 수 있도록 하기 위해서는 국민들에게 교육을 받을 수 있는 방법을 제시하는 동시에 이를 알려야 한다고 생각하고 기사나 팜플렛, 홍보 활동을 통해 끊임없이 국민의 교육을 위해 투쟁하였다. 1872년 프러시아가 알자스에 병합되었을 때, 장 마쎄는 몽띠에(Monthiers)라는 조그마한 마을로 또 다시 유배를 가게 되는데 그곳에서도 가르치는 것을 그만두지 않았다. 도서관을 만들고 소녀들을 위한 교육 연맹을 만드는 등 모든 사람이 교육을 받을 수 있게 하기 위한 투쟁을 계속하였다. 그는 1894년 12월 13일 몽띠에에서 세상을 떠난다.

(Ligue Française de l'Enseignement)을 창설하고 이 연맹은 그 이전에는 없었던 모든 사람이 의무적인 동시에 무상으로, 그리고 모든 외압으로부터 중립적인 교육을 받아야 한다는 의견을 담은 운동을 전개한다.

장 마쎄가 이러한 중립 혹은 평등 교육 이념의 기초를 마련했다면 이를 실제로 학교교육에 적용시킨 사람은 쥘 페리(Jules Ferry)이다.

그는 6세부터 12세까지의 아동에 해당하는 초등교육의 의무화를 골자로 하는 쥘 페리법을 만들어 시행하였던 인물이다. 쥘 페리(Jules Ferry)[4]는 특히 교육정책 혁신으로 잘 알려져 있는데, 1879년 3월 15일 그는 두 개의 법안 계획을 의회에 제출하는데, 첫 번째는 공교육에 대한 상급위원회의 개혁에 관한 것이고 두 번째는 고등교육에 관한 실제적인 정리였다. 그는 아카데미 위원회와 국가 교육기관에서 성직자들을 배제하길 원하였는데, 사실 이것은 교육이 정치나 종교 등 그 어떠한 세력으로부터 중립성을 유지하려는 첫 번째 시도라는 점에서 매우 중요한 의의를 갖는다. 특히 가르치는 것이 허용되지 않은 성직자들이 교육 위원회 임원이 될 수 없도록 하는 두 번째 법안의 7항은 강력한 항의에 부딪치게 되는데, 그 이유는 교육 위원회 500명은 성모회, 예수회, 그리고 도미니크 수도

쥘 페리

4) 쥘 페리는 1832년 4월 5일 보쥬(Vosges)에서 태어났다. 변호사였던 아버지의 뒤를 잇기 위해 처음에는 법학을 공부하면서 파리 변호사단에 들어가 일을 했지만, 곧 저널리즘 쪽으로 방향을 전환하였다. 이 분야에서 재능을 인정받은 그는 <오스만의 환상적인 보고들(Les comptes fantastiques d'Haussmann)>라는 기사를 통해 사람들에게 알려지게 된다. 1869년 반중앙집권과 반군사주의를 위한 정당의 위원으로 당선되면서 정치세계에 발을 디디게 되는데, 특히 프러시아와의 전쟁에 반대하였다. 그리고 정부에서 일을 하며 파리 시장이 되었는데, 특히 12월 10일 식품 절제 정책을 쓰면서 "페리, 기근" 이라는 별명을 얻게 된다. 쥘 페리는 1893년 3월 17일 사망하였는데 정부는 그의 장례를 국민장으로 치룰 것을 결정했다.

회 소속이었기 때문이었다. 1880년 국회에서 새로운 법안들을 제안하였는데 그것은 바로 젊은 소녀들의 교육에 대한 중립성과 무상교육에 관한 것이었다. 거센 반발에도 불구하고 148표 대 129표로 이 법안은 통과되었다.

1881년과 1884년 사이에 교육정책에 관계된 여러 법안들이 나왔는데, "무상교육, 의무교육, 교육의 중립성[5])이 그 골자였다. 이로서 쥘 페리는 자신이 1870년 4월 10일 파리에서 했던 자신의 약속을 지켰다. "나는 오늘날 정말 필요한 것들과 해결해야 할 많은 문제들 중 내게 지식과 영혼, 그리고 마음, 그리고 육체적 힘과 정신적 힘이 남아 있는 한 온 힘을 다해 전력을 기울이겠노라고 스스로에게 맹세를 하였는데, 그것은 바로 국민들의 교육 문제이다."

2) 공교육과 사교육

공교육

공교육의 가장 큰 특성은 의무교육과 무상교육이라 할 수 있다. 1959년 교육법 시행 이후 프랑스는 6세에서 16세에 이르는 초, 중교육을 모든 아동들이 의무적으로 학교에서 교육받도록 하고 있다. 구체적으로 6~12세에 이르는 모든 아동들이 학교에서 공부를 할 수 있도록 규정하는 쥘 페리법에 의해 1914~1950년 초등교육 의무화가 시작된다. 1958년 교육부장관이었던 장 베르뚜왕(Jean Berthoin)[6] 이 의무교육 연령을 16세로 연장하였으며, 1975년 하비(Haby)[7]에 의해

5) 여기서의 중립성은 신의 존재를 부정하는 것이 아니라 성직자들의 학교 교육에 대한 모든 영향을 없애고 신앙의 차이에 관계없이 모든 아이들이 교육을 받을 수 있는 환경을 조성하는 공교육의 중립성을 의미한다.

6) 고위 공무원이자 정치인이었던 장 베르뚜왕은 1895년 오늘날 발 두와즈(Val-d'Oise)인 Enghien-les-Bains에서 태어났다. 내무부에서 근무하던 그는 세계 대전 당시 레지스탕스로 활약하였고 후에 주요 정부 관직을 역임하였다. 특히 교육 부분에서 두드러진 활동을 하였는데 단일 중학교 개혁과 16세까지의 의무교육을 실시하였다.

중학교까지의 의무교육을 실시하게 된다. 1975년 7월 11일 지정된 법령인 하비법의 개혁은 의무교육의 기간과 초등교육 이후의 교육에 대한 단일화를 꾀하는데 그 주요 목적이 있다. 구체적으로 4항에서는 모든 아이들이 중학교에서 중등교육을 받으며 중등교육은 학생들에게 자신이 속한 사회에 부합되는 문화를 가르쳐야 하며 이것은 지식과 예술, 신체와 체육에 관계된 훈련의 균형에 근거를 둠으로써 적성과 취미를 발견할 수 있게 해주어야 한다고 명시되어 있다.

6~16세에 이르는 모든 아동들이 받아야 하는 의무교육은 해당되는 나이의 자녀를 둔 부모가 이를 행하지 않는 경우 처벌을 받을 정도로 강력한 법적 효력을 가지고 있다. 단 신체 혹은 정신 장애가 있는 아동의 경우 통신으로 교육을 받거나 교사가 집을 직접 방문해서 가르치는 방법을 택할 수 있다[8]. 의무교육이 정부의 주도 하에 부모로서의 의무를 다하게 한다면, 무상교육은 의무교육을 받을 때까지 경제적 부담을 부모에게 맡기지 않고 실시될 수 있도록 정부의 책임이 따르는 부분이다. 사실 의무교육에 관계된 비용 문제는 비단 프랑스 뿐 아니라 공교육을 의무화하고 있는 모든 나라에서 겪고 있는 심각한 문제라 할 수 있다. 정부의 주도하에 실시되는 무상교육은 단계별로 약간의 차이를 보이고 있는데 초등학교부터 중학교까지는 정부에서 교과서에 한하여 무상으로 학생들에게 제공하고 있는 반면, 고등학교

---

7) Article 4 : "Tous les enfants reçoivent dans les collèges une formation secondaire. Celle-ci succède sans discontinuité à la formation promaire en vue de donner aux élèves une culture accordée à la société de leur temps. Elle repose sur un équilibre des disciplines intellectuelles, artistiques, manuelles, physiques et sportive et permet de révéler les aptitudes et les goûts."

8) 통신교육을 담당하는 기관은 국립 원격교육센타(CNED)로서 문교부 산하에 있기는 하나 경제적으로 독립성을 유지하고 있으며 주요 대상은 신체 혹은 정신적인 결함이 있는 학생들 또는 프랑스에 거주하고 있지 않은 아동들이다. 이외에도 원격 교육의 특성은 학생들의 수준에 따른 교육뿐 아니라 국가에서 실시하는 각종 자격시험 준비를 하는 사람들 역시 통신을 이용해 이 수업을 들을 수 있다.

의 경우는 부모의 부담이다. 그러나 정부의 경제적 지원의 어려움으로 인해 학부모의 경제적 부담이 점차 가중되고 있는 실정이다.[9]

사회주의 국가인 프랑스의 경우 다른 선진국들에 비해 사회단체 혹은 기업들이 담당하는 교육 지원비는 현저히 떨어지며 대부분 국가에서 담당하고 있기 때문에 교육비 지출에 관한 경제적 부담을 해결하기 위해 프랑스 정부에서는 지방자치제를 실시하여 지방자치 단체들의 독립성을 증가시켜주는 동시에 교육비에 대한 책임 역시 이들에게 부여함으로써 중앙 정부의 경제적 부담을 감소하려는 정책을 쓰고 있다.[10]

사교육

프랑스 역사를 살펴보면 프랑스의 교육과 가톨릭이 아주 밀접한 관계를 맺고 있다는 것을 쉽게 알 수 있는데, 중세 시대부터 교육에 관한 한 성직자와 귀족들에 의해 거의 독점되다시피 하였다. 그 후 공교육 정책에 따른 공립학교와의 갈등[11]을 거쳐 의무교육 기간의 연장을 통한 교육의 대중화가 이루어졌지만, 지금까지도 가톨릭 재단에서 운영하는 사립학교들이 상당 수 남아 있다.

프랑스에 있는 사립학교들은 몇 가지 특성을 지니고 있는데 우선 권한에 대한 부분을 들 수 있다. 교육을 담당하는 교원의 임용에 관해

9) 프랑스 정부에서는 이런 부모들의 자녀 교육비에 대한 부담을 줄이고자 많은 시도를 하고 있는데, 대표적인 것이 의무교육 대상자들의 장학금 제도이다. 또한 가족수당을 들 수 있는데 이는 부모의 수입 정도에 따라 학기 초에 학생들에게 지급되는 수당이다. 이 밖에도 각종 사회단체로부터 받는 기부금을 중심으로 사회기금을 조성하여 경제적으로 어려운 환경에 처한 학생들을 돕고 있다.

10) 그러나 교육 제도에 관한 지방단체들의 권한은 학교를 운영하는데 지출되는 비용에 관한 것이 대부분이며 교사의 선출 및 양성이나 학교 전체의 주요지침이나 운용 프로그램에 관해서는 여전히 중앙정부의 권한에 속하므로 일부 지방 단체들의 반발을 사고 있다.

11) 공립학교와 사립학교의 반목을 해소하기 위한 여러 가지 방안이 추진되었는데 그 중 가장 특징적인 것이 바로 드브레 법이다. 이 법은 국가가 사립학교에게 일정 범위 내에서 혜택을 주는 대신 사립학교도 국가에게 어느 정도의 권리 또는 이익을 양보해야 한다는 주요 내용을 담고 있다.

사립학교장이 추천하고 교육부가 교원으로서의 일정 자격을 갖춘 자들을 임명하는 형식으로 이루어진다. 학교장은 학교에서 행해지는 모든 활동과 운영에 대한 총 책임을 맡게 된다. 교육 프로그램의 경우 원칙적으로 교육부에서 정해놓은 기본적 프로그램을 준수해야 하지만 교육적 차원에서 필요하다고 여겨지는 경우에는 교육부의 허가를 받아 운영될 수 있다. 반면 교원의 월급이나 학급을 운영하는데 사용되는 비용들은 사립학교라고 하더라도 국가가 부담하게 된다.

그렇다면 어떠한 경우에 사립학교에 입학하게 되는가? 원칙적으로 자녀를 공립학교에 입학시킬 것인지 아니면 사립학교에서 교육을 받게 할 것인지는 부모의 의사에 의해 결정된다. 통계적 자료에 의하면 프랑스 가족 중 상당수가 종교적 이유로 인해 사립학교를 선호하는 것으로 나타나는데, 부모가 종교를 믿는 경우 자녀들이 종교가 없는 부모의 자녀가 사립학교를 선택하는 것보다 훨씬 높은 비율을 차지하고 있다. 이 밖에도 사립학교를 선택하는 부모들은 경제적으로 비교적 여유가 있는 사람들로서 자녀들이 비교적 여유 있는 환경 속에서 다양한 교육을 자유롭게 받기 원하는 경우이다.

2. 프랑스 학교체제

프랑스의 교육 체제는 프랑스 혁명의 기본 이념 중 하나인 평등(égalité)에 기초를 두고 초등교육을 바탕으로 시작된다. 초등교육이란 유치원에서 초등학교 교육까지의 8년 이상의 교육 과정을 일컫는데 상위 과정인 중학교 과정에서의 교육을 이수하기 위한 기초적이면서 필수적인 지식들을 습득하는데 그 기본 목적이 있다.

1) 유치원

초등학교에 입학하기 이전의 3세에서 6세에 이르는 아동을 대상으로 하는 교육기관으로서, 초등학교 생활에 적응할 수 있는 기초 능력을 키워주는 것을 주목적으로 한다. 또한 대부분의 부부가 맞벌이를 하는 프랑스 실정에 따라서 보육원의 성격을 강하게 띠고 있는 유치원은 의무교육 과정이 아님에도 불구하고 3세부터 6세의 아이들은 물론이고 2세의 아동들 중 상당수가 그 과정을 밟고 있다.

프랑스의 유치원

프랑스 유치원의 학습 프로그램은 국립교육자료센터(CNDP)에 의해 교재가 결정되는데 초기 학습기에 해당하는 3년 간의 익혀야 할 내용들과 그 목표들을 명시하고 있다. 하루에 6시간, 일주일에 5일 정도 수업하는 유치원의 학습 과정은 유치원 1학년생을 대상으로 하는 작은 반과 2학년 아동을 대상으로 하는 중간반, 그리고 3학년을 대상으로 하는 큰 반으로 이루어져 있다. 각 반의 특성에 맞추어서 먼저 가벼운 운동을 통해 건강을 유지하게 하고 음악, 미술, 만들기 등과 같은 지적 또는 감각적 활동들을 통해 아동들의 정신을 개발시키고, 아동의 자질을 길러주는 동시에 새로운 것을 배우는 것에 대한 호기심과 성취욕을 갖게 한다. 또한 놀이를 통해 나와 타인에 대한 자각 및 지식을 개발시켜 타인과의 바람직한 인간 관계를 경험할 수 있게 해줌으로써 아동의 사회화 과정에 도움을 준다. 그리고 말하기와 쓰기 학습을 통해 아동이 표현력을 나양화시켜주는 학습 프로그램으로 이루어져 있다.

2) 초등학교

초등학교는 6세에서 11세까지의 의무 교육 대상 아동에게 실시되는 교육으로서 중학교 교육 과정을 성공적으로 받을 수 있는 기초 지식을 길러주고 스스로 사고할 수 있는 방법을 터득할 수 있게 해주며 자율성과 자유 그리고 그에 따르는 책임감을 일깨워주는 것이 주요

프랑스의 초등학교

목적이다. 초등학교 학습의 구성은 초등학교 1학년의 예비 과정인 준비반(CP : Classe Préparatoire)과 기초 과정인 2학년의 초보반(CE1 : Classe Élémentaire) 3학년 초보반 2 (CE2), 중급 과정으로서 중급반 4학년(CM1 : Classe Moyenne)과 중급반 5학년 (CM2)으로 구분된다. 이는 다시 크게 준비반과 초보반 1로 구성된 기초 학습기[12)]와 초보반 2와 중급반 1과 2를 합친 심화 학습기로 구분된다.

기초 학습기

기초 학습기에 아동들이 배워야 할 주요 사항은 크게 읽기와 쓰기, 셈하기, 작문 요령, 도덕 교육과 외국어, 체육과 미술 수업 등으로 이루어져 있다. 읽기와 쓰기, 그리고 셈하기와 작문 요령은 기초 학습기의 마지막 단계인 초등학교 2학년 말까지 익히도록 정해져 있다. 도덕 교육의 경우 자신이 속한 학급 단위 혹은 학교 내의 공동체 생활을 함으로써 자아와 타인의 개념을 익히도록 한다. 1995년부터 실시된 외국어 교육은 학교 실정 혹은 교사들의 부족으로 인해 학교마다 유동성을 보인다.[13)] 그 외에 체육을 통해 아동들의 기본 체력을 강화시키며 미술이나 음악과 같은 예술 활동을 통해 자신의 적성이나 취미를 알 수 있게 한다.

심화 학습기

심화 학습기는 CE2, CM1과 CM2를 대상으로 하는데, 기초 학습

---

12) 기초 학습기는 그 대상이 초등학교 1, 2학년과 유치원 3학년 아동을 대상으로 하는 큰 반이 포함되는 것이 특성인데 이는 유치원 교육 마지막 과정에서 배우는 쓰기와 읽기를 초등학교 교육으로 연결시키려는 연계성을 고려해서이다.

13) 기초 학습기에 다루어지는 외국어로는 영어, 독일어, 스페인어, 이탈리아어, 아랍어, 포르투칼어 등을 꼽을 수 있는데 어려서부터 외국어를 배우면 보다 쉽게 익힐 수 있다는 것이 거의 정론으로 되어 있을 정도로 이미 많은 국가에서 실시되고 있는 실정이지만, 프랑스의 경우 조기교육 때 외국어를 실시하려는 의도가 시작된 지는 그리 오래 되지 않았다. 사실 외국어 교육이 실시되기 위해서는 무엇보다도 교육을 담당할 교원들의 확보가 중요한데 그런 면에서 아직은 활성화되어 있지 않다.

기 과정에서 다루었던 도덕 교육과 체육, 예술 분야 교육과 함께, CE2학년의 경우 역사와 지리에 관한 학습이 시작되며 CM1과 CM2는 실험과학 과목을 실시하게 된다. 특히 심화 학습기에서 중요시 되는 것은 국어와 수학으로서, 국어는 작문과 읽기와 함께 표현력 개발로 세분화되고 수학 과목 역시 나눗셈과 같은 셈하기의 단순 분야를 비롯하여 연역과 추론 등 학습이 구체화된다.

3) 중학교

고등학교 교육 과정을 받을 수 있는 지식과 능력을 길러주는 것을 목표로 하고 있으며 이를 위해 논리적 사고, 쓰고 말하기 및 자율학습 등을 강조한다. 보다 효과적인 교육 효과를 얻기 위해 중학교 교육과정은 세단계로 나누어진다. 제일 먼저 중학교 1학년을 대상으로 하는 준비 단계로서 초등학교에서 배운 지식들을 확고히 하는 동시에 중등교육에서 실시되는 과목들과 그에 대한 학습방안을 보여주는 것을 목표로 하고 있다. 주당 총 26시간이 배정되며 과목은 국어, 수학, 외국어, 역사 및 지리, 생물 및 과학, 조형예술, 음악, 체육 등이다. 학생 전체를 대상으로 똑같은 시간에 시작하여 동시에 수업을 마치는 전통적인 방식에서 벗어나 소그룹으로 나누고 학습 시간 또한 교사의 재량에 따라 조절할 수 있게 함으로써 딱딱하고 정적인 학급 분위기에서 자유롭고 동적인 분위기로 학생들의 학습 의욕을 촉진시키는 방법을 사용한다. 또한 기본기에 충실하기 위해 복잡하고 어려운 어휘보다는 쉽고도 기초적인 어휘 습득을 우선으로 한다. 이것 뿐 아니라 학생들의 학습 능력 수준에 따른 차이를 고려하여 효율적인 운영 방식을 택하고 있다. 구체적으로 비교적 학습능력이 뛰어난 학생들을 중심으로 담임교사의 주도하에 학생들 스스로의 학습 방법을 터득하도록 유도한다. 반면 다른 학생들에 비해 학습 능력이 떨어지는 학생들을 위한 프로그램을 따로 운영하는데, 이들만을 모아 하나의 특수반

중학교

을 만들어 새로운 것을 배우기보다 배웠던 내용들 중 중요한 것만을 골라 집중적으로 탐구 학습하게 한다. 특히 언어 이해와 표현력이 떨어지는 학생들에게 초등학교 마지막 단계인 CM2에서 배우는 학습 중 중학교 1학년 과정과 깊이 연관이 있는 과목들을 중점적으로 학습한다.

중학교의 두 번째 단계는 심화 학습기로서 2학년과 3학년을 대상으로 보다 다양화된 과목의 폭넓은 선택과 아울러 앞으로의 진로 선택을 위한 교육과정이 포함된다. 구체적으로 주당 25시간 30분 수업을 하며 프랑스어의 母語인 라틴어를 비롯하여 중 3학년에서는 기술과목을 듣게 된다. 프랑스 중학교 교육 체제에 특히 주목할 것이 있는데 그것은 바로 학생의 앞으로의 진로에 대한 지도가 중학교 때 벌써 이루어진다는 것이다. 진로 지도는 크게 두 가지로 구분되는데 먼저 상급 학년으로의 진급이냐 유급이냐를 결정하는 지도와 고등학교 선택에 있어서의 진로 방향 결정을 위한 지도가 있다. 구체적으로, 중학교 1학년과 2, 3학년까지의 지도는 상급 학년으로 진학할 것인가 아니면 유급할 것인가를 결정하게 된다.[14] 다음으로 다양한 선택의 가능성 중의 선택에 관한 지도인데 이는 중학교 마지막 단계인 4학년에 해당한다. 중학교 졸업을 앞둔 학생이 고등학교를 인문계나 이공계통의 일반 계열로 진학할 것인가 아니면 직업고등학교로 진학할 것인가를 결정하는 진로 선택에 관한 지도이다.

---

14) 진로지도는 학생의 가족과 심의회간의 대화를 통해 이루어지는데 담임이나 진로 상담교사의 입회화에 실시된다.

4) 고등학교

우리나라와는 달리 프랑스의 고등학교 구조는 매우 다양하고도 구체적으로 분류되어져 있는데 크게는 인문계열과 이공계열의 고등학교를 총칭하는 학교로서 주로 일반대학을 비롯한 특수한 성격을 지닌 대학의 진학을 목표로 하는 학생들이 입학하는 일반 고등학교와, 상급학교의 진학보다는 특정 직업 선택을 위한 직업 교육을 목적으로 하는 실업 고등학교가 있다.

일반 고등학교

고등학교 1학년에서의 교육 과정은 주당 24시간 30분으로서 과목은 필수 과목과 선택 과목으로 구분되는데 국어, 수학, 물리화학, 생명 및 지구과학이나 자동공학, 제 1외국어, 역사 및 지리와 체육 등이 공동 과목으로 지정되어 있다. 그리고 학생들 스스로가 선호도에 따라 둘 또는 세 개의 과목을 선택할 수 있는데 학교에 따라 선택 과목 대신에 예술분야의 실습 과목으로 대체하는 경우도 있다.[15] 이 밖에 주당 3시간을 할당하여 행해지는 모듈(Module) 학습이라는 특별한 수업이 있는데 한마디로 말해 맞춤형 학습 방식이라고 생각하면 된다. 구체적으로, 과목들 중에서 학생들이 가장 이해하지 못하거나 어려워하는 개념들을 학생들의 수준과 필요성에 따라 소그룹으로 나누어 학습하는 것이다. 수업 시간에 전혀 이해하지 못하는 이론이나 개념을

수업중인 고등학교 학생들

15) 학생들이 선택하는 과목이 아무래도 관심을 갖거나 흥미로워하는 분야에 관계되는 과목들이므로 향후 인문계열로 진학할 것인지 아니면 이공계열로 진학할 것인지를 결정하는 주요인이 된다.

설명하게 되면 학생들의 집중도는 떨어지게 되고 결국 수업 분위기는 물론이고 우수한 지적 능력을 가진 학생들 역시 피해를 볼 수도 있다는 생각 하에 학생들로 하여금 학습 능력을 최대화하는 동시에 수업 참여도를 극대화시키는 효율적인 방법이라 할 수 있다. 1학년 말이 되면 학생들은 자신이 선택했던 과목을 중심으로 인문계와 이공계열 중 선택을 하게 된다. 그렇다고 해서 선택 과목이 전공계열을 결정하는데 강제성을 띠지는 않는다. 인문계열 혹은 이공계열을 선택한 후 각 계열에 있는 전공분야들 중 하나를 선택하고 3학년이 되면 이들 중 하나를 최종 전공과목으로 선택하여 대학 입학시험을 준비한다. 인문계열과 이공계열의 전공분야를 살펴보면 다음과 같다.[16)]

<table>
<tr><td rowspan="3">인문계열</td><td>문과 (L)</td><td>외국어-문학, 고전어-문학, 문학-예술, 문학-수학</td></tr>
<tr><td>경제 및 사회 (ES)</td><td>경제-언어, 경제-사회과학, 경제-수학</td></tr>
<tr><td>과학계 (S)</td><td>과학-수학, 과학-물리학-화학, 과학-생명
지구과학</td></tr>
<tr><td rowspan="4">이공계열</td><td>산업공학 (STI)</td><td>기계, 전자, 전기, 토목, 에너지, 재료</td></tr>
<tr><td>실험공학 (STL)</td><td>실험물리학 및 산업기법, 실험화학, 생화학,
생물공학</td></tr>
<tr><td>서비스업 (STT)</td><td>회계 및 경영, 컴퓨터 및 경영, 행정 및
커뮤니케이션, 상업활동 및 커뮤니케이션</td></tr>
<tr><td>의료보험학 (SMS)</td><td>의료보험 테크닉, 인간 생체학, 물리학</td></tr>
</table>

전공선택에 따라 진학 진로가 결정되는데, 예를 들어 인문계열에서 문과를 선택한 학생들 중 대부분이 일반 대학의 문과를 비롯한 언어학이나 인문사회계열 또는 법과를 선택한다.[17)] 경제 및 사회를 선택

16) 이밖에도 특수 전공 분야로서 농-식료품공학과 호텔 경영학 그리고 음악 및 무용, 예술 등이 있다.

17) 대학에서 공부를 마친 후 초, 중, 고등학교 교사 혹은 통역이나 문헌 정보 또는 법률쪽으로 직종을 결정하는 경우가 많다.

하는 경우 대학의 경제, 경영학과 또는 사회 행정학과 쪽을 지원한다. 과학계를 지원하는 학생들의 대부분은 과학 분야 쪽으로 진로를 정하는데 우리나라 대학 1~2년에 해당하는 DEUG를 이수한다.

실업 고등학교

실업 고등학교에 입학한 학생들은 1학년과 2학년 동안 자격증을 따게 되고 그 후 상급반으로 진학을 할 것인지 아니면 직장을 찾을 것인지를 결정한다. 자격증은 분야와 목적에 따라 크게 두 가지로 구분 된다 :

a) CAP

특정 분야의 전문 지식과 관계되는 직업 적성 자격증으로서 주로 실습장에서 수업을 받거나 아니면 실제 작업을 통해 학습한다. 그후 관련 분야의 회사에서 12주 정도의 기업연수를 받아야 자격이 주어진다. 자격증은 시험을 통과하거나 시험과 교육과정 기간 내에 이루어진 중간 평가를 종합한 점수를 통해서 획득할 수 있다.

b) BEP

CAP가 특정 전문 직종에 관련된 자격증이라고 한다면 BEP는 보다 일반적이고 다양한 직업에 관련되는 자격증이다. 또한 BEP는 한 직종 내에서 다양한 선택을 할 수 있고 다른 분야의 직종에서도 공통

<table>
<tr><td rowspan="2">일반교양</td><td>국어-역사-지리</td><td>일반교양에 관련된 학습</td></tr>
<tr><td>물리학-수학</td><td>직업분야에서 필요한 절차나 이론에 관련한 필수적 요소들에 대한 학습</td></tr>
<tr><td>직 업</td><td>일반개념</td><td>특정 전문 분야에 관련되기 보다는 유사직종에서 적용될 수 있는 기본적인 주요 개념들의 학습</td></tr>
<tr><td rowspan="2">기업연수[18]</td><td>CAP</td><td>기업에서 12주 연수</td></tr>
<tr><td>BEP</td><td>기업에서 8주 연수</td></tr>
</table>

부분이 있는 경우 직업 활동을 할 수 있는 장점이 있다.[19] 실업고등학교에서 실시되는 교육 학습 과정은 크게 일반교양, 직업 교육, 기업 연수 교육으로 이루어져 있다.

대학 입학시험 (Baccalauréat)

우리나라의 대학 수능시험에 해당하는 것으로서 매년 11월과 12월 중순에 등록 신청을 하게 되는데 그 절차가 까다롭다. 우선 고등학교 3학년 학생들은 바깔로레아 시험 예비 등록을 해야 하는데, 계열과 계열에 포함된 전공분야들 중 하나를 선택할 뿐 만 아니라 외국어와 임의선택 과목도 선택해야 한다. 접수를 받은 본부에서는 학생들에게 접수 확인증을 보내는데 이때 학생들은 자신이 선택한 것이 제대로 되어 있는지 확인하고 만일 수정사항이 있으면 이를 수정하여 대학본부로 서류를 보내는데 일단 대학본부에 보내고 나면 수정이 불가하므로 유의해야 한다.

시험은 필수 과목과 선택 과목으로 구성되어 있는데 후자의 경우 최대 세과목을 선택할 수 있으며 20점 만점 중 10점 이상을 받았을 때 가산점을 받을 수 있다. 시험은 두 번의 기회를 준다. 필수 과목과 선택 과목 시험을 보는 1차의 경우 20점 만점에 평균 10점 이상을 받으면 합격이다. 만일 20점 만점에 평균 8점 이하 점수를 받게 되면 불합격 처리된다. 평균 점수가 8점과 10점 사이인 경우 2차 시험에 응시할 수 있다. 2차 시험은 구술시험으로 이루어지는데 1차 시험에서 점수가 낮았던 과목들 중 두 과목을 선택하여 시험을 치르게 된다. 1차 시험과 2차 시험 중 더 나은 점수를 평균 점수에 반영한다. 또한

---

18) 기업 연수는 학교와 연계된 기업과의 상호 교류에 의해 실시되는데, 먼저 교사가 학생을 기업에 연수 의탁을 하면 기업에 있는 감독자의 지도하에 학생의 연수가 시작된다. 교사는 학생이 연수기간 동안 써내는 보고서 작성 요령을 지도해주는 동시에 학생이 원하는 것이 무엇인지를 파악하게 된다.

19) 호텔 경영 쪽의 BEP를 소지한 사람은 호텔업과 레스토랑을 겸할 수 있는 반면, CAP 자격증을 가진 사람의 경우 요리, 식당, 유숙업 등으로 세분화된 직종에 종사한다.

학생이 선택한 계열에 따라 주요 과목들이 달라진다.

5) 대학교

사실 프랑스에서 대학교의 입학은 고등학교 때부터 시작된다고 해도 과언이 아닌데 그 이유는 대학 입학시험을 치르기 전인 고등학교 3학년의 3월과 4월에 걸쳐 자신이 원하는 지망학과에 지원을 하게 되기 때문이다. 이를 예비 등록제라고 말하는데 자신이 선택한 지망학과에 지원율이 높아 자리가 없는 경우를 대비해서 여러 학과를 골라 지원하며 최종적으로 그중 한 과에 입학이 허용된다. 그리고 바깔로레아를 치룬 후 7월 초에 자신이 지원했던 대학에 자신의 지원 신청이 받아들여졌는지를 확인해야 한다. 그 후 관련 대학의 등록에 따른 행정 절차와 지원한 계열의 교육 과정을 확인한다.

프랑스의 일반 대학은 크게 세 단계 과정으로 분류된다.

1 기

대학 과정 중 기초 과정에 해당하는 단계로서 대학교 1~2학년에 해당하는 더그(DEUG) 과정으로서 기본 학과목들에 대한 지식을 포함한 일반 교양 교육을 습득함과 동시에 향후 전공하게 될 세부 분야에 앞서 학습하는 방법이나 연구 방법을 터득하는 과정이다. 1학년 1학기에는 일반 공통 과목에 대한 강의를 받으며 2학기에는 다양한 전공 분야에 대한 앞으로서의 선택을 위한 탐색을 한 후 2학년에 올라가서 전공 분야를 선택한다. 최근 더그 과정에서의 학습 체제는 과거에 단점들을 보완하기 위해 유사 과목들을 하나의 범주로 묶는 방법을 택하고 있다. 이전 각각 독립적인 학점 단위로 구성된 많은 과목들을 수강하였을 때 한 과목에서 낙제 점수를 받았을 경우 그 학기 전체를 실패한 것으로 간주하여 유급하는 결과를 초래하는데, 이로 인해 과목들 중 좋은 성적을 받았던 과목까지 모두 상실되고 처음부터 다시 시작해야 하는 폐단이 있었다. 반면, 유사 과목을 하나의 범주로

강의를 듣고있는 대학생들

묶어 진행하는 방법은 설사 유사 과목 범주에 속한 한 과목에 대한 점수가 나쁘다 하더라도 그 밖의 다른 유사 과목들의 점수가 상대적으로 높은 경우 전체를 합산하여 중간 점수보다 높으면 학점을 이수한 것으로 인정한다. 더그 2년의 과정 동안에 6개에서 12개까지의 유사 과목을 묶은 범주 과목들을 이수할 수 있다.

2기

대학교 3~4학년에 해당하며 학사 학위를 취득하게 되는 리쌍쓰(Licence)와 대학원 과정으로서 석사 학위를 취득하는 메트리즈(Maîtrise) 과정을 일컫는 단계이다. 학사 학위나 석사 학위의 경우 초, 중등 교원 또는 경찰 서장과 같은 고급 공무원 시험에 응시하기 위해서 꼭 필요하며 석사 학위는 논문을 제출하고 발표 (soutenance)의 절차를 밟아야 한다.

3기

3기 과정은 연구를 목적으로 하거나 보다 진보적이면서도 독창적인 학술 분야의 작업을 위한 과정이라 할 수 있다. 석사 학위를 소지한 사람이 3기 과정의 교육 과정을 이수하려면 다음 세 가지 선택이 가능하다.

a) DESS

석사 학위 또는 그에 준하는 학위를 받은 사람 중 특정 분야의 전문가를 양성하기 위한 과정으로 약 300여 종류의 전공 분야로 세분화된다. DESS 학위를 받기 위해서는 300여 시간의 이론과 실기 수업을 받고 4개월에서 6개월간의 현장 실습 연수를 받아야 한다.

b) DEA

석사 학위 소지가 중 특정 분야의 연구 혹은 이론을 발전시키기 위한 과정으로서 100시간이 넘은 수업을 반드시 이수해야 하는데 강의 진행 방식은 주로 이론과 세미나, 경우에 따라 연수 등으로 이루어져 있다. 수강생은 연구 논문 제출과 아울러 발표를 해야 하고 전공 분야에 따라 논문의 양은 다양하다.

c) DOCTORAT

박사 과정으로서 DEA를 통과한 학생들이 지도 교수의 승인을 받아 밟는 과정이다. 박사학위를 취득하기 위해서는 논문을 써야 하는데 준비 기간은 3년이며 지도교수의 동의하에 연장이 가능하다. 논문 제출과 함께 여러 심사위원 (Jury) 앞에서 발표를 하며 심사위원들의 합의하에 등급을 받는다.[20)]

---

20) 1984년 이전에는 국가 박사(Doctorat d'État), 3기 박사(Doctorat de 3ème cycle)등 박사 학위의 종류가 다양하였지만 오늘날에는 새로운 박사 학위(Nouveau doctorat)로 통일되었다.

제 5 장

프랑스의 정치

1. 프랑스의 정치세계

프랑스 국회 의사당

현재 프랑스는 제 5공화국으로서 정치 체제는 대통령 중심제와 의회제를 결합한 이원 집정 체제로서 국민의 직접 부통선거에 의해 선출되는 대통령은 1차 투표에서 절대 다수 득표자가 없는 경우 1차 투표 상위 득표자 1,2위 중 그 다음 일요일에 결선 투표를 실시하여 최다 득표자를 대통령으로 선출한다. 대통령의 임기는 7년이었으나 2000년부터 5년으로 단축되었다.

대통령은 국가 원수로서 강력한 권한을 지니고 있다. 3권 분립의 원칙에 따라 사법부가 비록 독립되어 있기는 하지만 사법부의 최고 기관인 최고 사법위원회의 의장을 겸한다. 대법관이나 고등법원장의 임명권을 최고 사법위원회에서 가지고 있다는 점을 감안할 때 이 기관의 의장인 대통령은 사법권에서 강력한 권한을 가지고 있다. 또한 헌법 8조에 의거 대통령은 총리를 임명하며 총리의 동의하에 각료를 임명할 수 있고 이들이 주최하는 각료 회의에 참석하며, 국회에서 통과된 각종 법안에 대한 공표권을 가지고 있다. 또한 프랑스 군대의 통수권자로서 공권력을 유지하고 국가 비상시에 군을 움직일 수 있다. 반면 국무총리는 행정부의 수장으로서 국가의 정책을 결정하고 집행한다.

프랑스 정부의 구성 체제에서 특이한 점은 바로 동거 정부이다. 구체적으로 프랑스의 헌법에 따르면 대통령은 직선제로 선출하는 반면 내각은 의회 다수당이 구성하도록 되어 있다. 만일 대통령이 속한 정당이 의회 내에 다수 의석을 차지하는 경우 대통령은 정당의 지도자로서 총리를 지명하고 따라서 내각의 구성에 개입할 수 있게 됨으로써 실제적으로 대통령이 총리의 행정권을 행사하는데 막대한 영향을 끼칠 수 있는 위치에 서게 된다. 반면, 대통령이 속한 집권당이 총선거에서 과반수 의석을 획득하지 못하게 되는 경우에는 여소야대의 체제가 형성되는데 이렇게 되면 행정 정책을 꾸려나갈 정부 구성의 힘이 야당에게 넘어가게 된다. 결국 대통령의 권한은 국방과 외교로 한정될 수밖에 없고 총리는 경제를 비롯한 다양한 부분에 권한을 지니게 된다. 이렇게 정치적으로 대립하는 정당들의 수장들이 대통령과 총리를 각각 담당하게 되는 경우를 동거 정부(Cohabitation)라 일컫는다. 프랑스에서는 지금까지 세 번의 동거 정부가 들어섰는데, 그 첫 번째는 1986년 프랑수와 미테랑이 대통령으로 있을 때였다. 사회당(Parti Socialiste)으로서 1981년 결선투표에서 지스카르 데스탱과 경합하여 사상 최초 사회당 출신의 대통령으로 당선되었던 미테랑은 1986년 3월 국민의회선거에서 우파연합이 과반수를 차지하면서 결국 우파의 수장이었던 시락을 총리로 임명하여 동거 정부를 처음 실시하였다. 그 후 1988년 5월 대통령선거에서 시락과의 경선에서 승리하면서 다시 대통령으로 선출되었고 같은 당 내의 로카르를 수상으로 임명함으로써 동거 정부가 끝났다. 그러나 93년 다시 한번 우파의 발라뒤르를 수상으로 임명하면서 또 한 번의 동거정부가 시작된다. 세 번째 동거 정부는 1995년 대통령의 자리에 오른 시락이 1977년 사회당을 주축으로 한 좌파 연합이 의회의 다수 의석을 차지함으로써 좌파의 조스팽을 총리로 임명, 세 번째 동거정부를 실시하게 된다.

2. 상원과 국회

룩셈부르그 공원 안에 있는 상원의사당

1) 상원의원

상원(Sénat)은 프랑스 정당이 의회로서 국회와 경쟁 구도의 합법적인 권력을 가지고 있다. Sénat는 파리 룩상부르그 공원 내에 위치해 있는데 흔히 상위 의회(Haute assemblée)라고도 부른다. Sénat는 331명의 상원의원으로 구성되어 있는데 이들은 프랑스 뿐 아니라 누벨칼레도니아, 폴리네시아 등 프랑스령에 속하는 곳에서 선출되는데, 프랑스 본토가 아닌 곳에서 선출된 상원의원의 수는 12명이다. 상원의원은 직접선거로 뽑힌 선거인단에 의해 간접선거로 선출되는데 2004년까지 간접 선거를 통해 뽑힌 상원의원의 임기는 9년이지만 3년마다 3분의 1에 해당하는 인원만을 교체하였다. 선거인단은 구청장, 시장, 부시장, 시의원 그리고 중요한 시 위원 파견단으로 95% 이루어지며 나머지 5%는 참의원과 국회의원으로 구성된다. 상원의원의 임기는 2004년 9월 개정법에 따라 점차적으로 6년으로 줄고 있으며 매 3년마다 두 개의 집단으로 나누어 교체하고 있다. 2004년에 선출된 상원의원의 일부는 임기가 6년인 반면 다른 일부는 9년이다. 따라서 2008년에 선출된 상원의원들은 모두 임기가 6년인 셈인데 법에 따라 피 선거 자격은 35세에서 30세로 낮아졌다. 구역별로 차지하는 상원의원 의석수는 인구의 변화를 반영하게 위해 변형되었는데 2008년에는 341명, 011년에는 346명의 상원의원을 선출한 예정이다. 임기가 길다는 사실과 매 3년마다의 투표와 간접선거에 의한 선출로 인해 상원은 때때로 정치인들의 피신처로 이용되곤 하는데, 지난 상원의원 입법 선거 때 패배한 여러 정치인들이 선거로 부여되는 임기를 되찾기도 했다.

1958년 이후 상원의원의 임기 동안 장관직을 겸할 수 없도록 되어있다. 만일 상원의원이 정부로부터의 장관 임명을 받으면 그는 한 달 이내에 상원의원으로서 남을 것인지 아니면 장관직을 수행할 것인지를 결정해야 한다. 이러한 규칙은 장관이 상원의원에 선출되는 경우에도 마찬가지이다. 이 기간 동안 장관은 상원의 투표에 참가할 수 없다.

1958년 공화국 헌법에 따라 Sénat의장은 대통령이 사망하였거나 병상에 있을 때, 또는 사임하는 경우 대통령의 대리 직무를 맡게 된다. 실제로 상원의장이 대통령 대행 업무를 한 경우가 두 번 있었는데 한번은 1969년 샤를르 드 골 대통령이 사임을 했을 때였고 두 번째는 1974년 뽕삐두 대통령이 사망했을 때였다.

헌법 26항에 따라, 상원의원은 의원으로서 국회 면책 특권을 갖는다.

2) 국회(Assembl é eNationale)

프랑스 국회는 상원과 함께 국회를 구성하며 법을 제정하는 권리를 가지고 있다. 1986년 이후 577명의 국회의원들이 선거구를 통해 두 차례에 걸쳐 직접 보통선거를 통해 선출되는데 임기는 5년이다. 국회는 상원과 함께 법을 제안하고 이를 채택할 것인지 말 것인지를 결정하기 위한 투표를 한다. 상원에 의해 법이 거부되는 경우 이 법은 수정하기 위해 국회로 되돌아간다. 상원과 국회는 서로 간에 동일한 법안에 일치하기까지 국회가 법을 상정하면 상원은 되돌려 보내고 하는

식의 절차를 반복하는데 이를 "법안의 왕복(navette)"이라고 부른다. 만일 국회와 상원 간에 법안에 대해 계속 반목하는 경우 문제에 대한 해결을 위해 7명의 국회의원과 7명의 상원의원으로 이루어진 합동 위원회가 구성된다. 이렇게 하여 새로운 법안이 상원과 국회에 상정 된다. 이렇게 해서도 계속 법안에 대해 상원과 국회가 충돌한 경우 최후에는 국회가 법을 심의하게 된다.

정부는 국회의 감시를 받는다고 할 수 있는데 절대 다수의 투표에 의해 모인 국회의원들은 58명 이상이 되면 정부에 대해 불신임 결의권을 발동할 수 있다. 만일 정부가 불신임 결의권에 제동이 걸리면 수상은 대통령에게 사임을 표명해야 하며 대통령은 수상의 사임을 받아들인다. 국회는 대통령에 의해 해산될 수 있는데 마지막으로 국회가 해산된 것은 1997년 자크 시락 정부 시대였고 이는 결국 사회당의 승리를 가져오게 하였다.

국회는 또 상원과 함께 베르사이유 궁전에서 정기적으로 법안 수정을 할 수 있다. 1958년부터 국회의원은 장관직을 겸임할 수 없는데 정부로부터 장관직의 요청을 받았을 경우 한 달 이내에 국회의원직이나 장관 중 하나를 선택해야 한다. 국회의원은 여러 가지의 혜택을 받는데, 우선 국회의원 세비 이외에도 국회의원직을 수행하는데 들어가는 교통, 휴일 근무 수당, 손님과의 식사 비용 등과 같은 비용을 청구할 수 있다. 그리고 자신의 일을 도와주는 공동 작업자들이나 집단에게 월급을 주기 위한 비용 또한 청구할 수 있다. 또한 일 년 동안 프랑스령에 해당하는 지역을 갈 때 이용하는 기차는 물론, 비행기의 경우 40번의 왕복 항공료를 무료로 이용할 수 있다. 이 밖에도 인터넷 사용비나 전화, 그리고 일-드-프랑스로 이동하는 경우 자동차는 무료로 사용할 수 있는 권한이 있다. 또한 면책특권을 지닌다.

3. 프랑스의 정당들

프랑스의 정당은 크게 좌파와 우파로 구분된다. 프랑스 정치 역사에서 좌파와 우파란 말이 사용되기 시작한 것은 프랑스 대혁명 때부터이다. 프랑스 대혁명 이후 1791년 선거에서, 지방에 있는 사람들은 입회에 젊고 열정적이며 혁명적인 이상을 가지고 있던 젊은이들을 대표로 참석시킨다. 이들은 국회의 좌파를 형성하게 되는데, 대표적인 인물은 Brissot, Normand으로서 이들은 이미 <프랑스의 애국자들>이라는 칭송을 들을 만큼 유명해져 있었다. 이들 젊은이들 집단을 일컬어 Brisstins이라고 했고 이중에서도 가장 뛰어난 능력을 가지고 있던 Verginaud, Guadet, Gensonné의 세 명은 Gironde의 지역에 대표들이었는데, 이 지명을 본따 이들을 Girondins이라고 불렀다. 1792년 국민회의 때 좌측에는 급진파의 자코벵파 의원들이 앉고 우측에는 보수주의적 성향의 지롱뎅파 의원들

지롱뎅파와 자코벵파 간의 회의 모습

이 앉았는데 이때부터 보수적이거나 혁명에 있어 소극적이고 온건한 세력을 우익으로 지칭하는 반면 급진적이며 과격한 세력을 좌익으로 정의하는 관행이 생겼다.

1) 사회당 (Parti Socialiste)

사회당은 프랑스의 정치 집단으로서 2004년 선거 이후 프랑스에서 가장 힘이 있는 정당이며 또한 집권당인 공화당의 최대 야당이다.

1831~1905년 칼막스의 이론에 영향을 받아 시작된 사회당은 많은 변화를 거치게 되는데, 1981년 5월 10일 미테랑이 대통령에 당선되면서 사회당의 새로운 역사의 장을 열게 된다. 6월에 실시된 국회의원 선거에서 사회당이 압승을 차지하면서 처음으로 국회의 절대 다수 의석을 차지하였다.

국제 경제 공황이 닥치면서 미국이 레이건 대통령과 영국의 대처 수상의 경제정책에 맞서면서 경제적 어려움을 타개하기 위한 방편으로 유럽의 공동 전선을 구축할 것을 결정하였다. 그러나 실업률이 증가하면서 지지율은 현저하게 떨어진다. 1988년 미테랑이 54%의 지지율을 얻으며 대통령에 재당선되면서 사회당은 '하나가 되는 프랑스'라는 목표를 내건다. 1990년 미테랑은 걸프전에 프랑스가 참여하기로 결정하는데 이로 인해 당 내의 분열과 갈등을 초래하게 된다. 미테랑 집권 동안 사회당은 많은 긍정적 성과를 얻었지만 결국 실업율을 줄이는 정책에는 실패하였다.

사회당의 상징

1994년 12월 자끄 들로(Jacques Delors)가 물러나면서 사회당의 역사 이래 처음으로 대통령 후보자가 두 명이 되는데, 리오넬 조스펭(Lionel Jospin)이 승리하면서 사회당의 개혁을 시도한다. 그는 1997년

프랑수와 미테랑

백만 이상의 직업을 창출하고 노동 시간을 줄이는 등 경제적인 측면에서 성공을 거두게 된다. 그러나 우파의 대통령인 자끄 시락과의 5년간의 동거 정부를 마치고 2002년 대통령 후보로 출마하였으나 첫 번째 선거에서 단지 16%로의 지지로 인해 사회당은 충격에 휩싸이게 되고 대통령 후보인 극우당 대표인 장-마리 르 펜을 저지하기 위해 두 번째 투표에서 우파인 자끄 시락을 지지한다. 선거에 책임을 지고 리오넬 조스펭은 정치 세계를 떠날 것을 공표한다. 이로 인해 사회당은 지도자를 잃게 되지만 우파의 새로운 동거 정부 제안을 거절하고 프랑스 국민들은 사회당에 전폭적인 지지를 던진다.

2005년 5월 29일의 국민투표에서 프랑스 국민 55%가 반대한다는 의사를 밝혔는데 여론조사에 따르면 이 날 투표에 참가했던 대부분의 사회당원들은 반대표를 던진 것으로 알려진다.

사회당은 민주주의적 사고와 모든 국민들의 평등 위에 세워지는 사회 형성을 목적으로 하고 있다. 사회당의 힘의 근원은 역시 당원들에 근거를 두고 있는데, 당원으로 가입할 수 있는 최소 연령은 15세이며 가입은 자유의사에 따르며 사회당에 가입한 당원들은 이론적으로 같은 당 총수건 말단 상원이건 상관없이 동등한 권리를 갖는다. 또한 당원들은 당내의 모든 방향에 관계되는 안건에 대해 투표권을 가지고 있는 동시에 당을 대표하는 위원들을 선거한다.

리오넬 조스팽

사회당의 가입자들의 면모를 살펴보면 결코 노동자 계층의 당이 아니며 항상 중산층, 특히 학교의 교사들과 공무원들이나 낮은 봉급자들이나 조그마한 개인 사업자들에 의해 지지를 받는다. 또한 사회당 선거는 젊은 이들을 포함한 활동 인구들의 유권자가 많다. 오늘날 사회당은 국민들로부터 15%에서 30%의 지지율을 받는데 2002년 리오넬 조스팽은 대통령 선거 첫 번째 투표에서 16.18%의 지지율을 얻었고 2004년 사회당은 국민들로부터 29.4%의 지지율을 받아 승리했다.

사회당의 기본 구조는 지부이다. 보통 한 지부는 면이나 시, 또는 구역으로 구성되는데 때때로 특정 기업을 중심으로 이루어질 때도 있으나 최근 이런 구도는 점차 사라지는 추세이며 지역별 지부 중심으로 구성되고 있다.

2) 공화당파 (R.P.R : Rassemblement Pour la Ré publique)

RPR는 프랑스 우파 정당으로서 드 골 대통령의 정치 노선을 잇고 있다. 제 2차 세계대전이 끝난 후 샤를르 드 골은 해방을 맞이하면서 바유(Bayeux) 연설에서 제시하였던 정치적 청사진을 펴기 위해 정당을 창설한다. 1958년 정권에서 물러났던 드 골이 다시 대통령이 되면서 새로운 공화국을 위한 연합이라는 이름의 UNR(Union pour la Nouvelle République)를 창설한다. 그 후 알제리 문제를 평화적으로 협상하길 원했던 드 골을 지지하는 사람들로 구성된 노동 민주 연합이라는 UDT(Union Démocratique du Travail)를 창설한다. 1962년 직접선거를 통한 대통령 선거에 대한 선전 운동을 기화로 에비앙 협약 이후 UNR와 UDT는 공화국수호연합이라는 UDR (Union pour la Défense de la République)를 탄생시키고 1976년 12월 5일 자끄 시락의 주도 하에 RPR이 창당된다.

비유 연설하는 드 골

2000년 RPR는 국회에 유일한 우파로서의 등원을 계획하면서 UEM (Uion en Mouvement)이라는 정당을 만들었는데 그 목적은 드 골 노선 지지자들을 포함하여 힘을 한 곳에 집중, 2002년 대통령 선거를 준비하기 위한 것이었다. 2002년 4월 24일 대통령 선거 두 번째 투표에서 자끄 시락을 지지하기 위해 UMP(Union pour la Majorité Présidentielle)을 창당한다. 위에서 살펴본 바와 같이 오늘날의 RPR를 창당하기까지 많은 변화가 있었는데 사람들은 <바뀌면 바뀔수록, 더 똑같아진다>라는 말이 나올 정도로 그 정치 노선은 크게 다르지 않았다.

3) 프랑스 민주 연합
(UDF : Union pour la Dé mocratie franc aise)

프랑스 민주 연합은 1978년 발레리 지스까르 데스탱(Valérie Giscard d'Estaing)을 중심으로 드 골 노선이 아닌 우파와 다양한 정당의 연합 정당으로 창당되었는데, 이 정당의 이름은 그가 쓴 프랑스 민주주의(Démocratie française)에서 유래된 것이다. 1970~1980년 프랑스 대통령으로 지스까르 데스탱이 선출되면서 커다란 성공을 얻은 UDF는 RPR와의 자연스런 공조가 이루어졌었는데, 사회당이었던 프랑수와 미테랑 대통령이 정당간의 융화를 선언하면서 사회당 정부의 수상을 맡는 등 부각하기 시작했다. UDF는 1993년 국회의원 선거에서 RPR와 연합하였으며 에두아르 발라뒤르(Édouard Balladur)나 알엥 쥐뻬(Alain Juppé)가 주도하는 정부에 참여하기도 했다. 그 후 프랑스 정치에서 큰 역할을 하지 못하던 UDF는 프랑수와 베이루(François Bayrou)가 대표로 선출되면서 새로운 정당을 출범시키기 위해 UDF의 흩어진 구성원들을 합치기

발레리 지스까르 데스탱

자끄 시락

로 결심한다. 또한 RPR와 일정한 거리를 두기로 하는데 이런 그의 정책에 대해 반발하는 UDF내에 의원들은 2002년 대통령 선거 때 프랑수와 베이루보다 자끄 시락을 지지한다. 대통령 선거에서 7%의 지지율로 4위에 머문 그는 2002년 4월 21일 우파와 중도파를 하나로 합치려는 자끄 시락과 알랭 쥐뻬의 UMP정당 창설 계획에 맞설수 없게 되었고 결국 UDF 소속 의원들중 상당수가 UMP에 입당하기 위해 UDF를 떠난다. 그럼에도 불구하고 2002년 국회의원 선거에서 UDF 소속 의원들이 29명이나 국회의원으로 당선되면서 국회에서 정치 집단으로 남게 되었다. UDF 정당이 사라질 것이라는 일부 사람들의 말을 비웃기라도 하듯 UDF는 2004년 지역 선거의 첫 번째 투표와 2004년 유럽 의원 선거에서 12%의 지지율을 얻으며 저력을 과시했다. 사실 이 성공은 우파인 정부 여당의 정치에 만족하지 못하는 우파 당원들이 이들을 지지한 이유도 포함되었다. 2005년 6월 8일, 2002년 이후 처음으로 UDF는 도미니끄 드 비으뼁 (Dominique de Villepin)이 이끄는 정부에 대한 신임안을 묻는 표결에서 반대표를 던졌는데 UDF 위원들 중 절반이 이 정부가 제안한 2006년 예산안에 반대표를 던졌다.

4) 극우파 정당 (Front National)

FN은 장-마리 르펜 (Jean-Marie Le Pen)에 의해 1972년 6월에 창당된 프랑스 극우파 정당으로서 완전한 명칭은 Front National pour l'unité française이다. 1980년 초까지만 해도 당원의 수도 그다지 많지 않았고 국회의원 선거에서도 그다지 국민들의 호응을 얻지 못하다가 1984년 6월 17일 유럽 국회의원 선거에서 10명의 유럽 의원이 당선되면서 그동안 얻었던 최고의 지지율을 얻게 되고, 1986년 3월 16일 국회에서 35개의 좌석을 획득한다. 2002년 대통령 선거 첫 번째 투표에서 장-마리 르 펜은 16%의 지지율을 얻지만 극우파를 제외한 다른 정치인들이 그의 경쟁자인 자끄 시락을 전폭적으로 지지함으로써 5공화국 사상 대통령 선거 두 번째 투표에서 최저의 지지율(17.9%)을 얻게 된다. 장-마리 르 펜의 뒤를 이을 후계자들 사이에 경쟁이 점점 더 치열해 지고 있는 가운데 2007년 대통령 선거까지는 르 펜이 당의 지도자로서 활동을 할 것으로 알려져 있다.

FN은 프랑스 정치에서 점점 더 그 위치를 굳혀가고 있는데 어떤 사람들은 FN이 아직도 지도자인 르 펜의 카리스마에 전적으로 의존하고 있다고 평가하기도 한다. 프랑스 선거에서 FN은 11~18% 사이의 지지율을 받고 있는데 특정한 도시에서는 30%까지 지지도가 높다. 그러나 프랑스의 다양한 선거 방식과 극우적 성격, FN과 손을 잡으려는 다른 정당들의 거부 때문에 정치적 기반을 완전히 다지기는 어려운 실정이다. 이러한 정치적 고립으로 인해 비록 제 3의 정당이 되었지만 프랑스내의 한명의 국회의원이나 상원의원을 배출하지 못하고 있다. 반면 몇 명의 유럽 의원(지난 선거에서 7명)이나 지방 참의원(이전 138명에서 156명)을 배출했다.

FN의 가장 약점 중에 하나는 바로 선거 전략을 위해 소비되는 경제적 부담이다. 프랑스 정부는 정당에 속하는 위원들의 수에 따라 모든 정당에 고정된 금액을 지원하고 있는데, 국회의원의 수에 대해 50%를 지원하고 실제 선거 지원자의 수에 50%를 지원한다. 때문에 국회의원이 한 명도 없는 FN의 경우 정부로부터 지원금을 전혀 받을 수가 없다. 또한 현 대통령인 자끄 시락의 경우 국회에 참석하는 정당을 대변하는 의원들로부터만 자문을 받는 것을 원칙으로 하고 있어서 국회의원이 없는 FN의 모든 요구 사항이나 제안을 거절할 명분을 준다. FN이 추구하는 정치적 노선을 크게 몇 가지로 살펴볼 수 있는데 먼저 이민자수의 제한을 들 수 있다. FN의 주장에 따르면 프랑스로의 이민자 수가 많아질수록 프랑스는 빈곤해지고 프랑스 문화에 대한 위협이 될 수 있다는 것이다. 따라서 프랑스 이민자들의 상당수와 프랑스에서 태어나 프랑스 국적을 취득한 이민자들의 자녀들이 범죄를 저질러 법적 구속을 당했을 경우 그들의 본국으로 되돌려 보내야 한다는 것이다. 그리고 미국과 OTAN과 같은 국제 조직에 대항하는 주권을 주장하고 있는데 보호 무역제도와 프랑스 내의 회교 사원의 건설을 중단과 같은 방법을 통해 프랑스 전통적인 삶의 방식을 유지해야 한다고 말하고 있다. 또한 범죄를 저질렀을 경우 형량을 좀 더 무겁게 하고, 테러리스트들, 암살자, 아동 성폭행범 그리고 거대한 마약 사범들에 대한 사형 제도를 부활시켜야 한다고 주장한다. 이뿐 아니라 공무원 수의 축소, 세금 축소, 낙태 수술을 금지하고 프랑스 유아들을 입양하거나 가족 수당을 올리는 방법을 통해 출생률을 증가시킬 것과 인종차별을 금지하는 법 조항 폐지 등을 주장하고 있다. 그러나 이민과 프랑스 보호정책에 대한 FN의 주장은 공공사업이나 교육에 대한 그들의 주장과는 엇갈리는 측면이 많아 다른 정당으로부터 부조화라는 비난을 받는다. 다음은 2001년 9월 출간된 FN의 <프랑스 미래에 대한 정부의 방침>이라는 계획서 중 중심내용들이다.

안전에 관한 계획안

- 사형 제도를 부활시킬 것
- 미성년 범죄자들에 대한 보호 감호소를 세울 것
- 범죄 행위를 저지른 외국인들을 추방할 것
- 외국 범죄자들의 자녀들이 프랑스 국적을 얻지 못하게 할 것

경제에 관한 계획안

- 수입에 관한 점차적인 세금 삭제
- 5년 내에 영세 납세자에 대한 완전한 세금 면제와 가장 증가한 세율에 대한 점차적 감축
- 지방세를 간소화하고 축소할 것

가족, 사회 보호와 교육에 관한 계획안

- 어머니에게 사회적이고 사법적인 지위를 보장할 것
- 최저 임금의 1.5에 해당하는 교육 부모 세입제도를 만들 것
- 부모들에게 추가적인 선거권을 보장할 것
- 최저 임금을 올릴 것

직업에 관한 계획안

- 프랑스인에게 우선적으로 직업을 제공할 것
- 주당 35시간 근무에 대한 법을 철회할 것

이 밖에도 많은 계획안들이 존재하지만 무엇보다도 FN에서 가장 강력하게 주장하고 있는 것은 이민자들을 포함한 외국인에 대한 자국 보호 정책이라고 할 수 있다. 그러나 다른 정당에서는 FN이 현재 각국에서 벌어지고 있는 테러의 주동자로 알려진 이슬람 국가들에 대해 프랑스 국민들이 두려움과 공포를 가지고 있다는 심리를 최대한 이용하여 마치 이들이 프랑스에 대한 위협이 될 수 있다고 강조함으로써 프랑스 국민들의 지지를 얻어내려는 속셈이라고 판단하고 있다.

제 6 장

프랑스의 사회

1. 사회보장제도 (Sécurité Sociale)

의료보험제도를 실시하는 프랑스의 약국

프랑스는 사회복지국가로서 그 운영 체제가 매우 다양하며 세분화되어 있다. 그 중 널리 알려져 있는 것이 사회보장제도이다. 이 제도는 1945년 제정된 법령을 기초로 광범위한 의미에서 사회보호제도의 일부에 속하는데, 질병과 같은 사회적 위험으로부터 노동자 및 그 가족을 보호하기 위한 제도로, 2차 대전 당시 레지스탕스 운동에 중심적 역할을 했던 공산당과 노동자 대표들이 주축이었다. 그 주목적은 노동자의 경제적이며 물질적인 생활의 향상과 노동자들을 중심으로 한 새로운 사회 질서를 세우는데 있다. 경제의 두 축인 고용주와 노동자간의 공동의 이해관계를 바탕으로 사회보장제도를 운영함으로써 노동자가 책임 있는 사회적 파트너로서의 역할을 하도록 유도하는 것이다. 적용되는 범위는 업무수행 중 발생하는 직업병과 질병에 해당하는 지원금, 정년퇴직으로 인한 노년층의 연금, 그리고 실업자를 위한 연금 등이며 이에 대한 재원은 국가 예산이 아닌 기여금으로 충당한다.

1) 사회보장제도의 종류

질병에 관한 지원

사회보장기구에서는 질병에 관한 지원을 해준다. 병원에 입원하여 치료를 받는 경우 장기간 입원 시 전액을, 한 달 미만 입원 시에는 70%의 비용을 지원해주며 의약품 구입 시 의사의 처방전에 따라 구입해야하는 약품의 경우 일정 금액을 지원해준다.

연금에 관한 지원

일정 기간 직장에 근무하고 퇴직을 한 경우 연금을 지원해 주는 제도로서 재원은 근로자의 월급에서 공제되는 금액으로 충당한다. 연금의 경우 일반 직장을 다니는 사람과 공기업에 근무하는 사람에 따라 차이가 있다. 공무원, 전기 기술자, 철도, 버스와 같은 국영기업체에 근무하는 사람과 군인 등은 특별 체제(régime spécial)로서 전자의 일반 체제(régime général)와는 차이를 보인다. 특별 체제의 경우 연금 산정 기준이 정년퇴직하기 6개월 전 월급의 평균 75%를 퇴직 연금으로 받는 반면, 일반 체제에 해당되는 사람들은 가장 높은 10년 평균 월급의 50%를 연금으로 지급받는다. 또한 퇴직 연령에서도 특별 체제의 경우 55세인 반면 일반 체제는 65세이다.[1)]

실업자에 대한 지원

6개월 이상 직장에서 근무를 하다 실직을 한 경우 실업수당을 지급하는 제도로서 직장에 근무 시 각종 세금을 제한 순수 급여의 70%를 지급한다.

---

1) 1995년 알랭 쥐페(Alain Juppé)총리가 사회보장 제도 개혁방안을 추진하였는데 그 중 특별 체제와 일반 체제를 통합하려는 시도를 하였다. 그러나 철도공사와 버스 공사를 비롯한 공공 분야 노조 등의 시위와 파업이 계속되면서 결국 실패하고 말았다.

2) 사회보장제도의 문제점

재원의 감소와 지출 증가

사회보장제도에 사용되는 기금은 원칙적으로 월급의 일정 비율을 기여금 형식으로 제하여 정립하는 방법과, 기업주들로부터 기여금 형식으로 일정 금액을 제공받는 것으로 충당된다. 그러나 최근 월급 수준이 정체되고 노동인구가 감소되는 등의 여러 가지 이유로 인해 재원을 충당하기가 어려운 상태인데 반해 실업률이 증가됨에 따라 실업수당 지급액이 증가하였다. 이로 인해 부족한 사회보장 기금의 결손을 정부의 공적 자금으로 채우려다 보니 정부의 재정 적자는 더욱 심화되는 양상을 보인다. 뿐만 아니라, 사회보장기금의 적자를 줄이기 위해 노동자 월급의 기여금 비율이 월급의 60% 이상을 차지하게 됨으로써 노동자들의 불만을 샀다.

사회 소외 계층 형성

사회보장제도의 원 취지가 노동을 중심으로 경제 활동 인구의 완전 고용이었지만 경제적 어려움 속에 이 목표가 현실화될 수 없게 됨에 따라 노동자로서 연금의 혜택을 받는 집단과 장기 실업으로 인해 혜택을 누리지 못하는 집단의 이분화 현상으로 인해 사회에서 소외계층이 늘어나면서 분열화 현상이 발생하였다.

사회보장제도에 따른 문제를 해결하기 위해 프랑스 정부는 과거 사회보장 재원을 노동자와 기업주 간의 기여금으로 충당하는 방식에서 각종 세금의 비율을 높이고 이를 사회보장 재원으로 전환하는 세금 활용 방식을 통해 재원을 충당하는 사회 기여금 방식의 전환을 비롯하여 여러 가지 개선책을 마련하고 있지만 과연 큰 효과를 거둘지는 미지수다.

2. 인구 정책

프랑스는 <국가는 있지만 민족은 없다>라는 말처럼 우리와 같은 단일 민족으로 국가를 형성하는 것이 아니라 다양한 민족들이 결합하여 이루어진 나라라고 할 수 있다. 세계 선진국이나 강대국이 되기 위해서는 일정한 수준의 국민 수를 유지해야 한다고 전문가들은 말한다. 그만큼 국가의 인구 정책은 한 국가의 생존권과도 밀접한 관계가 있을 정도로 중요한 문제로 대두되고 있다. 현재 프랑스 인구에 대한 주요 변수들을 찾아보면 다음 몇 가지로 요약될 수 있을 것이다.

1) 출산 요인

우선 출산율을 들 수 있다. 이미 오래 전부터 출산율의 저조로 인해 인구 감소라는 심각한 사회 현상을 맞이하고 있는 프랑스 정부의 입장에서 출산에 관한 문제는 인구 정책에 있어 가장 직접적이고도 중요한 사항임에 틀림없다. 조사에 따르면, 1970년 이후 출생한 여성들은 아이를 출산하지 않거나 적게 출산하기 보다는 늦게 출산하겠다는 의향이 두드러진다고 한다. 이에 대한 이유는 여러 가지가 있겠지만 먼저 사회적 진출의 기회와 사고(思考)의 변화를 들 수 있다. 과거 여성들은 사회적 활동보다는 결혼을 일찍 하는 동시에 자녀 양육에 전념하는 것이 일반적이었다. 하지만 오늘날에는 사회로 진출하여 경제적 능력을 갖추게 된 젊은 여성들의 수가 증가하였고 사회적 남녀차별에 대한 자각이 높아짐에 따라 사회적 일원으로서 남성과 평등한 권리를 누리며 일에 대한 성취욕 또한 상승하게 되었다. 따라서 사회적 활동이나 직업 활동을 왕성하게 할 젊은 나이에 아이를 출산하기 보다는 어느 정도의 사회 활동을 한 후 경제적으로 안정된 상태에서 아이를 갖겠다는 생각을 하는 여성들이 많아졌다. 또 출산 연령이 늦춰지는 요인 중 하나로 신체상의 변화를 들 수 있는데, 식생활의 변화로 인해 신체적 조건이 월등하게 나아지면서 나이가 약간 들어도 출산에 대한 부담이 줄어들었다는 것이다. 통계 자료에 따르면 가족당 출산율이 98년 1.78에서 2004년 1.92로 증가했는데 이는 출산 연령이 늦춰진 것을 감안하면 앞으로의 출산율이 조금 높아질 것으로 예상된다.

2) 사망 요인

나이에 비례하는 사망률이 점차 감소하고 있는데, 그 가장 큰 요인은 의학의 발달을 들 수 있다. 과거 수십, 수백만 명의 인명을 앗아간 페스트와 같은 전염병은 물론 치명적인 병으로 알려져 있던 많은 병들이 의학의 발달로 인해 치유됨으로써 생명을 연장시킬 수 있게 됐다. 뿐만 아니라 조깅이나 헬스를 비롯한 각종 운동을 통해 노년까지 건강 유지를 위한 꾸준한 관리를 함으로써 신체 노령화 현상이 점점 늦춰져서 사망률이 감소하고 있다.

3) 이민 인구

과거에 노동력 증가를 위해 식민지에서 노예들을 데리고 오거나 이민자들을 받아들이기 시작한 이후 매년 10만명 이상의 이민자를 받아들임으로써 이민자의 수는 꾸준히 늘고 있는 추세이다. 그러나 프랑스에서 태어난 이민자들의 2세에게 주어지는 프랑스 시민으로서의 선택권을 통해 인구를 증가시키려는 정책은 최근 이들이 사회적으로 소외계층을 형성하면서 사회적 진출에 대한 제약이 점차 많아지고 가시화됨에 따라 사회적 문제를 심각하게 야기하고 있다.

3. 출산 장려 정책

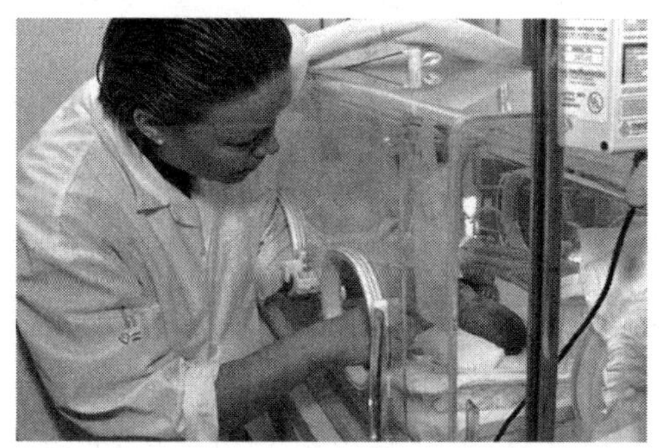

요즘 우리나라에서도 출산율의 저조로 인해 정부의 주도하에 많은 혜택을 마련, 국민들의 출산을 장려하려는 정책이 많이 나오고 있다. 프랑스의 경우 출산율의 저조 현상이 이미 오래전부터 나타나 심각한 사회문제로 부각되었고 이를 위해 프랑스 정부에서는 많은 노력을 해오고 있다. 무엇보다도 먼저 프랑스의 출산장려정책은 국가적 차원에서의 커다란 프로젝트라 할 수 있다. 아이가 태어나고 양육하는 것이 단지 그 부모에게 한정되는 것이 아니라 국가의 미래와 관련된 주요 사항이라는 기본 이념 아래 단기적이고도 일시적인 임시방편적 정책이 아닌 장기적이고도 체계적인 계획 속에 실시되고 있다.

1) 출산율의 현황

1970년부터 2002년까지 프랑스의 가족 당 출산율 통계를 살펴보면 다음과 같다.

연도	1970	1974	1975	1980	1990	1994	1995	2000	2002
(명)	2.47	2.11	1.93	1.95	1.78	1.66	1.71	1.88	1.89

위 통계에서 알 수 있듯이 출산율은 2000년부터 약간의 증가율을 보이기는 하지만 1970년 수준에는 여전히 미치지 못하고 있다. 1970년 초반까지는 이민자 수의 증가와 가족 당 출산율이 높은 편이었으나, 1975년 이후 가족 당 2명 이하로 출산율이 떨어졌을 뿐 아니라 이민자 수를 엄격하게 통제하면서 인구 증가율이 감소하였다. 게다가 출산율 또한 프랑스인들의 출산율 보다는 아랍계 이주민들이 출산율의 절반 이상을 차지하면서 출산율을 높이기 위해 마련한 각종 정부 혜택을 프랑스 국민이 받지 못하고 이주민들에게 돌아가면서 높은 세금을 내는 프랑스 국민들의 불만이 높아져 가고, 이로 인해 단지 인구 감소 문제뿐 아니라 이들 간의 갈등 또한 심각한 사회 문제로 대두되기 시작하였다.

70년대 중반 이후 출산율 저조에 따른 인구 감소에 대처하기 위해 80년부터 보다 직접적인 정부의 개입이 시작되었다. 인구감소를 억제하고 출산율을 현실적으로 높이기 위해 여성에게만 적용되었던 출산휴가를 남편에게도 적용하였고 유아지원 수당, 즉 아이가 자라면서 그에 따라 가정에서 안게 되는 경제적인 부담을 줄이기 위해 양육 보조금(AJE : Allocation pour jeune enfant)이나 아이가 교육을 받을 때 드는 비용을 지원해 주는 교육 지원 수당(APE : Allocation parentale d'éducation) 등 다양한 지원 체제를 구축하고 있다. 그러나 이런 노력에도 불구하고 2000년에 들어서도 여전히 가족 당 출산율이 2명 이하에 머물러 있어 보다 적극적인 정부 지원 활동이 계속되고 있다.

2) 출산 장려책

출산율을 높이기 위한 프랑스의 지원책은 크게 직접 지원과 간접 지원 체계의 두 가지로 구분된다.

직접 지원 정책

프랑스는 여러 가지 출산 장려를 위한 제도들을 PAJE(Politique d'Accueil du Jeune Enfant)라는 정책으로 통합해 2004년부터 운영하고 있는데, 크게 기본 지원금과 소득 또는 계층 및 선택에 관련된 추가 지원금, 그리고 양육 시스템에 대한 지원으로 구분된다.

a) 기본 지원금 지급

- 임신 지원금

임신한 모든 여성에 대해 임신 7개월에 800유로를 출산 장려금으로 지급한다. 특이한 사항은 임신한 여성이 혼인을 했건 하지 않았건 관계없이 지급한다. 이는 다분히 동거 문화가 발달한 프랑스에서 동거 중 임신할 경우 낙태할 우려를 염두에 둔 정책이라 할 수 있다.

- 출산 지원금

자녀를 출산한 후 한 명 당 매달 160유로씩 3세까지 지급한다. 2004년 1월 이전까지는 최저 임금 소득인 3,200유로 이상의 높은 임금을 받는 사람들에게는 지원금이 지급되지 않았지만 1월 이후부터 지원금 혜택 범위를 늘려 월 소득이 4,600유로 이상인 가족에게도 지원금을 지급하고 있다.

b) 추가 지원금 지급

- 양육비 지원

6세까지의 아이를 가진 저소득층의 근로 여성에 대해 소득 중 일정 부분을 양육비용으로 지원해주는 제도인데, 주로 아이를 탁아소에 보내거나 사람을 고용하여 아이를 돌보는 두 가지 경우 중 하나를 선택하여 이에 사용되는 양육비용을 일부 지원해준다. 소득 구분에 따라 탁아소의 경우는 8.9∼10.7%를 지원하며 사람을 고용하는 경우 14∼

28%까지 지원해 준다.

- 직업 활동 선택 지원

3세까지의 자녀 교육을 위해 부모 중 한 사람이 직업 활동을 포기하는 경우 월 340유로씩 6개월간 지원해 주는데, 자격은 2명의 자녀가 있는 경우 최근 4년간 최소 2년 이상 취업을 했거나 3자녀의 경우는 최소 5년간 2년 이상의 취업 경력이 있어야 한다.

- 산후 조리 지원

첫 자녀가 출산한 경우에 한해서 법정 휴가 이후 6개월 동안 340유로의 보조금을 지급한다.

c) 양육 시스템 지원

- 탁아소 시설 지원

2만 명 이상의 어린이를 수용할 수 있는 국립 탁아소를 2억 유로가 넘는 예산을 투자하여 설립하였다. 사립 탁아소를 만들 경우 갖가지 혜택을 부여하는 정책을 통해 사립 탁아소의 창설을 적극적으로 지원해준다.

- 기업에 대한 지원

가족 수가 많은 직원 가족에게 혜택을 부여하는 기업에 대해 기업 내 보육시설을 만드는데 들어가는 설치비용 중 60%에 해당하는 세금을 감면해준다.

- 육아 보조원에 대한 지원

3세대에서 3명 이상의 아이를 기르는 육아 보조원을 정규직 근로자로 인정하여 근로자로서의 노동 계약이나 휴가, 연금, 의료, 산업재해 등 정규 근로자로서의 법적 권리를 부여한다. 또한 육아 보조원 자격증을 발급하여 지위를 향상시킨다.

간접 지원 정책

직접적인 장려 지원책 이외에 일반 가족 정책 차원에서 자녀수가 많은 가정이 혜택을 볼 수 있도록 법 또는 제도적 장치를 구비하고 있다. 원래 프랑스의 정책은 기본적으로 자녀가 많을수록 더 많은 경제적 지원과 사회적 혜택을 주는 것을 원칙으로 하고 있다.

a) 가족 보험

- 가족 수에 따른 가족 보험 혜택

2명 이상의 자녀가 부모와 함께 거주하는 경우 20세까지 가족 수당을 지급한다. 이 밖에도 2자녀를 가진 가정의 경우 월 115유로 정도, 3자녀인 경우는 262유로 정도를 지급한다. 3자녀 이상의 경우는 1명이 추가될 때마다 147유로 정도를 정부로부터 지급받는다.

- 월급 추가 혜택

자녀의 나이에 따라 월급에 대한 추가 급여가 지급되는데 11~16세의 경우 월 32유로 정도이고 16세 이상인 경우에는 57유로 정도를 혜택 받는다.

b) 세 금

- 각종 세액 혜택

자녀가 2명인 경우의 가족은 자녀가 21세가 될 때까지 한 자녀 당 10%의 주거세에 대한 세금의 혜택을 받으며 셋째 자녀부터는 한 자녀 당 15%의 세율 혜택을 받는다. 또한 소득세의 경우, 세입 단위를 개인이 아닌 가정 단위로 하며 부양가족 수에 따라 세금을 결정한다.

이처럼 출산 장려를 위한 직, 간접 지원책 이외에도 임신 6개월 후에 발생하는 의료비, 입원비, 치료비는 전액 국가에서 부담한다. 또한 불임치료를 위한 경비 역시 의료보험에서 다 부담하는 등 지원을 아끼지 않고 있다. 또한 임신 시 법정 휴가의 경우도 자녀수에 따라 차이를 두어 아이를 많이 낳을 수 있도록 적극 장려하고 있다. 입양을 하는 가정에게도 일정 기간 동안 지원금을 주고 있다.

결국 출산 장려를 위한 프랑스 정부의 노력은 자녀의 출산 문제가 가정에만 국한되는 것이 아니라 국가적 차원에서 다루어야 한다는 정부의 목표 아래 적극적인 경제적 지원을 통해 실시되고 있음을 알 수 있다. 이 문제를 타결하기 위해 정책과 이념을 달리하는 정당 간에도 최대한 협력한다.

4. 인구 고령화에 대한 정책

공원에서 삐땅끄를 하고 있는 노인들

의학의 발달로 인해 인간의 수명이 연장됨에 따라 인구 고령화는 이제 하나의 사회적 현상으로 자리 잡고 있으며 노인문제를 비롯한 많은 해결해야 할 사항들이 현실적으로 매우 시급한 상황에 이르렀다. 프랑스 역시 예외는 아니어서 2000년 현재 프랑스 전체 인구 약 6천만 명 중 60세 이상의 고령자는 21%정도이며 75세 이상의 고령 인구는 7.7%에 달하고 있다.

1) 통계 자료를 통해 본 고령화 현상

통계자료에 따른 프랑스 국민의 연령별 인구 층의 변화를 보면 다음과 같다 :

나이 / 년도	20세 미만	20~59세	60세 이상	평균 연령
1946	29.5	54.5	16.0	35.6
1950	30.1	53.6	16.3	35.3
1960	32.2	51.0	16.8	34.9
1970	33.2	48.8	18.0	34.8
1980	30.6	52.4	17.0	35.7
1990	27.8	53.2	19.0	36.9
2000	25.6	53.8	20.6	38.7

위의 도표에서 알 수 있듯이, 1946년과 비교하여 약 50년이 지난 2000년 통계에 따르면 20세 미만과 20~59세까지의 인구는 줄어든 반면 60세 이상의 나이를 가진 인구는 증가하였고 평균 연령 역시 높아졌다. 이것은 곧 국가의 경제 생산력에 주축이 되어야 할 경제 활동 인구는 감소한 반면 비경제력 인구로 분류되는 인구의 수가 증가하였다는 것을 의미한다.

또한 1950년과 50년이 지난 2000년 사이 60세 이상 노인의 인구수는 670만명에서 1,210만명으로 증가하였고 75세 이상의 인구는 420만명에서 1,160만명으로, 85세 이상의 인구는 130만명에서 480만명으로 증가하였다. 이렇듯 고령 인구의 수가 증가하면 정부의 입장에서는 노인 복지에 관한 문제와 연금 문제 등 심각한 상황을 맞게 될 수 밖에 없다.

2) 인구 고령화 정책

1980년까지 프랑스 정부는 인구의 노령화 현상에 대해 그다지 심각하게 생각하지 않았다. 그저 프랑스 인구의 60세 이상의 고령자가 늘어나는 것을 하나의 사회적 현상이 아닌 출산율 저조로 인한 상대적 증가로 판단했다. 그뿐 아니라 당시 급격한 실업자 증가에 따른 심각한 문제가 대두되자, 젊은 연령층으로 하여금 직장을 얻을 기회를 많이 갖도록 하기 위해 기존의 직장인들에 대한 조기 명예퇴직을 권장할 정도였다. 조기 명예퇴직에 대한 연금 문제 역시 당시만 해도 큰 문제가 되지 않았다. 그 이유는 당시 연금 제도는 직장을 다니면서 납입했던 돈을 적립하였다가 퇴직을 하고 나서 타는 것이 아니라 퇴직을 하는 당시 직장인들의 월급에서 퇴직자들에 대한 연금을 지급하는 방식이었기 때문이다. 게다가 뒤늦게 여성들의 사회진출이 늘면서 직장여성의 수가 많아졌기 때문에 이들로부터 받은 돈은 연금 재정에 큰 보탬이 되었다. 그러나 90년대에 들어서면서 평균 수명이 늘어나고 출생 장려 정책으로 인해 출산율이 높았던 시대에 사람들이 정년 퇴직을 함에 따라 이들에 대한 연금 문제와 노후 대책에 관련한 문제들이 심각하게 대두되었다. 이로 인해 95년 연금 제도를 개혁하려던 알랭 쥐페(Alain Juppé)를 중심으로 한 내각이 노조와 충돌하여 실각하는 문제까지 생겼다.

현 프랑스 정부가 노령화 연령의 사람들을 지원하는 정책을 살펴보면 우선 금전적 지원을 들 수 있다. 혼자서 경제적 자립을 할 수 없는 노인들에게 생활하는데 있어 필요한 금액을 일정 부분 지원해주며 신체적 혹은 정신적 장애 때문에 가족의 도움이 필요한 노인을 돌보기 위해 직장을 그만둔 자녀에게도 지원금을 주며 75세 이상의 노인을 부양하는 가족에게도 지원금을 지급하고 있다. 이 밖에도 양로원이나 노인성 정신 장애자를 위한 시설 확충과 각종 무료 이용권 등의 서비스를 제공하고 있고, 현재 프랑스에서 대부분의 고령층들이 본인의 주거지에 살고 있다는 점을 고려하여 주택에 대한 보조금 역시 지원해주고 있다.

제 7 장

프랑스의 사법제도

1. 형사법원

프랑스에서 법과 관련된 기관으로는 크게 사법부, 집행부, 그리고 검찰을 들 수 있다. 편제상으로 사법부는 집행부 즉 법무부에 소속되어 있지만 사법적인 기능은 독자적이라 할 수 있다.[1] 프랑스 법원은 최고 재판기관으로 대법원이 있으며 그 하급기관으로서 고등법원, 가장 낮은 단계의 지방법원으로 구성되어 있다.

프랑스의 형사법원은 수사법원과 판결법원으로 크게 구분되는데 수사법원이란 판결받는 사람의 인권을 고려하여 만든 것이라고 생각하면 된다. 형사재판을 받는 다는 것 자체가 무죄와 유죄의 판결 결과를 떠나 그 자체로서 피고인에게는 정신적 압박감을 줄 뿐 아니라 앞으로의 사회 활동을 하는데 있어 여러 제약을 가져올 수 있기 때문에 피고인으로서 판결을 받기 전 그 타당성을 다시 한번 조사하고 확인하는 절차를 갖게 되는 것이다.

---

1) 법무부의 수장인 법무부 장관이 편제상으로는 사법의 총책임자로 되어 있긴 하지만 실제 형에 관계되는 재판은 판사가 집행하며 집행부는 판결에 영향을 미칠 수 있는 어떠한 행위도 할 수 없다는 점에서 사법부의 독자성을 부여하고 있다.

1) 수사법원

수사법원은 2단계로 구성된다.

1단계 : 예심판사

범죄의 경중에 따라 예심판사의 개입 여부가 결정되는데 일반적으로 가벼운 범죄에 대한 것은 거치지 않고 사건이 복잡하거나 중죄의 경우에만 개입하는 것이 관례이다.[2] 예심판사가 가지고 있는 권한은 다음과 같다 :

a) 수사권

수사권이란 혐의자를 심문하고 참고인들의 진술을 들으며 문서의 압수, 수색 등의 행위를 일컫는데, 혐의자에게 영장(mandat)[3]이라는 형식을 통해 강제권을 행사할 수 있다.

b) 판결권

판사의 자격으로 사법적 결정인 판결권을 갖는데 범죄가 인정되지 않은 경우 불기소결정을 내리는 반면 범죄가 인정된다고 판단되는 경우 기소결정을 내릴 수 있다.

---

2) 범죄는 벌금형(contravention), 경죄(délit) 그리고 중죄(crime)로 구분되는데 위경죄는 또 38유로에서 1,500유로, 최고로는 3,000유로까지에 해당하는 벌금을 무는 죄로서 5가지로 구분된다. 4가지의 경우는 벌금으로 그칠수 있지만 1,500유로에서 3,000유로까지의 벌금을 받을 수 있는 죄의 경우는 5번째에 해당하는 것으로서 반드시 법정에 출두해야 한다. 경죄의 경우는 벌금형과 중죄 중간에 해당하는 죄로서 흔히 경범죄(délinquant)라고 말하고 있지만 구분을 한다면 최고 10년까지 감옥소에 수감할 수 있다는 점에서 중죄에 더 가깝다고 할 수 있다.

3) 영장은 한 사람이 또 다른 사람에게 사법적 행위를 할 수 있는 권리를 의미하는 것으로서 소환 날짜를 정해주고 혐의자가 직접 출두하게 하는 출두 영장과 강제 동행을 목적으로 하는 동행 영장, 그리고 구치소에 구금할 수 있는 구금영장, 혐의자의 도주 우려가 있는 경우 발부되는 체포영장이 있다.

2단계 : 고등법원 형사 결정부

3명의 고등법원 판사로 구성되며 재판장급의 판사가 부장이 된다.

a) 감독권

예심 판사의 수사 또는 결정에 대해 감독권을 행사한다. 구체적으로 예심판사의 수사행위에 대한 감독권을 가지고 있어서 수사가 적법한 절차에 의해 행해졌는지를 감독한다.

b) 수사 및 심사 임의권

고등법원 형사 결정부는 중죄의 사건을 제외하고는 스스로 사건 수사를 하지 않으며 예심 판사의 수사 또는 결정에 대해 불복할 경우 이를 수사 또는 심사한다.

2) 판결법원

판결법원이란 기소된 사건에 대해 죄의 유무를 결정하는 법원으로서 죄에 따라 관할 법원이 구분된다.

1심 법원

위경죄와 경죄를 재판하며 2심에 의거한다.

2심 법원

1심법원에서 운전면허증의 정지나 취소 또는 벌금이 과하다고 판단해서 항소할 경우 재판을 담당한다.

중죄 법원

국민주권과 정의의 상징인 법원으로서 다루는 범죄가 중요하고 판결 또한 중형이다. 각 도의 도청에 설치하며 3개월을 회기로 개정된다. 재판부는 3명의 직업 판사와 9명의 배심 재판관으로 구성되는데 이들은 도 선거인명부에서 무작위로 선발한 후 부적격자를 제외시키고 부적격자의 수만큼 다시 무작위 선발하는 식으로 선정한다.

3) 특별재판 법원

주로 미성년자에 관한 판결을 담당하는데 범죄의 특수성을 고려해 특별 판사와 특별검사로 구성된다.

4) 대법원

사법재판의 최고 재판소로서 최종판결을 내리는 곳이며 하급 법원들을 감독하며 소송사건 자체가 아닌 하급 법원들의 법률 해석에 대한 판결 자체를 심사한다.

2. 검찰제도

프랑스의 검찰부는 법적으로는 법원에 속해 있으나 검찰의 고유 업무에 대해서는 독립성을 지닌다.

1) 검찰의 특징

독립성

법원은 소추권을 가지고 있지 않으며 사건에 대한 공소 제기는 검찰의 고유 권한이다. 따라서 공소 제기에 관한 한 법원의 간섭을 받지 않으며 독립적인 결정권을 갖는다.

상명하복

검찰은 상급 기관에 대한 명령과 지시를 받아야 하는데 다음 두 가지 한계가 있다.

a) 검사장의 고유 권한

"검사장은 모든 형사법규 위반에 대한 수사와 소추에 필요한 일체의 행위를 할 수 있다"는 형사소송법 제 41조 1문에 따라 검찰청장은 법률상 상급자인 법무부 장관의 명령을 받지 않고 공소를 제기할 수 있다.

b) 발언권의 자유

검사는 법정에서 구두문답의 경우 자신의 법적 확신에 근거한 다른 논리를 전개할 수 있다.

2) 검사의 권한

수사권

검사는 고소, 고발, 진정 사건뿐 아니라 범죄 수사 및 소추에 필요한 모든 행위를 지휘 감독한다. 이에 따라 공권력 발동, 보호유치 기간의 연장 승인, 동행영장 발부권을 가진다.

공소권

공소제기 권한을 가지고 있는데 이를 위해 검사는 실제로 범죄 행위가 존재하는 지와 범죄 혐의자에게 형사 책임이 있는지를 심사하고 그 후 공소 제기의 타당성을 심사한다.

제 8 장

프랑스의 미술

프랑스의 미술

'프랑스' 하면 제일 먼저 떠오르는 것이 '예술의 나라'라고 할 정도로 건물에서부터 회화나 조각 작품에 이르기까지 예술혼이 살아 숨쉬고 있다.

루브르 박물관은 영국의 대영 박물관과 함께 세계 2대 박물관으로서 그 규모가 엄청나며 너무나 잘 알려져 있는 모나리자, 밀로의 비너스 등 소장되어 있는 작품들 모두 최고의 걸작이라 해도 손색이 없다. 오르세 미술관 역시 밀레의 「만종」을 비롯하여 미술 분야에서 다양한 양식을 보여주는 걸작품들을 소장하고 있어, 각 시대별 미술사의 흐름을 쉽게 알아볼 수 있다. 이 장에서 우리는 미술사에서 중요한 자리를 차지하고 있는 화가들의 대표적 작품들을 골라, 그 성격과 특징을 짚어보고자 한다.

1. 장 앙투안느 와토 (Jean-Antoine Watteau)

<시테르섬의 순례 (Pélerinage à l'île de Cythère ou L'Embarquement pour Cythère)>

로코코 양식의 미술을 대표하는 화가인 장 앙투안느 와토(Jean-Antoine Watteau)는 1684년 발랑시엔느(Valenciennes)에서 태어났다. 그의 생애에 대해 알려진 것은 많지 않은데 알콜 중독에 성격까지 포악한 목수인 아버지 밑에서 불행한 어린 시절을 보낸 것으로 전해진다.

이 그림은 와토가 1717년 그린 작품으로 높이 1.29m에 폭 1.94m의 크기이다. 와토는 왕립 아카데미 미술원 회원이 되기 위해 1717년 8월에 이 작품을 제출하였다. 원래는 1712년부터 그림을 제출하도록 요구받았었는데 어째서 1717년에서야 그림을 제출했는지에 대한 이유는 아직까지 밝혀지지 않고 있다. 왕립 아카데미에서는 그림의 주제를 정하는 문제에 대해서는 와토에게 맡겼는데, 당시로서는 매우 드문 일이었다. 그 이유가 재능이 뛰어난 화가를 존중하는 의미에서 그렇게 한 것인지 아니면 연극과 품위있는 축제를 주제로 주로 그렸던 와토를 당황하게 할 의도였는지는 확인할 길이 없다. 오늘날 이 작품의 제목은 「시테르섬의 순례(Pélerinage à l'île de Cythère)」라고 불리지만 아카데미에서 이 작품에 붙인 제목은 「페트 갈랑트(fête galante : 우아한 축제)」였다. 그 이유는 신화 속에 등장하는 섬인 씨테르라는 이름을 언급하면 자칫 이 작품의 주제를 신화에서 가져온 것이라고 착각할 수 있기 때문에 당시 가장 대우를 받는 역사 화가로 분류될 지도 모른다는 생각에서였다. 18세기 말엽 이 작품은 「씨테르섬의 승선(L'Embarquement pour Cythère)」이라는 이름을 지니게 되었다. 이 그림은 와토가 살았던 필립 도를레앙 섭정 시대 (1715~1723) 당시 귀족 계급들의 생활을 담고 있다. 귀족들과 부유한 부르조아들은 루이 14세 통치 말의 엄격한 삶에 대항하는 의미로 즐거움과 자유 분방함을 추구했다. 그들은 파리뿐만 아니라 파리 근처에 세워진 휴양지에서 축제를 열거나 날씨가 화창한 날 공원에 모이는 것을 즐겼다. 그들은 조화로운 사회적 삶과 인간관계를 추구했고 와토를 후원하는 사람들 역시 이런 계층에 속하는 인물들이었다. 이런 부유 계층들은 화려한 공원에서의 나무랄 데 없는 우아함을 지니면서도 방탕하지 않는 범위 내에서의 사랑의 유희 등을 즐겼다.

그림에서 떡갈나무와 너도밤나무와 같은 나무들과 꽃들, 수면, 조각상들을 볼 수 있는데 이런 것들은 귀족들이 자주 다니던 공원들에서 흔히 볼 수 있는 요소들이다. 천연의 자연 모습이 아니라 자연에서 얻어지는 산물들을 재료로 하여 인간이 만들어낸 것들을 섞은 느낌이다. 금색의 꽃 화환들, 비너스 조각상과 배 끝에 설치되어 있는 그리스 로마 신화에 나오는 사티로스 조각상들은 이 정원 예술을 더욱 빛내주고 있다.

그림에 등장하는 사람들이 입고 있는 옷들은 귀족 계급들의 이러한 생각을 반영이라도 해주는 듯 화려한데, 와토는 유행에 민감한 옷의 재료가 되는 비단이나 사틴이라는 고급 천에 빛의 반영을 주고 있다. 예를 들어 여인들은 당시 유행하던 스커트를 넓게 퍼지게 하기 위해 살대를 넣은 페티코티로 둥그렇게 부풀어 오른 흰 색의 속치마를 받쳐 입고 색채가 화려한 옷과 여성용 긴 윗도리를 입고 있다. 남자들은 짧은 바지와 명주로 된 긴 양말을 착용하고 있으며 머리에는 펠트 모자를 쓰고 있다. 또한 생동감 있는 색의 웃옷과 짧은 바지는 커다란 어깨걸이와 대조를 이룬다. 그림의 인물들은 마치 춤을 추는 것 같은 인상을 주고 있는데 허리를 흔들며 우아하게 걷는 모습으로부터 그림 속의 선들은 조화를 이루며 하나의 원을 형성하고 있다. 그림 속의 인물들은 마치 고전 무용수들이 하는 것처럼 각 손가락의 곡선을 통제하는 것처럼 보인다. 이러한 아라베스크 동작은 그림 전체를 지배하면서 커다란 조화를 창조해내고 있다. 그림 오른쪽에 있는 동상은 아프로디테 또는 비너스로서, 비록 팔은 없지만 숙이고 있는 머리와 감긴 눈이 마치 이 신비스런 장소에서 사랑의 활력을 말하는 듯 살아있는 생생한 느낌을 주기에 충분하다. 그림 속에서 우리는 신화에 등장하는 또 다른 인물을 찾아볼 수 있는데 바로 사랑의 신으로 알려져 있는 에로스이다. 등에 날개가 있고 손에 활과 화살을 든 모습에서 에로스임을 쉽게 알 수 있는데 자세히 살펴보면 비너스 조각상의 초석 반대에 화살이 들어있는 화살통이 놓여져 있다. 그리고 첫 번째 커플의 오른쪽에 있는 아이는 또 다른 화살통 위에 앉아 젊은 여인의 옷을 잡아당기고 있는데 이는 그녀와 사랑하는 남자가 그녀의 귀에 사랑의 밀어를 귓속말로 속삭이는 동안 그녀가 그 남자와 부드러운 사랑에 빠지게 하려는 듯하다.

이 그림에서 보다 은밀하게 암시되고 있는 것은 다름 아닌 바로 사랑으로서 꽃말이 <사랑>이라는 의미를 담고 있는 장미들이 이를 상징하고 있다. 비너스 여신의 받침돌을 둘러싸고 있는 매듭은 사랑의 결합에 대한 또 다른 상징적 표현이다. 또 사랑의 관계를 상징하는 붉은색의 리본 또한 사랑을 나타내는 상징적 요소라 할 수 있다. 그리고 플로랑스 지방의 춤을 추고 있는 연인들 한 가운데에 있는 조그마한 개는 서로 사랑하는 사람들의 기쁨이나 쾌락을 표현한다.

그림의 제목이기도 한 「순례」는 이 작품 속에서 어떻게 표현되고 있을까? 그림 오른쪽 아래에 있는 사람들은 사랑의 여정을 떠날 준비를 하고 있는 듯 보이는데 이들은 손에 지팡이를 든 순례자로 표현되고 있고, 모든 남자들은 순례의 길을 떠나는 듯 지팡이를 지니고 있다. 맨 오른쪽에 있는 남자는 옷에 사랑의 순례자의 상징인 서로 교차하는 두 개의 화살에 꽂힌 하트를 달고 있다. 그림 앞쪽에는 버려진 지팡이 이외에 이 즐거운 순례 여정을 상징하는 물건이 있는데 그것은 신짜 순례자가 물을 담아두는 호리병으로서 이 그림에서는 이 호리병이 사랑의 미약을 담고 있는 듯하다.

순례는 공간의 흐름 속에서 진행되고 있다. 우리는 이 그림의 인물들이 오른쪽에서 왼쪽으로 이동하는 듯한 느낌을 받는다. 이 그림 속의 여러 커플들은 사실 하나의 커플이 움직이고 있는 각각의 다른 상태일 것이라는 생각을 갖게 한다. 또한 오른쪽에서 세 번째에 있는 커플의 남자의 다리를 보면 왼쪽 발이 살짝 들려져 있어 걷고 있는 모습을 표현하고 있는데, 이는 곧 움직임을 보여주는 것이다.

2. 루이 다비드 (Louis David)

<호라스인들의 맹세 (Le Serment des Horaces)>

신고전주의 학파의 거장인 루이 다비드는 1748년 8월 30일 파리에서 태어났다. 유명한 화가였던 부쉐(Bouché)의 제자로서 1766년 고전주의 복고풍의 대표 화가였던 조셉 마리 비엥의 화실에서 그림 공부를 했다. 그리고 로마에서 그림 공부를 하면서 그는 진정한 고전주의 예술에 심취하게 된다. 1784년 파리로 돌아온 그는 앙지빌리에 백작을 위해 「호라스인들의 맹세」를 그리는데 이것은 푸생의 고전주의풍의 그림과 유사하다. 푸생의 그림보다는 좀 더 엄격한 요소들이 포함되어 있는데 예를 들면 조국에 대한 사랑, 영웅주의와 같은 내용을 주제로 로마 신화에서 발췌한 그림들이 많다. 다비드는 이런 주제를 통해 혁명 당시 공식 화가로 인정을 받았다. 그는 또 혁명의 주도자

중 하나였던 로베스피에르와의 친분으로 정치에도 참여하였다. 그 후 다비드는 공화정 시대에 「나폴레옹의 대관식」이라는 대작을 그리면서 당대 최고의 화가로 인정받는다.

「호라스인들의 맹세(Le serment des Horaces)」는 1784~1785년 자크 루이 다비드(Jacques-Louis David)가 로마에서 그린 작품이다. 높이 3.30m, 폭이 4.24m에 이르는 대작으로서, 루이 16세의 요청에 의해 그렸으며 오늘날 파리의 루브르 박물관에 소장되어 있다.

이 작품은 역사적인 사실에 근거한 작품으로 맹세를 표현하고 있다. 세 명의 호라스 형제들이 인근에 살고 있는 경쟁자인 퀴리아스(Curiace)인들과 벌이는 전쟁에서 승리 아니면 죽음을 맞을 것을 맹세하는 장면이다. 그림의 배경은 로마의 어느 마을로 그림 안쪽에서 우리는 로마풍의 아케이드를 볼 수 있다. 자신들의 조국을 지킬 것을 맹세하는 세 명의 형제와 이들의 아버지와 어린 두 손자, 그리고 그들의 어머니가 있다. 그리고 퀴라스인과 약혼한 이들의 누이동생인 카미유(Camille)와 호라스인과 약혼한 퀴라스 출신인 사빈느(Sabine)가 고통으로 신음하고 있다. 세 명의 형제들은 오른쪽 발과 손을 아버지를 향해 뻗고 있고, 이들의 아버지는 왼손에 세 아들의 칼을 잡으며 맹세를 하게 한다. 카미유와 사빈느는 눈물을 흘리고 있고 어머니는 두 명의 손자들을 보호하고 있다.

이 그림은 크게 4개로 구성되어 있다.

a) 세 명의 호라스인 형제들과 이들의 아버지
b) 카미유와 사빈느
c) 어머니와 손자들
d) 그림 안쪽에 있는 로마풍의 아케이드

a), b), c) 세 개의 구성이 이 그림의 주요 공간을 차지하고 있는데 이 주요 색깔은 붉은색, 베이지색, 갈색, 검은색 그리고 밤색이다. 왼

쪽으로부터 들어오는 빛은 세 자루의 칼과 아버지의 얼굴, 그리고 여인들을 비추고 있다. 공간은 기하학적으로 매우 잘 구성되어 있으며 원근법을 사용하여 칼과 기둥 그리고 타일 바닥을 표현하고 있고 전체적인 색채는 어둡다. 그림에서 붉고 흰색의 천을 제외하고는 어두우면서 엄숙한 분위기를 자아내고 있다.

5개의 기둥의 수직선들은 빛의 밝기에 따라 색 밀도가 차이가 나는데, 이 그림의 등장인물들의 위치를 구분하고 있다. 즉, 왼편에 젊은 호라스인들과 가운데 그들의 아버지, 그리고 오른편의 여인들로 그림 전체를 삼등분하고 있다. 여기에서 눈여겨 볼 수 있는 점은 남자들의 경우는 기둥의 수직선들로 이루어진 공간 속에 포함되어 있는 반면, 맨 오른편에 앉아 있는 젊은 여인의 경우 수직선에서 벗어나고 있다는 점이다. 그리고 계단 옆에 있는 기둥의 수직선과 맨 오른쪽 기둥의 수직선은 여인들의 육체를 관통하고 있는 형태로서 마치 여인들의 고통을 암시하는 것 같다. 또한 네모난 바닥들로 이루어진 수평선들은 관객으로부터 이 장면의 생생함을 느끼도록 해준다. 구체적으로 그림의 등장인물들은 그들의 구조적 위치(오른쪽과 왼쪽)와 더불어 두 번째 수평선 안에 다 들어와 있는데 이는 관객들로 하여금 연극배우들이 무대 위에서 관객을 의식하면서 연기를 하고 있는 듯한 생동감과 입체감을 부여하고 있다. 이 그림이 고대 로마의 모습을 그리고 있다는 것을 보여주는 증거는 의상, 칼, 샌들, 투구, 창 그리고 로마풍의 아케이드이다.

3. 앵그르 (Jean-Auguste-Dominique Ingres)

<스핑크스의 수수께끼를 설명하는 오이디프스>

다비드와 함께 신고전주의의 대표 화가인 앵그르는 낭만주의 그림과는 반대로 사실적인 묘사에 중심을 둔 고전주의 화풍을 고집하였다. 주로 여인들의 나신을 주제로 한 관능미를 표현하는 그림을 많이 그렸는데, 특히 그가 1862년에 그린 높이 1.08m에 폭 1.10m의 그림인 「터키 목욕탕 그림」은 가히 충격적이었다. 1848년 앵그르에게 하렘의 이 장면을 의뢰한 사람은 빅토르 나폴레옹(Victor prince Napoléon) 왕자였다. 1859년에 이 작품은 빅토르 나폴레옹 왕자에게 전해졌는

데 왕비는 이 그림을 보고 충격을 받아 화가에게 되돌려 보냈다고 한다. 앵그르는 말년에 나신과 동양이라는 주제를 결합시키면서 하렘의 이 장면과 함께 가장 에로틱한 그림을 그렸다.

위의 그림은 앵그르가 1808~1827년에 걸쳐 그린 높이 1.87m에 폭 1.44m의 유화이다. 이 그림을 그리기 시작한 것은 1808년이었는데 당시에는 로마에 있는 프랑스 아카데미의 연구생이 되기 위한 테스트용 그림이었던 것을 1827년 살롱전에 전시하기 위해 다시 손을 보았다.

이 그림은 우리에게 잘 알려져 있는 스핑크스와 오디프스와의 이야기를 그린 것이다. 스핑크스는 지옥의 괴물로서 어머니의 에치다(Echida)를 닮아 여자의 얼굴과 가슴을 지니고 있고, 아버지인 티퐁(Typhon)을 닮아 뱀의 꼬리를, 누이인 치메르(Chimère)를 닮아 사자의 몸을 지니고 있으며, 다른 누이인 하르피(Harpies)를 닮아 날개를 지니고 있다. 섬의 왕이었던 레오스(Laios)가 크리스포스(Chryssipos)를 납치한 것에 대해 분노한 헤라 여신이 스핑크스를 테베(Thèbes)로 보낸다. 스핑크스는 여행자들이 이 도시로 들어오는 것을 금지시켰다. 그는 바위 위에 앉아 테베로 들어오길 원하는 모든 사람들에게 수수께끼를 냈고 대답을 못하는 경우 즉시 잡아먹었다. 테베섬의 여왕이 된 크레옹(Créon)은 괴물로부터 도시를 해방시켜주는 자와 결혼을 하겠다고 공표한다. 마침 그곳을 지나던 오이디프스는 스핑크스와 부딪히게 되는데 괴물은 그에게 <아침에는 다리가 네 개이고 점심엔 두 개, 그리고 저녁엔 세 개가 되는 동물은 무엇인가?>라고 질문을 했다. 오이디프스는 조금의 주저함도 없이 <그것은 사람이다. 어린아이는 네 발로 걷고 성인은 두 다리로 서서 걸으며 노인은 걷기 위해서 지팡이에 의지해야 한다>라고 답하였다. 자신보다 더 심술궂은 자를 만났다는 것에 대해 너무도 화가 난 스핑크스는 바위 끝에서 떨어져 자살을 하게 된다. 그래서 오이디프스는 여왕과 결혼을 하고 테베의 왕이 된다.

그림을 보면 바위와 가파른 전경 속에 그리스 신화에 나오는 인물인 오이디프스가 알몸으로 스핑크스와 맞서고 있다. 얼굴과 가슴은 여자고 사자의 몸과 새의 날개를 지닌 이 괴물은 동굴의 어두운 부분에 자리 잡고 있다. 그림의 바닥에는 인간의 뼈와 부러진 다리가 스핑크스의 질문에 답을 하지 못했던 사람들의 운명이 어찌 되었는지를 짐작하게 해준다. 그림 뒤쪽에는 오이디프스의 동료가 스핑크스를 보고 놀라 도망가고 있다. 그리고 그 동료 뒤에 테베 도시가 계속 발전되고 있음을 멀리 보여준다.

4. 외젠 들라크루아 (Eugène Delacroix)

<민중을 이끄는 자유의 여신 (La Liberté guidant le peuple)>

프랑스 낭만주의 학파의 대표 화가인 외젠 들라크루아는 1798년 4월 26일 파리의 남동쪽에 있는 샤랑통 생 모리스에서 태어났다. 들라크루아의 회화 기법은 아카데미 미술의 규범들과는 근본적으로 다르다. 들라크루아는 육체에 양감을 부여하고 그림 내부에 흐르는 은밀한 분위기를 창조하기 위해 색을 사용하며, 무엇보다 색 자체가 지닌 표현적 가치를 중시한다. 주제의 독창성 뿐 아니라 기법적인 측면에서 「단테의 조각배」는 들라크루아가 대중과 비평가들 사이에서 두각을 나타내게 되는 계기가 되며, 후에 그린 「키오스 섬의 학살」, 「민중

을 이끄는 자유의 여신」 등에 나타나는 회화적 탐구의 방향을 예고한다. 그로쓰(Gros)는 「키오스 섬의 학살」을 "저주 받은 루벤스"라고 불렀는데 그 이유는 풍부한 색채와 양감, 관능적 형태 등으로 유명한 루벤스 그림이 인간 육체에 대한 낙관적인 찬가를 보여주고 있는데 비해, 들라크루아는 루벤스처럼 관능적이고 화려한 기법을 사용하면서도 주제에 있어서 고통받는 지옥을 다루었기 때문이다.

「민중을 이끄는 자유의 여신」이라는 제목의 이 그림은 프랑스 역사의 한 페이지를 장식했던 <영광의 삼일(les Trois Glorieuses)>이라는 역사적 순간을 생생하게 지켜보았던 들라크루아의 걸작 중의 하나이다. 1830년 7월 27~29일에 걸쳐 파리에서 일어난 민중 봉기로서 제 2왕정 복고시대의 정부가 헌법을 위반한 것에 항의해 자유 공화당원들이 일으킨 <영광의 삼일 (les Trois Glorieuses)> 혁명은 프랑스의 부르봉 왕조의 마지막 왕인 샤를르(Charles) 10세를 무너뜨리고 그 자리에 오를레앙의 공작인 루이 필립(Louis Philippe)을 옹립하게 된다. 이 사건의 생생한 증인이었던 들라크루아(Delacroix)는 이것을 주제로 그림을 그렸다.

프랑스 혁명 당원이 쓰는 붉은색의 프리지아 모자를 쓰고 손에 총과 칼을 든 격앙된 분위기에서 승리의 함성을 지르는 듯한 군중들 앞에 깃발을 들고 있는 자유의 여신을 의미하는 여인을 묘사하는 이 그림은 1789년 프랑스 혁명을 상기시킨다.

그녀의 오른손에 들려 있는 투쟁의 상징인 파란색, 흰색, 붉은색의 삼색기는 어두운 색채에서부터 뒤쪽으로 파동치듯 점점 밝아지는 양상을 보인다. 바람에 날리는 듯한 치마 끝자락과 천으로 된 이중 혁띠로 묶고 있는 그녀가 입고 있는 노란색의 의상은 어깨에 주름을 넣은 고대의 드레스 의상을 연상시킨다. 그리고 가슴 아래로 미끄러진 겨드랑이의 체모(體毛)를 볼 수 있는데 이것은 가슴이 드러난 여인들의 피부와 육체를 그렸던 전통양식의 관점에서 보면 천하다는 느낌을 준다. 그리스인들의 얼굴 윤곽과 같은 곧은 코 그리고 인자한 인상을 주는 입, 섬세한 턱과 이글거리는 듯한 시선 등은 「알제리의 여인들(Les femmes d'Alger)」의 모델을 연상시킨다. 남자들 가운데 있는 유일한 여성으로서 오른쪽의 남성들을 향해 고개를 돌리고 있는 그녀는 흥분한 군중들을 마지막 승리로 격려하고 있다. 어두운 색깔의 그녀의 오른쪽 허리는 뒤에서 뭉게뭉게 피어오르고 있는 연기로 인해 부각되고 있다. 치마 밖으로 나온 왼쪽 맨발이 앞으로 전진하고 있는 형태와 1836년에 만들어진 보병의 총을 왼손에 들고 있음으로써 실제 전투 상황으로 돌입하고 있는 긴박감을 보여준다. 이 전투에 돌발적으로 참가하게 된 파리의 두 소년이 그림에 나타나는데, 한 명은 왼쪽에 포장용 포석을 움켜쥐고 경찰의 모자를 쓰고 눈을 번뜩이고 있다. 또 다른 한 명은 자유의 여신 오른쪽에 서 있는데 그는 귀족들이 저지른 부조리에 맞서는 젊은이의 상징이다. 학생들이 쓰는 벨벳 베레모를 쓰고 몸은 정면을 향해 있으면서 어깨에 비스듬히 몸에 비해 너무 큰 가방을 메고 손에는 기병들의 총을 쥐고 오른발을 앞으로 내딛으면서 손을 높이 들어 올려 입으로 소리를 지르고 있는 듯한 모습은 전쟁 속 군중들을 격려하고 있다. 1816년에 만들어진 기병 정예병들이 지니고 있던 칼을 들고 권총을 배에 꽂고 군주정치주의자들이 쓰던 흰 백색 휘장을 하고 붉은색의 리본 매듭을 한 왼쪽에 있는 전투원은 가슴까지 올라오는 앞치마와 바지 자락으로 미루어볼 때 공장의 노동자임을 짐작할 수 있다. 당시에 유행하던 도시에 사는 사람이나 부르주아들의 복장 중의 하나인 높은 모자

를 쓰고 폭이 넓은 바지와 붉은색 플란넬의 혁띠를 하고 두 개의 총포가 있는 사냥용 나팔총을 들고 있는 이 남자는 아마도 들라크루아 자신이거나 아니면 그의 친구들 중 한 명을 그린 것으로 추정된다. 도로에 쓰러져 피를 흘리면서 자유의 여신에게 시선을 맞추고 있는 남자는 그림의 여주인공의 옷과 같은 색깔의 노란 스카프를 머리에

쓰고 있다. 농부의 플란넬의 혁띠와 브라우스를 입고 있는 것을 볼 때, 그는 파리의 임시 노동자를 상기시킨다. 푸른색의 조끼와 붉은색의 스카프 그리고 셔츠는 깃발의 색깔과 일치한다. 화염 속을 뚫고 나오는 이 아름다운 여인의 발 아래에 깔려있는 뻣뻣하고 창백한 얼굴색의 시체들을 밀어내고 그녀를 위해 죽을 각오가 되어 있는 남자의 신념이 잘 나타나 있다.

이 그림에 등장하는 스위스 용병, 기갑 부대병, 어린 아이, 무기를 든 시민들, 여인 등은 사실에 기초하여 그린 것으로서 영광의 3일 동안 사람들이 본 인물들이다. 가슴을 드러낸 채 프리지아 모자(프랑스 혁명당원이 쓰던 붉은 모자)를 쓰고, 맨발에 옷을 입고 있는 이 여인은 물론 자유의 여신에 대한 풍자이다. 이 그림에서 생기를 불어넣고 있는 것은 평범한 외설적인 모습을 하고 있는 거리의 여인인 이 자유의 여신뿐이다. 1830년 10월 18일 들라크루아는 동생에게 보낸 편지에서 이렇게 말한다. "만일 내가 조국을 위해 승리하지 않더라도, 적어도 나는 조국을 위해 그림을 그릴 것이다."라고.

5. 장 프랑수와 밀레 (Jean François Millet)

<이삭 줍는 여인들 (Les glaneuses)>

"농촌 화가"로 익히 잘 알려져 있는 바르비종학파 중 한 사람이었던 밀레는 사실주의(réalisme) 예술운동을 대표한다. 낭만주의(Romantisme) 이후, 사실주의는 눈에 보이는 있는 그대로의 사실을 그리는 것을 목적으로 하는 한 장르로서 인간의 삶을 간결성 또는 단순함을 가지고 살아가던 대다수의 시민들의 계급이었던 농부(paysan)는 어디에서나 쉽게 접할 수 있고 그릴 수 있는 그야말로 사실주의의 주제와 딱 맞아 떨어지는 주제였다. 갈색과 대지의 색깔이 사실주의 화풍에서 주로 사용되어졌는데 사실주의의 화풍은 과장된 아름다움이나 천

박함이 없이, 주제의 진실성을 그리는데 노력하였다. 19세기 중엽은 노동자들에 대한 재인식이 시작된 때였고, 이들의 작업을 그리는데 가장 공헌을 했던 이가 바로 밀레였다.

<이삭 줍는 여인들(Les glaneuses)>은 작품의 사실주의 성향 때문에 살롱전에서 그다지 좋은 평을 받지 못했는데 그 이유는 가난한 시골의 모습을 그린 이 그림을 보고 사람들이 브루조아들에게 반감을 가질 수 있다는 생각 때문이었다.

태양이 뜨겁게 내려 쬐고 있는 들판에서 세 여자가 허리를 굽힌 힘든 자세로 가을 수확 뒤에 남겨진 이삭들을 줍고 있고 뒤쪽에는 말 탄 감독이 이들을 지켜보고 있으며, 많은 농부들이 일을 하고 있는 것으로 보아 막바지 가을 수확을 하고 있는 것을 알 수 있다. 당시, 수확 뒤에 남은 이삭을 주우려면 먼저 시로부터 허가를 받아야 했다.

이 그림에서 부각되고 있는 세 여인은 각각의 세계를 보여주고 있다. 굽은 등을 펴려고 애쓰는 세 명의 여 농부들의 모습 속에서 노동의 고통을 느낄 수 있다. 지면과 허리를 숙인 채로 있는 두 명의 여 농부들의 굽은 등은 지평선을 이루는 반면, 몸을 일으키려고 애쓰는 세 번째 여 농부의 서 있는 모습은 수직선을 이루며 대조되고 있다. 세 여인이 그림 전면에 배치되어 있고 이삭을 줍고 있다는 공통적인 모습을 보여주고 있으면서도 어딘지 모르는 차이점을 보여준다. 또한 허름하고 낡은 그녀들의 옷차림은 이들이 당시 대다수의 서민을 대변하고 있는 것 같다. 희미한 청, 분홍, 황토색의 대조는 개체적 특성을 드러내는 부분이다. 1857년 이 작품이 발표되었을 때, 비평가들의 놀라움은 대단했다. 그림 속 여인들의 모습은 간결한 부피감에 중점을 두고 있는데, 이는 마치 힘든 노동으로 단련된 모습을 느끼게 한다.

비평가들의 평도 다양하여 "이 그림에서 빈곤에 대한 성실한 탐구와 결코 허위나 과장이 아닌 자연에 대해 일찍이 호메로스나 베르길리우스가 발견했던 것과도 같은 진실하고 위대한 구절들 가운데 하나를 본다"라고 호평을 했는가 하면, "누더기를 걸친 허수아비들"이라는 제목으로 빈곤을 관장하는 세 여신이란 이름으로 혹평을 하기도 했다.

6. 끌로드 모네 (Claude Monet)

<풀밭위에서 점심식사 (Le Déjeuner sur l'Herbe)>

19세기를 대표하는 인상주의 화가들의 선두주자였던 끌로드 모네는 1840년 파리에서 태어났다. 어린 시절과 청소년 시절을 르 아브르(Le Havre)에서 보낸 그는 1858년과 1862년, 이곳에서 화가 외젠느 부뎅(Eugène Boudin)과 종킨드(Jonkind)를 만나는데 이들로 인해 모네는 야외에서 그림을 그리는 것에 흥미를 갖게 된다. 직업 화가였던 그는 그림 이외에는 다른 수입이 없었을 뿐만 아니라, 일생을 그림만을 그렸다. 르아브르에서 중학교를 다니면서부터 그는 풍자화를 그려 선생님들과 마을의 유지들에게 팔았다. 사랑하는 아내인 까미유(Camille)가 죽었을 때의 슬픔과 고통, 그리고 살아가면서 느꼈던 행

복한 순간순간들이 그에게는 그림의 테마였다. 자신의 감성을 예술작품의 형태를 통하지 않고 표현하기란 불가능하였던 그는 진정한 화가임에 틀림없다.

그의 그림은 정숙함에 조금이라도 해가 될 만한 모든 요소들을 배제한 채, 퐁텐블로 숲에서 소풍을 즐기는 우아한 모습의 사람들만을 그렸다. 긴 드레스를 입고 있는 여인들과 검은색 또는 회색의 정장을 한 남자들의 모습에서 이런 의도를 다분히 느낄 수 있다. 마네의 그림에서 나체의 여인과 비스듬히 누워있는 남자의 모습과는 대조적으로, 풀밭 위에 식탁보를 깔고 음식을 차려놓고 있는 모습과 한 부인은 모자를 매만지고 있고 그 옆에 있는 남자는 그녀에게 자리를 권하고 있는 모습이 그려져 있다. 이 그림을 위해 그는 친구인 바질(Bazille)과 랑봉(Lambon)에게 모델을 부탁하였는데 “내 작업을 도와주기로 약속하셨죠? 당신 도움이 없으면 그림을 완성할 수 없으니, 꼭 도와주길 바랍니다”라는 편지를 쓸 정도로 당시 그의 급박했던 사정을 짐작할 수 있다. 사실, 이 그림은 완성되지 못한 채 밀린 집세를 대신하여 집주인에게 저당을 잡혀야 했다. 후에 이 그림을 찾아 다시 그렸으나 지하실에 방치되어 습기를 먹은 까닭에 오른쪽과 왼쪽 부분을 잘라내야 했다. 자신의 사랑하는 아내인 까미유 역시 이 그림에 등장한다.

7. 삐에르-오귀스트 르누아르 (Pierre-Augste Renoir)

<보트놀이하는 사람들의 점심식사 (Le déjeuner des Canotiers)>

인상파 화가였던 르느아르는 1841년 2월 25일 리모즈(Limoge)에서 태어났다. 1860~1870년은 르누아르와 그의 친구들에게는 생동의 시기라고 말할 수 있는데 바로 "인상주의 화가들"이 탄생하는 시기였다. 당시 화가들이 사람들로부터 인정을 받기 위한 유일한 방법은 살롱전에 출품하는 것이었다. 그러나 공식적인 살롱전의 심사위원과 대중들은 고전주의에 사로 잡혀 젊은 화가들을 받아들이지 않았다.

1864년 르누아르는 첫 번째 작품을 출품하는데, 노틀담 드 파리에서 영감을 얻은 <에스메랄다(Esmeralda)>였다. 이 그림은 당선이 되긴 했지만 살롱전이 끝난 후 르누아르 스스로 이 그림이 잘못되었다고 생각하고 부셔버린다.

1865년 그는 살롱전에 그의 친구의 아버지인 <윌리엄 시슬리(William

Sisley)의 초상화>와 <여름의 연회 (Soirée d'été)>를 출품하였는데 두 그림 다 당선된다. 그러나 기쁨도 잠시였고 1866년 그의 작품과 친구들의 작품은 살롱전에서 낙선되고 만다. 그는 점점 더 인상주의로부터 멀어져 갔고 그의 그림 속에 인물들의 윤곽은 점점 더 구체화되었다. 그는 정확성을 가지고 그림을 그렸으며 색채는 좀 더 차가워졌는데 이런 변화를 통해 르누아르는 절대적인 회화적 예술의 탐구를 끊임없이 찾으려 했다. 이러한 그의 변화의 노력은 1881년 말엽, 뒤랑-뤼엘(Durand-Ruel)에게 "나는 아직도 탐구라는 병 속에 있다네. 나는 만족하지 못하며, 지우고 또 지우고..."라고 쓴 편지에서 잘 나타나고 있다.

이 작품은 1881년 4월에서 7월에 걸쳐 그린 그림이다. 그는 뻬르 푸르네즈(Père Fournaise) 여관에서 그의 친한 친구들을 모두 불러 이들을 모델로 그림을 그렸다. 130×173cm 크기의 이 그림을 보면 왼쪽에 알린느(Aline)가 조그마한 개와 장난을 치고 있다. 그녀 뒤에는 이 여관의 주인인 푸르네즈(Fourniase)가 난간을 잡고 서 있다. 난간에 팔꿈치를 괴고 그의 딸인 알퐁진(Alphonsine)이 등을 돌린 채 앉아 라울 바르비에(Raoul Barbier) 백작의 이야기를 듣고 있다. 오른쪽에는 화가 귀스타브 까이으보뜨(Gustave Caillebotte)가 말을 타는 듯한 자세로 의자에 앉아 배우인 엘렌 앙드레(Ellen Andrée)의 말을 비밀스럽게 듣고 있으며, 이탈리아인 기자인 마지올로(Maggiolo)가 그녀에게 기대고 있다.

이들 뒤에는 몇 명의 사람들이 집단을 이루고 있는데, 뾰족한 코의 기자 뽈 로뜨(Paul Lhote), 외젠 삐에르 레스트링게(Eugène-Pierre Lestringuez), 그리고 여배우인 잔 사마리(Jeanne Samary)가 있다.

한 가운데에는 모델인 안젤(Angèle)이 어떤 남자 옆에 앉아 술을 마시고 있고 그녀 뒤에는 재정가인 외프르씨(Ephrussi)가 높은 모자를 쓰고 있다. 그리고 저 멀리 뒤쪽에는 센느 강을 따라 돛배를 타는 사람들이 있다.

8. 뽈 쎄잔느 (Paul Cézanne)

<한 낮의 쌩 빅투와르 산>(La Montagne Sainte-Victoire au grand jour)

후기 인상파 화가였던 뽈 쎄잔느는 1839년 1월 19일 엑 쌍 프로방스(Aix-en Provence)에서 태어났다. 이 지역 귀족이었던 그의 아버지는 결혼을 하지 않은 채 세잔느의 어머니와 살다가 1839년 세잔느가 태어나자, 5년 뒤 아들로서 호적에 올렸다. 어린 시절 낭만주의 시대를 겪었으며 1872년에서 1877년 인상파 화가의 시기를 거쳤다. 그 후 이 그룹에서 떨어져 나와 마침내 그가 "약속된 땅"이라고 말하는 곳에 도달하기까지 많은 노력을 한다.

인상파의 영향을 받은 기간은 매우 적었으며 그보다는 19세기와 20세기 사이, 들라쿠르아의 낭만주의와 쿠르베의 사실주의, 그리고 다른 한 편으로는 동시대의 화풍으로부터 큐비즘까지 넓은 영역에 걸쳐 영향력을 미친다. 그는 무엇보다도 교육이 될 수 있는 그림들을 그리길 원했다. 그는 나이가 들수록 세련된 작품을 그렸으며 자연에 너무 심각하지도, 또 복종하지도 않으면서 자연을 표현하는 방법에서 누구보다 앞장선 화가였다.

클로드 모네의 수련 연작처럼 쌩 빅투아르(Saint-Voctoire)산 연작은 비현실적 형태를 통한 회화적 주제에 대한 매력을 느끼게 해주는 그림들이다. 이 연작은 시각의 시간적 운명을 포함하고 있다. 즉, 보는 것이란 임의적인 단순한 계기에 머무르지 않고 눈을 통해 추적을 하면서 대상을 선택하는데 그 이유는 연작은 변형시키는 것을 목적으로 하고 있으며 매번 화가들이 넘어야할 자연에 대한 새로운 이상론이기 때문이다.

1882년과 1887년 사이에 쌩 빅투아르 산을 그린 첫 번째 연작은 세잔느가 가장 좋아하는 소재로 남아 있는데, 그는 이 그림을 통해 고전주의에 스며든 형식에 도달하게 된다. 나뭇가지들이 일본 미술화의 색채를 모방한 장식적 의도와 함께 그림 전체에 산의 곡선을 동반하고 있는 구도를 이룬다. 섬세한 사실적 묘사가 아닌 투박한 터치(touche)를 통해 그림 전체에 움직임을 부여하여 사실보다 더 사실적인 생동감을 부여하고 있다. 또한 그림 전체 구도의 조형적 효과가 돋보이는데 정물화가 구도적인 짜임새를 통해 그림의 안정감과 균형을 이룬다는 당시 사람들의 생각과는 달리 공간적 불균형이 세잔느로부터 나타나기 시작한다. 당시에는 이런 양식을 이해하지 못했지만, 곧 이것들은 퀴비즘의 선구자인 세잔느라는 천재의 가장 특징적인 것 중에 하나가 된다.

9. 툴르즈 로트렉 (Toulouse-Lautrec)

<춤추는 무희>

로트렉은 1864년 귀족 집안에 태어나면서 귀족으로서의 안정된 생활을 보장받았다. 하지만 뼈이 이상으로 말미암아 그의 인생은 다르게 전개된다. 어려서부터 동물을 그리는 화가의 교육을 받았던 그는 말과 야성의 동물들을 그렸다. 1882년 보나(Bonnat)에게서 그림 공부를 한 뒤, 코르몽(Cormon) 아틀리에에서 반 고호를 만나게 된다. 로트렉은 반 고호의 영향을 받아 인상주의 화가들의 화법을 탐닉한 후, 1885년 몽마르트르에 자리를 잡으면서 자신만의 고유한 화법을 발전시킨다. 그는 빠른 붓 터치로 서커스, 경주, 또는 거리의 풍경을 그렸다. 1878년, 그는 자신의 집 거실의 마루에 놓여있던 그다지 높지 않은 의자 위에서 떨어지면서 왼쪽 다리가 부러진다. 그러나 그의 불행은 여기서 끝나지 않고, 1879년 8월 그의 어머니와 바레쥬(Barège)에서 산책을 하

던 도중 깊이 파인 도랑으로 굴러 떨어지면서 오른쪽 대퇴골이 부러지는 중상을 입게 된다. 이날 이후로 로트렉은 불구가 되었고 하는 수 없이 자신이 좋아하던 스포츠인 승마와 사냥을 포기하게 되었다. 로트랙은 몽마르트르에 있는 투라끄(Tourlaque) 7번지에 자신의 아틀리에를 차리고 이곳에 정착하였는데, 까페, 무도회장 등 이 동네에서 한 걸음만 나가면 발견할 수 있는 여러 장소에서 그의 그림 모델을 찾고, 그곳에서 일하고자 하는 욕망과 술에 대한 욕구를 마음껏 충족시킨다. 카바레인 밀리톤(Mirliton)에서, 그는 브뤼앙(Bruant)과 친구가 된다. 당시 그가 관심을 가지고 있었던 것은 주로 창녀들의 모습이었다. 예를 들어, <라 그로쓰 마리아(la grosse Maria)>라는 누드 그림을 보면, 한 여인이 아틀리에에서 그림을 그리는데 사용하는 여러 도구들 사이에 의자를 놓고 앉아 있다. 여인의 아름다운 몸매라기보다는 비만에 가까운 체격에서 우린 잔인할 정도의 사실주의 성향을 볼 수 있다. 그런데 아이러니 하게도 이 그림의 제목은 <몽마르트에 온 비너스>이다. 몽마르트와 같은 동네에 있는 비너스는 사실 고전주의적 의미에서 사랑과 아름다움을 상징하는 여신이 될 수는 없다는 점에서 비너스와 그녀에 대한 고전주의적 의식의 결합에 반발하는 듯한 느낌을 주고 있다.

1891년은 그가 가장 왕성하게 작품 활동을 하던 해로서 많은 작품을 그렸다. 인쇄공인 앙크루(Ancourt)와 삐에르 보나르(Pierre Bonnard)의 충고에 따라 로트렉은 인쇄화(석판화)에 손을 대기도 했는데 그의 첫 번째 포스터인 <르 물랭 루즈(Le Moulin Rouge) (La Goulue)>가 이때 나온다. 그는 죽기 전까지 약 400여점의 판화 (흑백)와 31점의 포스터를 제작하면서 새로운 예술의 장을 열었다.

제 9 장

프랑스의 문학

방랑 시인

1. 중세 문학

1) 중세 문학의 흐름

중세 문학은 중세 시대(Moyen âge) 기간(로마제국이 멸망한 5세기부터 15세기 말까지) 서양에서 만들어졌던 문학 작품 전체를 의미한다. 중세 문학은 세속적인 작품들뿐 아니라 종교적인 색채가 짙은 작품들로 이루어져 있는 만큼 그 주제가 다양하다. 또한 봉건주의 시대 지배층의 문학이며 연민, 충성심, 용맹성과 같은 그들의 이상을 반영하고 있다.[1] 봉건주의 사회 체제는 문학에서 그대로 반영되고 있는데

1) 궁정풍 연애 문학(littérature courtoise)이라 불리는 작품들은 기사도의 이상을 표현하는 동시에 새로운 개념을 포함하고 있는데 그것은 바로 사랑에 대한 서비스이다. <궁정풍 연애>라는 의미의 꾸르뚜아지(courtoise)는 영주의 궁을 나타내는 고대 프랑스어에서 유래되었다. 원탁의 기사 소설 속에 나오는 아더왕의 상상 속의 궁정은 실제 궁의 이상이 되었는데 세련된 습관이나 아름다운 언어의 사용은 마치 궁정에서 규칙처럼 의무시 되었다. 여인에 대한 충성심, 품위있게 말하고 노래하는 기교, 예의, 친절함은 한편으로 전사들의 거친 매너와 대립되었으며 또 다른 한편으로는 귀족 계급임을 나타내는 표식이 되었다. 또한 귀족들은 마음이나 영혼의 심금을 울리는 문학 쪽으로 관심을 갖기 시작하였다.

이를 입증이라도 하듯 전쟁 장면이 많이 등장하며 기독교적 신앙은 어디에나 존재한다. 12세기말부터 부르조아들이 제조업의 발전을 통해 경제적 힘을 얻게 되면서 이전까지 절대적 권력을 가지고 있던 귀족사회와 대립하는데 이런 양상은 르나의 소설(Roman de Renart)[2]에서처럼 좀 더 풍자적이면서도 서정적인 새로운 형태들로 등장한다. 이 시대의 대부분 작가들은 우리에게 거의 알려져 있지 않은데 이것은 단지 이 시대에 대한 자료가 없다기보다는 오늘날의 낭만주의적 개념과는 완전히 다른 작가의 역할에 대한 개념 때문이다.

중세 시대 작가들은 고대 시대나 성서에 나오는 이야기에 근거하여 이미 존재하거나 읽혀진 내용들을 각색하여 다시 쓰는 형식을 취했다. 심지어 작가들은 이런 방법으로 작품을 쓰면서 가명을 사용하는 경우까지 있었다. 대중들이 작가들의 이름에 관심을 두기 시작한 것은 단지 12세기부터이다.

대부분의 현존하는 작품들은 원 작품과는 거리가 먼데 그 이유는 글로 되었거나 노래로 불린 작품들을 전사하는 과정에서 오류가 발생하거나 이미 잘못 번

2) <르나의 이야기>는 12세기와 13세기의 중세 프랑스 설화집으로서 인간처럼 행동하는 동물들을 주제로 한 영웅 이야기로서 주로 8음절의 시구(때때로 산문 형식)로서 독립적인 짤막한 이야기로 구성되어 있다. 이 이야기는 여러 작가들이 쓴 27개의 지편(枝篇)으로 이루어져 있는데 늑대인 센그랭(Ysengrin)과 여우인 르나(Renart) 두 동물이 주인공으로 등장하며 왕인 사자는 심판관 역할을 한다. 르나는 장난기 있는 여우로 복잡하고 다양한 성격을 소유한 영리하고 꾀를 잘 쓰는 사람으로 묘사되고 있다. 반면 센그랭(Ysengrin)은 잔인한, 르나의 영원한 맞수로 등장하지만 늘 여우에게 속는 멍청한 늑대이다. 이 이야기는 8만개의 시구로 이루어져 있는데 중세 시대에 대중들 사이에 글을 읽거나 쓸 수 있는 사람이 거의 적었던 관계로 방랑 시인인 투루바두(Troubadours)들에 의해 대중들에게 알려졌다. 이 풍자적 작품은 여러 가지 내용을 포함하고 있는데, 특히 지배 계급들을 비꼼으로써 사회적 비판을 하고 있으며 심리적인 측면에서 신은 존재하지 않는다는 내용을 포함하여 종교에서 금하는 일들을 위반하고 있다.

역된 문헌을 복사했기 때문이다. 한 작품이 노래로 불리게 되면 흔히 무명의 작가의 의도는 정확히 알려지지 않기 쉽상이다. 또 다른 한편으로 수도원에 있는 작품을 전사하는 사람들은 자신들의 의도에 따라 작품을 각색하였는데 일단 만들어진 작품은 모든 사람이 접할 수 있게 되었고 이 작품을 노래하는 사람이나 베끼는 사람들은 자신들의 입맛이나 시대의 흐름에 맞게 고치면서 공동 작가가 되었다.

중세 시대 문학의 주제인 남녀간의 사랑

중세문학은 16세기와 17세기에는 보잘 것 없는 것으로 여겨졌다. 예를 들어 르네상스 시대에 사람들은 중세 작품을 침울하거나 어두운 작품으로 생각했으며 19세기 낭만주의 문학시대에 이르러서야 중세 작품들을 재평가하였다.

귀족 문학이라 불리는 작품들이 12세기에 등장하는데 이 작품들은 때론 완벽하고 때론 불행한 사랑을 주제로 삼고 있으며 그 배경은 십자군 전쟁이었다. 특히 <트리스탄과 이즈(Tristan et Iseut)>[3]는 가장 대표적인 작품으로서 사랑하는 연인들의

3) 방랑 시인들에 의해 입으로만 전해지던 <트리스탄과 이즈>는 12세기에야 비로소 문학 작품으로 태어나게 된다. 루누아의 왕인 리발렁(Rivalen)은 왕 마르슈(Marc'h)의 누이인 블루웬(Bleuwenn)과 결혼을 한다. 리발렁은 전쟁터에서 사망을 하고 블루웬은 아들을 낳게 되는데 그가 바로 트리스탄이다. 트리스탄은 그의 삼촌인 브르타뉴의 왕 마르슈에 의해 양육되는데 마르슈는 아일랜드의 왕에게 부채를 갚아야만 했다. 몇 년 뒤 트리스탄은 이런 못된 관습을 없애야겠다고 결심하고 섬에 도착했을 때 아일렌드 왕의 동생인 거인 모롤(Morholt)과 싸움을 벌여 독이 묻어 있는 칼을 맞으면서도 거인에게 치명상을 입힌다. 그 때 왕의 딸인 이즈가 나타나 트리스탄이 자신의 삼촌을 죽인 줄도 모르고 그의 독을 치료해준다. 병이 나은 트리스탄은 다시 바다로 나가고 삼촌 곁으로 돌아온다. 그의 삼촌은 트리스탄에게 왕위를 넘겨주려 하지만 영주들이 왕의 직계에게 왕위를 넘길 것을 주장하며 이에 반대한다. 왕은 자신이 아침에 새가 데려온 황금색 머릿결을 가진 여인과 결혼할 것이라고 트리스탄에게 은밀히 알려주었는데 트리스탄은 이즈를 떠올리며 그녀가 아일랜드 왕 곁에 있는 사절단이라고 추측한다. 트리스탄은 다시 한 번 섬에 오게 되고 무서운 용과 싸움을 벌이는데 이 와중에 부상을 입게 되고 또 다시 왕의 딸인 이즈에게 치료를 받게 된다. 이즈는 트리

비극적인 죽음을 통해 끝을 맺게 되는 절대적이면서도 이루어질 수 없는 사랑의 이야기를 내용으로 하고 있으며 서양의 사랑에 대한 개념을 세운 작품으로 평가되고 있다.

2) 작품의 유형

종교적 주제

도서관에서 우리가 발견할 수 있는 중세 시대 작품들의 대부분은 그 주제가 종교에 관한 것이다. 사실 중세 시대에 지적인 삶은 기독교의 중심 속에서 인정되었고 따라서 종교적 영감에서 얻은 문학작품이 가장 많았다. 이 시대의 수많은 찬가는 우리에게 이러한 사실을 보여

스탄의 칼이 그녀의 삼촌인 모롤의 두개골에서 발견된 쇠 조각과 같은 재질로 만들어진 것이라는 것을 알게 되고 결국 삼촌을 죽인 사람이 트리스탄이란 것을 깨닫게 되지만 그 어떠한 복수도 하지 않는다. 트리스탄은 자신의 임무를 마치고, 아일랜드 왕은 두 민족의 분쟁을 끝내기 위한 방법으로 자신의 딸과 트리스탄의 삼촌인 왕과 결혼하는 것을 수락한다. 아일랜드 왕의 아내는 이즈와 여행을 함께 할 하녀인 브랑지엔(Brangien)에게 사랑하는 연인들이 마시면 영원히 행복해 질 수 있는 신비의 마술 미약을 넘겨준다. 그리고 이것을 이즈와 트리스탄의 삼촌의 신혼 첫날 밤 술에 탈 것을 지시한다. 섬과 대륙 사이를 항해하는 동안 갈증이 난 트리스탄은 이 미약을 물인 줄 알고 마신 후 이즈에게도 권하게 된다. 미약을 마신 효과가 순식간에 나타났고 둘은 사랑에 빠지게 된다. 결국 이즈는 트리스탄의 삼촌과 결혼을 하지만 정작 신혼 첫날 밤 트리스탄의 삼촌과 잠자리를 같이 한 사람은 이즈의 하녀인 브랑지엔이었다. 두 연인은 도망을 쳤고 사람이 아무도 살지 않는 숲 속에서 살기로 결심한다. 오랫동안 두 사람을 찾아 헤매던 트리스탄의 삼촌은 동굴에서 잠을 자고 있는 두 사람을 발견하게 되는데 트리스탄과 이즈 사이에 칼이 땅에 꽂혀 있는 것을 보고 이것이 순결의 표식이며 이들의 감정의 순수함을 인정한다. 그는 트리스탄의 칼을 자신의 칼로 대체하고 이즈의 손가락에 자신의 반지를 끼어준 후에 떠난다. 잠에서 깨어난 이들은 왕이 자신들을 용서해주었다는 것을 깨닫고는 이즈는 트리스탄의 삼촌 곁으로 돌아간다. 한편 트리스탄은 브르타뉴 섬으로 가 그곳에서 결혼을 한다. 그의 주 업무는 전쟁과 탐험이었는데 어느 날 심각한 부상을 당하게 되고 오로지 이즈만이 그를 구할 수 있었다. 트리스탄은 이즈에게 그녀가 자신을 구해줄 생각이 있다면 배에 흰 색의 돛대를 달 것을 부탁하였다. 그녀는 조금의 망설임도 없이 흰 돛대를 달았지만 트리스탄의 아내는 트리스탄에게 돛대 색깔이 검은색이라고 거짓말을 한다. 자신이 사랑하는 여인으로부터 버림받았다고 생각한 트리스탄은 칼로 자살을 한다. 트리스탄의 시체 곁으로 온 이즈는 슬픔에 못 이겨 자살을 한다. 트리스탄의 삼촌은 바다를 건너 두 연인들의 시신을 가져와 서로 가까이에 묻어준다.

준다. 예식 자체에 대한 형태는 정해진 것은 없으나 미사의 순서에 대한 특별한 내용을 보여주는 많은 미사 경본을 발견할 수 있다. 이 밖에 세속적인 작품들 역시 종교색이 짙은 작품들보다는 수가 적었지만 그래도 오늘날 우리에게 전해져 오고 있다.

기사(chevalier) 이야기

기사의 사랑은 11세기 문학에서 매우 중요한 주제 중 하나로서 특히 방랑 시인들은 이 작품들을 노래함으로써 생계를 유지했다. 방랑 시인들에 의해 만들어진 작품들은 비교적 긴 작품들이 많았지만 짧은 것들도 있었다. 이런 기사도의 사랑을 그린 작품은 무훈가(La chanson de Geste)로부터 시작하는데 이는 주제뿐 아니라 사랑과 그 사랑을 위해 용감하게 싸우는 기사들의 이야기를 강조했다. 또한 정치적인 내용을 담은 내용들도 있었으며 여행 이야기를 다룬 작품 역시 큰 인기를 끌었는데 멀리 떨어진 미지의 땅으로 떠나는 환상 여행 등은 당시 대부분의 사람들이 태어난 곳에서 살다가 죽는 당시 분위기로 볼 때 큰 매력을 던져 주었다. 무훈가란 10음절 또는 나중에 중세시의 시절로서 다양한 길이의 시절로 이루어진 반해음 12음절의 운문으로 된 이야기로서 이전의 왕 또는 기사들의 모험을 강조한 전설적인 영웅적 서사시를 일컫는다. 이런 유형의 줄거리는 1015~1150년경 많이 유행하였는데 이는 11세기 말 경 프랑스 문학의 태동을 알리는 것이었다. 무훈가의 마지막 작품은 15세기에 나타나는데 중세문학의 특성으로서 고대 서사시의 맥을 잇는다. 무훈가들은 고대 프랑스어로 쓰였는데 이는 오크어로 쓰인 서사시와 같은 다른 중세 문학과는 구분된다.

서사시 형식

현재 보존되고 있는 90여개의 중세 문학 작품들 중 무훈가는 1000개에서 많게는 2만개의 시구로 되어있다. 이 시구들은 레쓰(laisse)라는 중세시의 시절이라는 이름으로 불린 다양한 길이의 단위로 이루어져 있는데 운을 맞추는 것이 아니라 단순히 반해음으로 되어 있는 것으로서 마지막 음을 강조하며 반복하여 귀에 시적인 느낌을 주는 구어체 특성의 문학작품이다. 또한 작품의 내용이 길어서 낭송하는데 하루가 넘는 경우 청중들의 기억을 되살리기 위해 사용하는 방법이 있었는데 그것은 '현명한 올리비에(Olivier le sage)', '용맹스러운 롤랑 (Roland le preux)' 등과 같이 영웅들의 이름 앞에 그 영웅들을 특징지을 수 있는 말을 반복하거나 덧붙였다.

서사시에 나타나는 영웅들의 행동은 전사들의 행위이다. 다양한 상황 속에서 벌어지는 전투 이야기는 수적으로 우세한 이교도들과 열세에 놓인 기독교 군사들의 전쟁, 창과 칼의 싸움, 주인공들의 놀라운 모험 등 한결같은 특성을 보인다. 무훈가의 가장 핵심적인 주제는 영웅주의, 명예, 우정, 배반, 복수, 봉건 사회에 대한 찬양 등이었는데 가장 잘 알려진 것으로는 11세기에 쓴 샤를마뉴 대제 군대의 모험에 대한 이야기를 다룬 "롤랑의 노래(Chanson de Roland)"[4]을 들 수 있다.

무훈가에는 봉건시대의 신분계급이 나타나는데 서사시에 등장하는

4) <롤랑의 노래(La chanson de Roland)>는 중세 시대에서 가장 유명했던 서사시로서 많은 서사시들의 모델로 사용되었다. 1837년에 처음으로 출판되었으며 4002행으로 이루어져 있고 내용은 Roland의 죽음 (배신, 전쟁)과 샤를마뉴의 복수 두 부분으로 나뉘어져 있다. 778년 8월 15일 샤를마뉴대제는 스페인의 첫 번째 원정을 마치고 돌아온다. 샤를마뉴는 롱스보(Ronceveaux)라는 언덕 쪽으로 군대를 인솔하는데 후미와 간격이 벌어지게 된다. 그때 산 속에 숨어있던 바스크인(Basques)들에 의해 후미는 공격을 받게 되는데. 바로 후미에 있던 자가 바로 무훈가(Chanson de geste) 중 백미로 일컬어지는 <롤랑의 노래>의 주인공 롤랑[1]이다. 샤를마뉴 대제의 조카인 롤랑은 후미의 지휘자로서 적들의 무차별한 공격에 그의 친구이자 현명한 올리비에(Olivier)가 나팔을 불어 구원을 청하자는 의견을 무시하고, 계속 싸운다. 그러나 주위의 친구들과 병사들이 무참히 학살당하는 것을 보고 자신의 오만함을 뉘우치며 올리비에에게 구원의 나팔을 불 것을 요청하게 되지만 그 나팔 소리를 듣고 온 샤를마뉴는 소나무 밑에 누워 신에게 감사하기 위해 그의 장갑을 하늘 쪽으로 뻗으려는 롤랑의 마지막 모습만을 보게 된다.

영웅은 초인적인 힘을 가지고 어떠한 종류의 육체적 또는 정신적 고통이라도 이겨내는 힘이 있는 기사이다. 또한 영주에 대한 충성심의 본보기로서 기사는 항상 완벽한 인물로 묘사된다. 그리고 이러한 영웅을 구원하기 위해 항상 신의 손길이 함께 한다. 죽음은 서사시에서 가장 감동적인 부분이며 고통과 죽음은 오로지 신과 군주를 위할 때만 고귀한 것이라는 암시를 주는 봉건시대 기사들의 삶에 대한 교훈적 지표가 되는 내용으로 이루어져 있다. 무훈가에는 주인공인 영웅 이외에도 의리 있는 친구, 배신자, 적, 비겁자 등 다른 등장인물들이 등장하는데 이들의 역할은 영웅주의와 주인공의 덕행을 강조하기 위한 것이다.

현존하는 무훈가는 100편이 되지 않는데 13세기와 15세기의 방랑 시인들은 무훈가를 3개의 커다란 작품 군으로 나누었고 각 군은 한 명의 동일한 영웅이나 그의 가족의 일원에 대한 모험을 중심으로 벌어지는 서사시를 포함한다.

롤랑과
샤를마뉴 대제

2. 16세기 프랑스 문학

보카쓰(Bocacce)

문학이라는 개념이 오늘날의 의미로 자리 잡은 것은 17세기 말부터이다. 중세 시대에 모든 작업이 미학을 목적으로 행해졌다면 16세기부터는 문학과 학문 사이에 구분이 시작되었으며 이 시기부터 문학의 역사와 비평이 나타나기 시작했다.

1) 문학적 경향

16세기 프랑스의 르네상스[5]는 중세 시대와는 다른 삶과 문명의 새

---

5) 르네상스(Renaissance)란 말을 처음으로 사용한 사람들 중 16세기 지오르지오 바살리를 손꼽을 수 있는데 이 시대의 예술가들은 예술 분야에서 근본적인 변화가 필요하다는 생각을 했다. 많은 인문주의자들은 중세 시대를 비판했는데 이미 14세기에 뻬트라끄(Pétraque)와 보카스(Boccace)는 로마 제국의 멸망 이후 시대를 어두운 시기라고 말했다. 중세 시대의 예술가들이 근본적으로 기독교라는 종교에 초점을 두고 있는 반면 르네상스 예술가들은 인간과 고대 신화를 대상으로 하였다. 철학적 성찰에 대한 변화는 예술가들에게 새로운 영감을 주었으며 신 플라톤 사상과 함께 인간이 우주의 중심이라는 생각을 하게 되었다. 화가와 조각가들은 과감하게 발가벗은 인간의 육체의 아름다움을 표현하였다. 고대 문헌에 대한 연구인 문헌학은 건축가들에게 고딕 양식을 뛰어 넘을 수 있는 계기를 마련해 주었는데 건축가들은 설계를 하는데 있어 피타고라스의 방법을 사용하였다. 사상은 점차적으로 종교의 제약으로부터 자유로워졌고 행복, 평화, 진보 쪽으로 흘러갔다. 작가들과 철학가들은 이제부터 인식에 관계되는 모든 영역에 관심을 갖게

로운 형태를 찾는 운동으로 잘 알려져 있는데 그 특징으로는 삶에 대한 갈망, 인간에 대한 신뢰감, 지식에 대한 욕구, 자유로운 영혼 등을 들 수 있다. 모든 영역에서 새로움을 추구하기 위한 열정은 고대 문헌에서 영감을 얻었고 고대 시대의 사고와 지혜에 대한 동경은 16세기 동안 지속되었다.

르네상스 시대의 문학은 매우 다양하면서 복잡하였다. 시와 서술적 형태는 중세 시대의 형태를 모방하였지만 종교적인 것보다는 세속적인 책들이 대중들에게 알려지기 시작했고 이상론적이고 공격적인 작품들이 나타나기 시작하였다.

이 시대의 작가들은 신부, 선생, 귀족, 부르주아, 수도승, 방랑 시인 등이었으며 행복에 대한 염원을 주제로 하고 있다. 작품에서 행복은 상상 속의 장소로 숨을 수도 있고 인간의 본성에 알맞은 교육의 도움으로 되찾게 된 선행을 통해 완성되기도 한다. 이러한 주제는 여러 작품에서 찾아볼 수 있는데, 라블레(Rableais)[6]의 낭만적인 꽁트와 소설, 몽테뉴(Montaigne)의 에세이, 플레이야드 학파(Pléiade)의 14행시 등이 대표적이다.

2) 꽁트와 중편소설 (Contes et nouvelles)

꽁트는 도덕, 종교 학문적인 문제를 다루는 중세 시대의 전통을 계승하고 있는데 대부분의 꽁트는 재미를 목적으로 만들어졌으며 방랑 시인들이 우화적이고 익살적인 내용(fabliaux)[7]을 바탕으로 노래하는

되었다. 이들은 수사본을 번역하고 새로운 작품을 탐구하였다.

6) 1494년에 태어난 라블레는 베네딕트파의 수도사로서 의학을 공부했다. 그가 쓴 작품에는 인간에 대한 믿음과 삶의 기쁨이 늘 담겨져 있다는 점에서 휴머니스트로 평가된다.

7) 파블리오는 파블르(fable)에서 파생된 프랑스 단어 파블로(fableau)의 피카르디 사투리이다. 파블리오는 근본적으로 웃음을 짓게 하는 목적으로 13세기 또는 14세기에 만들어진 꽁뜨이다. 대부분의 주제가 농담 섞인 이야기로 되어 있지만 어떤 것들은 외설적인 내용을 담고 있기도 하며 심지어 호색문학의 경계에 이르기까지 한다. 풍자는 거의 대부분 귀족들과 기사들, 수도승과 사제들, 여성 등을 겨냥하고 있으며 희극은 오해나 착각에 대한 말장난

파블리오의 우화 중

구어적 특성을 간직하고 있다.

대부분 실제로 일어날 수 없는 이야기를 소개하고 있는데 등장인물들은 사회의 다양한 계층의 사람들 중에서 선택하였다. 꽁트에 등장하는 풍자적인 내용들은 주로 수도승이나 사제들, 또는 판관들이나 수다스럽고 변덕스러운 여인들을 다루었다.

중편 소설은 보카스(Boccace)[8]를 통해 프랑스에 소개되었는데 일반적으로 등장인물들의 수를 제한하면서 간략하고도 드라마틱한 구성을 가진 이야기다. 16세기 프랑스 중편소설은 프랑수와 1세(François I)의 누이인 마가렛 드 나바르(Marguerite de Navarre : 1492~1549)와 밀접한 관계가 있는데 그녀는 엡타메론 (Héptaméron)[9]에서 단순하면서도 당

마가렛트 드 나바르 (Marguerite de Navarre)

에 의존한다. 또한 파블리오는 호기심을 만족하기 위한 교묘한 줄거리들이거나 도덕적 교훈의 내용을 담고 있다. 현재 우리에게 전해지고 있는 파블리오는 150개 정도이다.

8) 프랑스어 이름으로 장 보카스(Jean Boccace)인 지오바니 보카치오(Giovanni Boccaccio)는 이탈리아 작가로서 1313년 한 상인의 사생아로 태어났다. 궁중에서 일하다가 1340년 플로랑스로 돌아온 그는 시에 빠지게 되는데 특히 단테를 무척 존경하였다. 그러나 시인으로서 뛰어난 두각을 나타내지는 못했던 그는 친구인 뻬트라끄(Pétraque)의 뛰어난 시를 보고 좌절하게 된다. 1362년 그는 심한 종교적 갈등에 빠져 자신이 썼던 모든 수사본을 없애려고 하는데 그의 친구인 뻬트라끄가 그를 말린다. 그 후 산문에 뛰어난 자질을 보이던 그는 몇 년 후 데카멜론을 쓰게 된다. 단테가 이탈리아 시의 창시자라고 한다면 보카쓰는 이탈리아 산문의 창조자라고 말한다.
그의 모든 작품들 중에서 가장 뛰어난 작품으로 손꼽히는 데카멜론은 1349년과 1353년에 걸쳐 쓴 산문형식으로 된 소설로서 1348년 플로랑스를 휩쓸고 지나간 페스트 전염병을 피해 있는 동안 7명의 여인과 3명의 젊은 남자가 10일 동안에 걸쳐 한 이야기를 모은 100개의 중편 소설집이다. 이 작품은 라 퐁텐느를 비롯한 수많은 작가들에게 영감을 주었다.

9) 492년 마가렛뜨 오를레앙에서 태어난 그녀는 카페 왕조 오를레앙 혈통의 첫 공주였다. 샤를르 오를레앙의 딸로서 후에 왕이 되는 프랑스와 1세의 누나로서 1542년에 1414년부터 프랑스에서 번역된 보카스의 데카멜론의 10

시 시대에 맞는 상황을 설정하였으며 문학에서 심리학 문제를 다루는 최초의 시도를 하였다. 줄거리는 항상 사랑에 관한 것이었고 등장인물은 현실성을 담고 있다.

3) 소 설 (Roman)

모험 소설이 가장 큰 인기를 끌었는데 작품 속에는 소설의 특성 중 하나인 복잡성이 내포되어 있으며 가장 중요한 것은 바로 인문주의 사상에 대한 성찰이었다. 그 대표적인 작품으로는 프랑수와 라블레(François Rableais : 1494~1553)[10]의 가르강튜아와 판타그루엘(Gargantua et Pantagruel)[11] 이다. 1532 ~

라블레
(Rableais)

일 동안의 이야기를 모델로 삼아 엡타메론(Heptamélon)을 쓴다. 그러나 1549년 그녀가 사망하면서 엡타메론은 중단되었고 7일 동안의 이야기로 진행되는 72개의 장편들만이 쓰여졌다. 보카스의 작품처럼 이 중편 소설들은 10명의 여행자가 한 수도원에 모이기 되는데, 갑작스런 폭우로 모든 통신수단이 두절된다. 시간을 보내기 위해서 다양한 이야기를 서로 하게 된다는 내용으로 구성되어 있으며 이 작품의 특성은 대화 형식으로 이루어지고 각 이야기마다 듣는 사람들의 평이 있다는 것이다.

10) 프랑수와 라블레는 르네상스 시대의 의사이자 작가였으며 고대 사상의 지식을 새롭게 하기 위해 열정을 가지고 당시의 철학과 도덕에 맞서 싸우던 르네상스 시대에 가장 잘 알려진 휴머니스트 중 한 사람이다.

11) 가르강투아는 라블레가 첫 번째 소설인 판타그루엘를 쓴 후 1534년에 출간한 두 번째 작품의 주인공이다. 평범한 농부인 장 오도는 거대한 봉분 안에서 옛날 거인족의 족보가 기록된 조그마한 책자를 발견한다. 가르강투아의 아버지 그랑구지에는 먹는 것을 아주 좋아했다. 그는 나비들의 왕의 딸 가가멜(Gargamelle)과 결혼을 하여 11개월의 임신 기간을 지나 가르강투아를 낳게 되는데 여기에서 라블레는 임신기간이 아이의 상태와 밀접한 관계가 있는데 임신 기간이 길수록 아이는 최고의 상태가 된다고 말하고 있다. 가가멜은 가르강투아를 임신한 동안에도 사육제를 위해 수천마리의 소를 잡게 하고 친구들을 초대한다. 임신 상태와 남편의 권유에도 불구하고 그녀는 요리와 포도주의 유혹을 뿌리치지 못하여 먹고 마시게 된다. 춤을 추고 노래를 하다 이 부부는 서로 다투기도 한다. 잔치 중에 가가멜은 통증을 느끼고 희한한 방식으로 가르강투아를 낳게 되는데 그는 어머니의 귀를 통해 세상에 나오자마자 술을 마시기 시작한다. 아버지인 그랑구지에는 가르강투아를 보더니 <이 녀석 정말 크군(Quel grand(gosier) tu as)>하고 말하는데 이때부터 가르강투아로 불리게 된다. 그에게 젖을 먹이기 위해서

수천마리의 암소가 필요했고 우는 가르강투아를 조용히 시키기 위해 술을 먹이게 되었다. 가를강투아는 흰색과 푸른색의 옷을 입었고 옷과 신발, 혁띠, 칼 등의 크기는 어마어마하게 컸다. 흰색은 기쁨, 환희, 즐거움을 상징하고 푸른색은 천상의 것들을 상징하는데 라블레는 슬픔과 애도를 상징하는 검은색의 반대 색깔인 흰색은 승리, 삶, 쾌락을 상징한다고 정의하면서 모든 색깔은 대비되는 색깔과 함께 감정을 상징한다고 말하고 있다. 3살부터 5살까지 가르강투아의 부모는 그에게 어떤 것도 강요하지 않았고 그는 마시고 먹고 잠자고 나비들을 쫓아 마음껏 뛰어다녔다. 말을 잘 타게 하기 위해 부모들은 그에게 나무로 만든 목마를 선물했는데 말 타는 것을 너무 좋아한 나머지 가르강투아는 스스로 목마를 만들기도 했다. 그의 아버지의 친구들이 집에 찾아오면 가르강투아는 그들에게 요리를 해주기도 했는데 아들의 영리함을 지켜 본 그랑구지에는 유명한 스승을 구해 라틴어를 가르치는 등 아들의 교육에 열정을 쏟았다. 그랑구지에는 누미디아 왕으로부터 커다란 망아지를 선물 받는데 이것을 타고 가르강투아는 파리로 떠난다. 파리로 가는 도중 가르강투아의 망아지가 꼬여드는 파리를 없애기 위해 꼬리를 힘차게 휘두르는 바람에 모든 숲을 망가뜨렸다. 파리에 도착한 가르강투아는 파리 사람들의 호기심의 대상이 되었는데 가르강투아는 이들에게 오줌을 누어 대부분의 시민들을 익사시켰다. 그리고 나서 노트르담 성당의 종을 떼어다가 망아지의 목에 매달았다. 그러자 마을 촌장은 가르강투아를 설득해 종을 돌려받기 위해 중계자를 보낸다. 소르본느에서 파견된 사절인 자노투스(Janotus)는 가르강투아의 집에 도착하여 포도주를 비롯하여 가르강투아가 관심을 보일 만한 것들과 받게 될 보상에 대해 말하면서 무릎을 꿇고 <세자르의 것은 세자르에게 돌려주고 신의 것은 신에게 돌려주어야 한다>며 애원을 한다. 그 말을 들은 가르강투아는 크게 웃으며 자르투스에게 선물까지 준다. 그러나 소르본느 지도자들은 가르강투아에게 보상을 할 것을 거부한다. 자르투스는 투쟁을 계속하여 결국 가르강투아에게 보상을 할 수 있게 되고 종은 다시 마을로 돌아온다. 주민들은 가르강투아에게 고마워하는 뜻으로 그의 망아지를 정성껏 돌본다. 가르강투아의 스승인 포노크라테스(Ponocrates)는 가르강투아에게 머리를 비워버리게 하는 마법의 약을 마시게 한 뒤 과거에 배웠던 것을 다 잊게 하고 예술, 연금술, 칼 쓰는 법 등을 가르친다. 때때로 가르강투아는 사냥을 하며 즐기기 위해 마을을 떠나곤 했고 스승의 가르침으로 인해 그는 현자가 되어간다. 포도수확의 계절이 되자 그랑구지에 영토에 살던 목동들은 포도를 수확하는 도중 빵을 파는 상인들 근처를 지나가게 되었다. 호기심에 목동들은 그들에게 포도와 빵을 교환하자고 제안하고 이 제안에 그들 중 하나가 화가 나 목동을 때리지만 목동은 자신을 공격한 사람을 때려눕히고 친구들에게 도움을 청한다. 목동들은 돌을 던져 빵을 파는 상인들을 내쫓으며 이들이 살인자들이라고 생각하게 된다. 빵을 파는 상인들은 곧 자신들의 왕에게 가 복수를 해달라고 하였고 왕은 즉시 군대를 보낸다. 그랑구지에 영토에 살던 수도원장이 군대를 맞이하여 용감하게 저항하는 동안 군대는 포도를 강탈해간다. 경솔한 성격의 수도승인 장은 그의 지팡이로 이 수탈자들을 때려죽인다. 전염병에도 불구하고 군인들은 모든 것을 약탈해갔고 레른느의 왕인 삐크로꼴(Picrochole)은 밤사이에 수도원을 떠나 자신의 궁으로 돌아가 문을 굳게 잠군다. 수도원장의 행동과 삐크로꼴이 한 행위를 전해 들은 그랑구지에는 그러나 어떻하든 평화롭게 문제를 해결하길 원한다. 그리하여 그는 가르강투아를 불러 삐크로꼴에게 사절단을 보낼 것을 결심한다. 그는 가르강투아에게 삐크로꼴과 평

1564년에 출간된 5편의 작품에서 자신이 읽었던 책과 기억을 토대로 라블레는 거인 가족에 대한 전설을 줄거리로 삼았는데 아버지와 아들의 관계인 갸르강튜아와 판타그루엘이라는 등장인물들의 모험을 통해 행복, 전쟁, 기독교, 교육, 왕의 정치, 사회적 질서 등에 대해 자신이 가지고 있는 생각들을 표현하였다. 그의 주된 생각은 이성과 인간이 가지고 있는 가능성 안에서의 절대적 신념이다. 그의 작품 속에 등장하는 주인공들은 폭넓은 사상을 가지고 있으며 관대한 영혼, 양식, 배움에 대한 갈망, 종교적이고 정치적이며 광신적인 행위에 대한 증

화롭게 문제를 해결하는 동시에 삐크로꼴의 광란의 전사들로부터 자신의 땅을 지키고 싶다는 내용의 편지를 보낸다. 그랑구지에는 삐크로꼴에게 갈레(Gallet)를 사절로 보내어 자신의 조건을 전달한다. 갈레는 삐크로꼴에게 그랑구지에가 놀라움과 분노에 차 있다고 전하면서 이런 배신을 한 이유를 묻는다. 또한 삐크로꼴에게 자신의 땅으로 되돌아가고 그 동안에 입혔던 피해를 보상하며 포로들을 석방할 것을 요구하지만 삐크로꼴은 이 제안을 기절한다. 그러나 그랑구지에는 다시 한 번 전쟁이 일어나는 것을 막기 위해 삐크로꼴에게 환대의 표시로 많은 선물들을 보낸다. 이를 본 삐크로꼴은 그랑구지에가 매우 허약한 존재이고 그의 땅에 재물이 많다고 생각하여 전쟁을 벌이기로 결심한다. 그들은 쉽게 그랑구지에를 이길 수 있을 것이라고 생각하는데 이때 가르강투아가 파리를 떠나 아버지 나라로 향하고 있었다. 그는 도중에 강도들을 만나게되는데 강도들의 우두머리인 트리삐(Tripet)를 죽이고 자신과 친구들의 앞을 막는 군사들을 보고 망아지에게 오줌을 누게 하여 적들을 모두 익사시킨다. 그랑구지에 영토에 도착한 가르강투아가 샐러드를 먹고 싶어하자 그의 아버지인 그랑구지에는 어마어마한 양의 샐러드와 밤 사이에 도망을 가려했던 6명의 여행자들을 아들에게 준다. 가르강투아는 샐러드와 이 여행자들을 한 입에 집어 삼키는데 다행히 가르강투아의 이빨에 걸려 지팡이를 이쑤시개 삼아 이빨에 걸린 이들을 한명씩 꺼내 이들은 목숨을 건진다. 식사 동안 그랑구지에는 아들 가르강투아에게 삐크로꼴의 적대 행위와 수도승인 장이 용맹스러웠다는 점을 말하자 그를 오게 하여 함께 마시고 즐겁게 이야기를 한다. 식사 후 가르강투아와 그의 동료들은 자정에 삐크로꼴의 군대를 공격하기로 한다. 그러나 장은 자신의 힘을 너무 믿은 나머지 적들의 포로가 된다. 가르강투아가 공격을 하는 동안 장은 자신을 지키던 군사들을 죽이고 적들의 후미를 교란시킨다. 전쟁에서 패배한 삐크로꼴은 도망을 가게 되는데 가는 도중 말이 비틀거리자 화가 난 나머지 말을 죽이고는 당나귀를 훔쳐 달아나는데 그후 그가 어떻게 되었는지는 아무도 몰랐다. 그랑구지에는 전쟁에 승리한 군사들에게 큰 상을 내리고 전쟁의 피해자인 농부들에게도 보상을 해준다. 삐크로꼴에게 저항하던 수도승에 대한 보답으로 가르강투아는 뗄렘 (Thélème)에다 수도원을 세워주었는데 건축물은 그 어느 것과도 비교할 수 없을 정도로 훌륭했다. 이 수도원에서 가르치는 모든 교육은 두 단어로 요약될 수 있었는데 그것은 바로 조화와 자유였다.

오, 끊임없이 진실을 찾고자 하는 의지를 간직하고 있다. 사실 이것은 르네상스 시대의 인간에 대한 주제로서 가면을 쓰지 않고 자신의 본성에 충실 하는 있는 그대로 존재하는 인간을 판타그루엘이라는 인물을 통해 표현하고 있으며 오늘날 판타구리엘리즘(쾌락주의적 생활) 개념으로 표현된다. 라블레의 5권의 작품들은 고대 전설을 모방한 것, 서사시적 소설, 비통하는 장면이나 코믹적인 장면, 대화 등으로 되어 있는데 다른 장르를 구성하면서도 하나의 지속적인 내용으로 이루어져 있다. 라블레는 작품 속에서 인간의 내면을 표현하기 위해 풍자, 우스꽝스러움, 만화, 익살스러움 등 중세 시대에 전통적으로 사용하였던 모든 방법을 동원하고 있다. 또한 그의 작품은 놀라울 정도로 풍부하면서도 뛰어난 언어를 사용하고 있는데 그의 진정한 재능은 바로 언어라고 말할 정도이다. 그의 작품 속에서 또 하나 주목해야 할 것은 바로 웃음이다. 라블레는 웃음 속에서, 그리고 웃음을 통해 모든 것을 말할 수 있고 그것이 곧 인간의 순수함이라고 말하고 있다.

4) 에세이 (Essais)

에세이는 몽테뉴 (Montaigne)[12]에 의해 최초로 만들어진 장르로서 그 이전의 프랑스 문학에서는 존재하지 않았던 분야이다. 그의 작품 중 두 가지 요소가 관심을 끄는데 그것은 바로 인간과 세상에 대한 일반적 성찰과 인간으로서의 몽테뉴 자신에 대한 성찰이다. 겸손하면서도 거만함이 동시에 스며있는 진지함으로 그 어떠한 망설임이나 주저 없이 자신에 대해 말하는 방식은 독보적이라 할 수 있다. 자기 성찰로

몽테뉴
(Montaigne)

12) 몽테뉴는 1533년 몽테뉴성에서 태어났다. 어려서 철학과 법학을 공부하던 그는 영주였던 아버지의 뒤를 이어 주인이 되면서 본격적인 집필 작업을 하게 된다. 그의 저서 전반에는 인간에 대한 믿음과 종교에 대한 절대적 신뢰, 인간의 나약함 그리고 자유에 대한 갈구 등이 잘 표현되어 있다.

부터 시작하여 몽테뉴는 삶과 죽음, 진실과 거짓 그리고 이 세상을 이해하려는 노력, 인간의 나약함과 종교, 우정, 아이의 교육, 여행, 사업, 정치 등 자신에게 감명을 주는 모든 것에 대해 성찰하고 판단을 내린다.

비록 약간의 이기주의적 관점이기는 하지만 삶의 예술을 아주 쉽게 가르치는데 그의 휴머니즘은 라블레의 휴머니즘처럼 열정적이지 않다. 구체적으로 몽테뉴는 인간의 힘에 대해 의구심을 가지면서 인생을 보다 더 잘 설계하기 위해서는 인간의 판단이 매우 중요하다고 충고한다. 반면 정치에 대한 그의 생각은 왕의 권력에 대한 무조건적인 복종을 추구하고 있다. 매우 풍부하고도 복잡한 몽테뉴의 작품 속에서도 가장 큰 장점은 사람이 살아가는 방법을 찾으려는 그의 의지라고 할 수 있다.

5) 서정시 (Poé sie lyrique)

1549년, <프랑스어에 대한 수호와 앙양(Défense et Illustration de la langue française)>이라는 성명서가 발표되었는데 이 성명서는 인문주의자들의 집단인 플레이야드(Pléïade)[13]가 열정을 가지고 심미적 원칙을 발표한 것이었다. 이들은 중세 시대와는 다른 새로운 면을 보여줬는데 방언이나 고대어 또는 외국어에서 차용하거나 새로운 단어를 창조함으로써 시적 언어를 풍부하게 하였다. 플레이야드 학파는

13) 플레이야드 학파는 16세기 롱자르(Ronsard)를 중심으로 한 7명의 프랑스 시인들로 이루어진 집단이다. 이 집단의 이름은 3세기 알렉산드르의 7명의 시인들로부터 인용한 것이다. 플레이야드 학파는 <시는 시인의 언어를 말해야 한다(La poésie doit parler la langue du poète)>라는 목표 하에 중세 시대의 시와 결별하고 프랑스어로 된 자신들의 예술을 찾고자 했다. 그러나 이들은 프랑스어가 시적 표현을 하기에는 너무 부족하다는 것을 깨닫고 라틴어와 그리스어 그리고 방언들로부터 신어들을 만듦으로써 어휘를 풍부하게 만들 것을 결심한다. 이들은 또한 그리스-라틴 작가들의 작품을 모방할 것을 주장하였는데 그 이유는 이들을 뛰어넘기 위해서는 이들로부터 영감을 얻어야 한다는 생각에서였다. 이들은 12음절의 시행, 시가 그리고 14행 시를 만들었다.

라틴어로 쓰여진 시를 옹호했으며 사람들이 이 시를 모방하거나 차용한 장르를 통해 생각을 표현하길 원했는데, 그 이유는 모방과 차용은 당시에 너무나 아름다운 프랑스시를 만드는데 있어 생소한 것들의 비밀을 감춰줄 수 있는 수단으로 여겨졌기 때문이었다. 플레이야드 학파의 출현과 함께 처음으로 문학파라고 일컫는 것이 탄생하게 되었는데 이 집단의 대표적인 인물은 삐에르 드 론자르(Pierre de Ronsard)였다. 궁중시인이었던 그는 생전에 이미 명성을 떨치고 있었는데 시가, 14행시의 소네트, 찬가, 연설의 4가지 형식을 사용하였다. 그의 작품들은 고대 시인 또는 이탈리아 시인들을 모방하였지만 상상력과 감성은 매우 뛰어난 것으로 평가된다. 또 그는 신체적인 아름다움과 정신적 완성도를 자랑하는 이미지를 떠올리게 하는 카산드라(Cassandre), 마리(Marie), 엘렌(Hélène)과 같은 몇몇의 여성 인물들을 탄생시켰다.

3. 17세기 프랑스 문학

모든 것이 그렇듯 17세기 문학 역시 당시의 주류를 이루는 사상과 분리하여 생각할 수 없는데, 사상이란 사고의 발전과 확장뿐 아니라 문학 흐름에도 커다란 영향을 끼치기 때문이다. 17세기에 프랑스의 변화를 가져오게 하는 계기가 되는 중요한 두 가지 요소가 있는데 그 첫 번째는 1598년에 일어난 낭트칙령의 조약으로서 이로 인해 신교도들은 자신들의 생각을 자유롭게 표현할 수 있게 된다. 과거의 종교에 대한 절대적 신앙은 사고의 다양성과 다양한 의견 표출로 대체되었다. 또 하나의 중요한 요소는 바로 루이 14세의 통치였다. 루이 14세가 절대 군주로서 자리를 잡으면서 왕궁은 지식의 중심지로서 문학의 발전이 이루어졌다. 또한 예술 영역에서 이성, 중용, 조화, 준엄성 등이 강조되었다.

사람들은 1598년에서 1615년까지의 기간을 고전주의(classicisme) 시대라고 말하는데 주된 흐름은 바로크주의(baroque)에 대항하는 관념론적 논쟁이었다. 좀 더 정확하게 말하자면 사상에 대한 두 파간의 절대적 대립이라기보다는 보완적이고 간섭적인 관계로서 공존하였는데 심지어 동일한 작가의 작품에서조차 두 파의 사상을 찾아볼 수 있다. 이런 대조와 다양성, 그리고 복잡성이 17세기의 매력을 형성한다.

1) 바로크 (Baroque)

이것은 17세기 유럽 전역을 지배하던 흐름으로서 특히 이탈리아를 중심으로 확산된 1598~1630년대의 주된 풍조이다. 바로크는 신교의 엄격함에 반대하는 행동에서부터 출발한다. 바로크는 고정되어 있지 않고 끊임없이 변화하는 세상에 대한 개념을 중시하는데 이 흐름은 자유를 갈망하며 삶의 다양성을 긍정적으로 수용한다. 문학에서 바로크는 여러 모순적인 성향들을 보여주지만 몇 가지 공통적인 원칙인 감성미와 극한미, 그리고 장식미를 중심으로 하며 주된 장르는 시와 연극, 소설이다. 1630년부터 1661년까지 변화의 시기를 거치는 동안 이미 고전주의에 의해 조금씩 밀려나면서도 그 역할을 계속하였다.

귀족문학의 세련된 재치

1650~1660년에 프랑스에서 활성화되었던 문학 움직임인데, 귀족계급들 사이에 유행했던 심미적 추구를 중심으로 평범한 것과는 구분되고 싶어 하는 갈망이다. 또한 이것은 언어의 사용과 행동, 취미에 있어서 우아함과 세련미를 추구한다. 이러한 특징은 17세기의 사회적 현상을 표현하는데, 이런 흐름을 쫓는 사람들은 살롱을 중심으로 점차 확산되기 시작하여 조금씩 부르조아 작가들에게로 퍼져 나갔으며 문학은 이들에게 있어서 우선적인 주제였다. 우아한 어휘를 사용하고, 순수함을 탐구하며, 평범한 사물을 나타내는 용어를 바꾸고 새로운 어휘를 만들었다. 문학 중에서도 소설은 가장 두드러지는 특징이었는데 특히 영웅의 이야기를 다룬 소설들이 인기였다.

자유사상과 소설

자유사상가들은 프랑스의 국교인 기독교로부터 떨어져 나와 사상에 대한 독립성을 주장하였고 인간의 존재에 대한 중요성을 강조하였다. 이러한 움직임은 16세기의 철학과 르네상스의 인문주의 사이에 변화를 주도하였다. 가썽디(Gassendi)의 제자인 씨라노 드 베르주락(Cyrano de Bergerac)이 가장 대표적인 자유사상가로 손꼽힌다.

브르주아들의 현실주의

절대 권력과 고전주의에 대항하여 현실적이면서도 고귀하고 웅장한 주제를 비속화함으로써 희극적 효과를 자아내는 문학 장르가 나타났는데, 작가들은 가장 사실적인 일상 생활의 현실에 관심을 가졌고 그들의 작품을 통해 인간의 다양한 특성과 모순들을 보여주려 하였다. 이 인간의 모순을 보다 더 잘 설명하기 위해 이들은 과장된 표현과 코믹적 방법을 도입하였다.

2) 고전주의

고전주의는 프랑스 역사에서 가장 빛나는 문화적 특성 중의 하나로서 절대 군주의 관념론적이고 미학적 표현을 중점으로 17세기 초부터 발전해서 60년 후 절정을 맞게 된다.

고전주의는 당시의 철학적 흐름과 밀접한 관계를 맺고 있는데 그 중에서도 데카르트의 합리론 철학이 대표적이다. 고전주의 문학의 첫 번째 목표는 문학 작품과 글이 조화를 이루는 것이다. 이 시대의 작가들은 매우 엄격한 규칙에 따라서 작품을 써야 했는데 왜냐하면 고전주의가 절대왕권의 상징인 루이 14세의 통치하에서 절정에 다다랐기 때문이다. 바로크의 과도한 성장 이후, 모든 것을 정상적으로 돌려놓아야 했으며 바로크 양식을 그다지 좋아하지 않았던 왕은 이 흐름을 역사 속에 묻어두길 바랬기 때문이었다.

고전주의 문학은 또한 왕의 영광을 찬양하고 프랑스 국민들의 아름다움을 보여주는데 사용되었다. 고전주의 작품 속에서 정직한 사람이란 마치 그가 왕의 궁에 있는 것처럼 세련되고 겸손하며 우아한 품위를 지킬 수 있어야 가장 이상적인 것이라는 내용을 쉽게 발견할 수 있다. 특히 연극 작품들은 고대 작품들에서 영감을 얻었는데 장소(한 장소에서 사건이 일어나야 하며)와 행위(줄거리가 있어야 하고), 그리고 시간(하루 안에 사건이 벌어져야 한다)은 연극의 중요한 세 가지 요소가 되었으며 이는 장 라씬느의 안드로마끄(Andromaque)에서 잘 나타나 있다.

고전주의 미학

고전주의 미학은 1630~1660년대에 시작되었는데 합리론, 자연의 모방과 고대 시대의 모방이라는 세 가지 근본 원칙을 바탕으로 시작되었다. 1674년 니콜라스 부왈로(Nicolas Boileau)[14]는 <시적 예술(Art poétique)>에서 고전주의 양식의 모든 것을 정리하였다. 고전주의는 규칙에 의해 실행되는 이성의 절대성을 세웠다.

아름다운 것과 사실을 표현하는 것은 당시 작가들의 가장 큰 과제였다. 그러나 작가들의 작품은 궁중에 있는 귀족 계급들을 대상으로 하였기 때문에 결국 이상적인 작품은 귀족 체계에 대한 존경심을 떠올리게 하는 것이었다. 작가들은 사실적인 것을 그리는 것이 곧 인간의 본성을 그리는 것이며 사람을 표현하는 것이라고 생각하였다. 인간의 열정과 이를 분석하여 그림을 그리는 화가들과 고전주의 문학에서의 심리학적 특성은 서로 깊게 연관되

니콜라스 부왈로 (Nicolas Boileau)

14) 17세기 문학에서 고전미학의 최고의 이론가로 손꼽히던 인물로 그의 첫 번째 풍자시는 꼬르네이유와 몰리에르가 최고의 작가로 명성을 날리고 있을 시기에 나왔는데 호라스와 쥐베날의 이야기에서 영감을 얻어 쓴 <레 싸띠르(les Satires)>이다.

어졌다. 고전주의는 추하고, 괴상하며 환상적인 모든 것들에 대해 혐오감을 가졌고 아름다움만이 모방되어야 한다고 생각했다. 있을 법한 일이란 현실도 가능성도 아니며 이는 오로지 이성을 통한 독자들의 판단에 의한 것이어야 했다. 사실 이러한 개념은 너무도 불확실한데 이런 이유로 해서 고전주의 시대의 작가들은 역사나 신화에서 따온 주제들을 다양하면서도 자유롭게 다루고 있는 것이다. 작가들이 모방을 하기 위해서는 모델이 필요하였는데 바로 고대 시대의 작품들이 그 역할을 담당하였다. 모든 위대한 고전주의 작가들은 자신들의 작품의 주제나 이미지를 고대 역사에서 가져다 쓰거나 영감을 얻었다.

연 극

고전주의 연극은 매우 엄격한 규칙들을 따라야 했는데 세 개의 단위에 대한 규칙, 즉 모든 사건이 하루 안에 일어나야 하며, 한 장소에서 벌어져야 하는 동시에 하나의 줄거리만으로 이루어져야 한다는 행위 규칙들이 그것이다. 하나의 줄거리로만 이야기를 구성해야 하는 것은 사건이 일어난 장소나 날짜와 같이 너무 상세하고 방대한 조건들을 제약함으로써 관객들이 보다 더 연극 줄거리에 집중할 수 있고 공감대를 형성할 수 있게 하기 위함이다. 예절이나 규범을 지키는 것은 왕족이나 귀족 관객들이 충격을 받지 않게 하기 위한 것이었으며 이를 위해 등장인물의 살인이나 자살과 같은 행위는 무대를 벗어난 곳에서 전개되어야 했으며 다만 등장인물이 이런 종류의 사건을 대사로 말하는 것으로 대신하였다. 이 규칙은 관객과 연극 간의 거리를 두게 하는 폐단을 낳기도 했는데 물론 예외적인 작품들이 있었다. 장 라씬느 (Jean Racine)[15]의 <페드르의 죽음>

장 라씬느(Jean Racine)

15) 프랑스 비극시인으로서 그는 작품에서 인간 내면에 있는 열정을 통해 소유하고 있는 모든 것을 파괴하는 치명적인 힘으로 묘사했다. 또한 고전 비

이라던가 <오레스트 (Oreste)>에서는 등장인물의 광란적인 행동이 무대 위에서 행해졌다.

희 극

이 시대의 최고의 희극 작가로는 몰리에르 (Molière)[16]를 손꼽을 수 있는데 그의 재능은 프랑스 고전주의 연극의 역사와 뗄 수 없는 관계를 맺고 있다. 당시 풍습이나 특성에 관계되는 희극은 17세기 사회의 진정한 모습을 보여주고 있는데 그의 가장 큰 관심은 바로 <기쁘게 해주는 것>이었다. 그에게 있어 기쁘게 해준다는 것은 곧 웃음을 주어야 한다는 것을 의미하는 것으로서 웃음이야말로 그의 무기였다. 그의 희극은 항상 의미를 포함하고 있다. 몰리에르의 희극에서 사람들의 사악함은 곧 웃음거리로 바뀌는데 왜냐하면 <사람들은 심술궂은 짓을 할 수는 있지만 결코 웃음거리가 되고 싶어 하지는 않기 때문이다>. 고전주의 희극의 특징은 당시 소 브르주아의 가정에서 일어나는 사건을 다룬다는 것이며 연극의 길고 짧음에 따라 3 또는 5개의 장으로 이루어지며 거의 구어체의 언어를 사용하는 동시에 행복한 결말을 맺는다는데 있다.

몰리에르 (Molière)

극의 이상을 재현하여 간결하면서도 명확한 행위를 표현하였다. 그의 대표작으로는 페드르 (Phèdre)를 들 수 있는데 비극적 구성과 등장인물들의 심리, 표현에 있어서의 풍부함이 잘 나타나는 작품이다. 라씬느는 이 작품에서 주인공 페드르가 죽음으로써 대단원의 막을 장식하는데 페드르는 라씬느의 비극 작품들 중 가장 두드러지는 인물 중 하나이다. 그녀는 다른 사람들을 불행에 빠지게 하는 죄를 범하는 동시에 자기 자신의 욕구에 대한 희생자이다.

16) 코메디-프랑제스의 대부로 여겨지는 그는 학자인 것처럼 유식한 체 하는 부류의 사람들이나 아무것도 알지 못하는 의사들, 그리고 돈만을 추구하는 브르주아들의 욕망을 경멸하였다. 그에게 있어서 정직한 사람들을 웃게 하며, 그와 동시에 잘못된 풍습이나 관습을 바로 잡고자 하였다.

우 화

폼텐느(Fontaine)는 고전주의 시대의 진정한 작가의 한 사람으로서 고대 작품에서 영감을 얻었지만 다른 한편으로는 프랑스나 외국의 민화(民話)에서도 영감을 얻었다. 몰리에르의 작품에 등장하는 인물들처럼, 퐁텐느 작품의 등장인물들은 모두 사회적으로 다양한 계층에 속해 있다. 행복에 대한 탐구와 인간, 권력은 퐁텐느에게 있어서 중요한 두 가지 주제이며 퐁텐느 이전의 우화들이 도덕적인 면을 강조했다면 퐁텐느는 자신의 우화에서 진정한 의미로서의 웃음을 전하려 하였다.

Fontaine 우화 중에서

비 극

고전주의 시대의 비극은 특히 삐에르 꼬르네이유와 장 라씬느를 손꼽을 수 있다. 다른 비극작가들과 마찬가지로 이들 역시 작품을 통해 인간의 사악함이나 인간의 열정 등을 두 가지 방식을 통해 보여준다. 우선 비극에서는 열정에 사로잡힌 등장인물들이 서로 죽이거나 자살을 하거나 아니면 미쳐 버리는 줄거리를 설정하여 열정으로 인해 발생할 수 있는 피해를 관객들에게 보여준다. 두 번째는 카타르시스(catharsis)에 근거하는 극작법을 이용하여 비극을 관람하는 관객들은 열정을 느낌으로써 열정을 억제할 수 있게 하는 것이다.

4. 18세기 문학

천일야화의 수사본

18세기는 빛의 세기(世紀)라고 불리는데 이전 세대의 르네상스와 데카르트 철학론의 정신을 통해 이성(Raison)을 추구하려 노력하였다. 특히 프랑스 철학이 이 시기에 가장 빛을 발하였고 새로운 가치에 대한 믿음을 주었다. 18세기의 사회, 경제적 그리고 문화적인 삶과 철학적 움직임은 문학에 그대로 반영되었는데 소설과 철학적 꽁트에서 잘 나타난다.

18세기 중반, 사람들이 글을 깨우치게 됨에 따라 읽는 작품들의 범위가 확장되어갔다. 독자들의 취향은 사회적 계층이나 교육, 문화수준에 따라 다양했는데 철학적 논쟁은 비밀스런 공간에서 제한된 사람들 사이에서만 벌어졌다. 대부분의 독자들은 모험을 다룬 작품에 매료되었는데 특히 <로빈슨 크루소>가 좋은 호응을 받았으며 최고의 인기 작품으로는 <천일야화(Contes des Mille et Une nuits)>로서 12

권으로 번역되었다. 프랑스 문학 중 유럽에서 그 우월성을 인정받은 것은 대부분 철학자들의 작품으로, 이들은 교육적 수단과 대중의 교육 방법과 더불어 자신들이 생각이 옳다는 것을 입증하기 위해 문학 작품을 이용하였다.

1) 사상 문학

철학자들이 자신들의 과학적이고 철학적 또는 도덕적인 명제를 정의한 것으로 에세이와 대화의 형식을 빌렸다. 가장 대표적인 인물로는 디드로(Diderot), 볼테르(Voltaire), 몽테스키외(Montesquieu) 등이 있다. 이 분야에서 최고의 작품은 <백과사전(Encyclopédie)의 편찬을 들 수 있다.

디드로

볼테르

몽테스키외

2) 소 설

문장 장르 중, 18세기에 가장 두드러진 것은 바로 소설이다. 초기의 소설은 우화와 결합하였는데 작가들은 자신들의 작품에다 <꽁뜨>, <역사>, <문학> 이란 명칭을 붙였다. 오랫동안 소설은 계속되었고 그 변천 또한 매우 주목할 만한데 작가들은 내용과 구성에 변화를 주었다. 특히 감성소설은 루쏘(Rousseau)와 밀접한 관계를 맺고 있다. 철학자들은 감성과 이성이 대립되는 것이 아니라 상호 보완적인 개념이라고 생각하였는데, 그 이유는 감성이 있는 영혼만이 이성적으로 느낄 수 있다고 생각했기 때문이었다. 루쏘는 마음과 영혼의 영역의 장

루쏘

을 보다 확장시켰는데 그는 <느낀다는 것은 존재한다는 것이다(Sentir, c'est exister)>라고 말하였다.

루쏘는 1756년, 사랑과 정열을 주제로 한 소설인 <새로운 엘루와즈(La nouvelle Héloise)>라는 첫 번째 서정 소설을 써서 큰 인기를 끌었는데 이는 사랑에 대한 감동, 주요 등장인물들의 영혼의 관대함, 자연의 존재 그리고 특히 루쏘의 특별한 문체에서 그 원인을 찾을 수 있다. 루쏘가 프랑스 문학에 지대한 영향을 끼쳤다는 것은 누구도 부인할 수 없는 사실이다.

3) 희 극

비극보다 좀 더 활성화된 희극은 3명의 뛰어난 재능을 가진 희극작가에 의해 빛을 발하였는데 그 첫 번째로 르자즈(Lesage)를 들 수 있다. 그는 90편에 가까운 희극을 썼는데 풍속 희극의 새로운 장을 열었으며 <뛰르꺄레(Turcaret : 1709)>가 대표적 작품이다. 두 번째 희극작가는 마리보(Marivaux)로 그는 심리희극의 대가이며 언어의 교묘한 유희를 통한 희극이라는 자신만의 방식인 마리보다즈(Marivaudage)를 만들었다. 그리고 마지막 희극작가의 대표는 보마르세(Beaumarchais)를 손꼽을 수 있다. 그는 <세빌의 이발사(le Barbier de Séville : 1775)>와 <휘가로의 결혼(Mariage de Figaro : 1781)>라는 두 개의 작품을 썼는데 당시 최고의 작품을 손꼽힌다. 보마르세는 자신만의 희극을 창조하였는데 인물과 정치적이고 사회적인 풍습 희곡의 혼합이 그것이다.

5. 19세기 문학

샤또브리앙

에밀 졸라

19세기의 문학의 특성은 다양성을 들 수 있는데, 그 이유는 여러 가지 문학 운동이 이 시기에 일어났기 때문이다. 이러한 문학운동이 확산될 수 있었던 것은 출판물의 발달에 기인한 것으로 출판의 자유를 위한 투쟁이 계속되는 동안에도 샤또브리앙(Chateaubriand)에서 졸라(Zola)에 이르기까지 많은 작가들은 신문에 기사와 비평, 성명서를 발표하였다. 1836년에 에밀 드 지라르뎅(Émile de Girardin)이 <La Presse>라는 신문을 창간하였는데 광고를 싣고 얻는 수입으로 아주 저렴한 신문을 판매하였다.

문학은 신문의 연재소설을 통해 자리를 잡았으며 커다란 성공을 거두었는데, 발작(Balzac)의 여러 작품들과 알렉산드르 뒤마 (Alexandre Dumas)의 <삼총사(Les Trois Mousquetaires)가 대표적이라 할 수 있다. 19세기 말, 기술의 진보로 인해 보다 많은 출간물을 발행할 수 있게 되고 백만 부가 넘게 판매되는 신문도 생겨나면서 지식인들과 일반 연재소설을 읽는 독자층의 명확한 구분이 생기게 되었다. 작가는 이제 글을 쓰면서도 생계를 유지할 수 있게 되었으나 아직도 작가 자신이 원하는 작품보다는 판매를 염두에 둔 출판사의 요구나 독자들의 구미에 맞는 글을 쓸 수밖에 없는 형

알렉산드르 뒤마

라마르틴느

편이었다. 반면, 인기 있는 작가들은 사회적인 명성을 얻게 되었고 심지어 정치 또는 도덕적으로 영향력을 행사할 수 있는 위치에까지 이르게 되었는데 라마르틴느(Lamartine)와 특히 1885년 국민장으로 장례를 치를 정도의 명성을 가졌던 위고(Hugo) 등이 그 대표적 인물이다.

1) 낭만주의(Romantisme)

작가들에 대한 사회적 인식의 변화에도 불구하고 작가들과 예술가들은 문학이 단순히 여흥을 위한 것으로만 여겨지는 이기적인 물질만능주의 사회에 대해 이해를 하지 못하면서 고립된 느낌을 받았다. 이러한 느낌은 낭만주의에서도 드러난다. 사회적 변화만큼이나 경제적 변화를 겪게 되는 격동기인 19세기에, 프랑스 문학에서 처음으로 문학적 움직임이라고 말할 수 있는 흐름이 생겨났는데 이를 주도했던 것은 낭만주의였다. 19세기에 낭만주의는 무엇보다도 혁명이다. 구체적으로, 전제주의 역사와 과도한 도시화에 복종하는, 겉으로 드러나지 않는 무엇인가에 대한 혁명이며 점점 더 물질만능화 되어가고 부르주아들은 점점 더 부를 축적하면서 강력한 힘을 갖게 되는 이 세상에서 좋은 취미와 좋은 습관이라고 정의되어지는 한심한 인습주의에 대한 혁명이며 감정을 말라죽게 하는 이성론에 대한 혁명이었다.

빅토르 위고

모든 작가들은 한결같이 이 새로운 문학 혁명이 일어나게 된 데는 몇 가지 요소가 있다고 입을 모아 말한다. 전기낭만주의라고 일컬어지는 18세기의 장 자끄 루소와 샤또브리앙은 자기 자신에 대해 말할 필요성과 자연의 사랑을 동시에 느낄 수 있는 작품들을 썼다. 이 위대한 두 작가들에게서 우린 감성과 열정이 이성보다 앞선다는 것을 알 수 있다. 루소의 심리학적 분석과 영혼의 움직임에 대한 관심은 당시의 다른 작가들에게서는 전혀 느낄 수 없는 것들이었다. 또한 샤또브리앙의 작품에 등장하는 인물들의 고뇌는 너무도 생생하게 표현되고 있다. 이 밖에 역사적이며 정치적 상황이 낭만주의의 탄생의 계기를 마련해주었는데 그것은 바로 프랑스 대혁명이었다. 1789년 일어난 프랑스 대혁명은 학교에서의 그 어떠한 교육도 허용하지 않았는데 이로 말미암아 위고나 라마르틴느, 비니와 같은 대작가들이 자신들만의 취향을 더욱 발전시킬 수 있었으며 고전적 전통의 영향을 덜 받게 되는 좋은 기회를 제공해준 것이었다.

보들레르

보들레르는 <낭만주의는 주제의 선택에 있어서나 확실한 진실을 구체적으로 언급하지 않으며 다만 느낄 수 있는 방법만을 구체적으로 제시할 뿐이다>라고 말하고 있는데 그의 말처럼 낭만주의는 특정한 작품이나 기법 또는 주제로 한정되지 않으며 사회의 분위기 그 자체인 것이다. 이런 분위기를 느낄 수 있는 방식은 우선 살아가는데 있어서의 존재적 불안감이다. 이것은 자신들이 살아가고 있는 사회와 역사에 의해 거부당하고 이해받지 못하고 있다는 느낌이며 또한 지표가 없는 세상에서 살아가고 있다는 감성이며, 영원한 불확실성이며 영원한 불만족인 것이다. 이러한 감정으로부터 벗어나기 위해 낭만주의 작가들은 스스로를 성찰하며 자신들의 내면의 삶을 중시하며 또 이러한 감정을 떨쳐버리기 위해 글을 쓰는 것이다.

2) 사실주의 (Ré alisme)

사실주의가 탄생하게 된 몇 가지 배경 중 가장 큰 이유로 낭만주의에 반대하는 문학적 성향을 들 수 있다. 사실 낭만주의의 서정성은 몇 몇 낭만주의자들 스스로 감지할 정도로 정도를 넘어서고 있었다. 또한 제 2제정에 의한 사회적, 경제적 변화는 사회뿐 아니라 예술과 문학에도 적지 않은 영향을 끼쳤는데 증가되는 기계화는 보다 많은 생산품과 시장을 활성화시켰다. 산업은 발전되어가고 동시에 하부구조가 생성되었다. 이때부터 현대사회의 소비화 현상이 시작되었고 최초의 대형 백화점들이 들어서게 되면서 산업 혁명이 시작되며 이는 부르조아들의 사회적 지위 상승의 계기가 된다. 물질주의 성향은 이제 사회에서 일반화되었고 현실을 배제한 문학의 낭만주의는 19세기 후반에 들어서면서 긍정적 사고방식이 사회에 확산되면서 밀려나게 시작하였다. 이러한 긍정적 사고는 <이 세상은 경험과 실험에 의해서만 인식되어질 수 있다>는 철학적이고 과학적인 이론에 바탕을 둔 것이다.

사실주의는 현실을 직시하는 방식이며, 인간의 본성을 연구하는 테두리 안에 한정되는 것인 동시에, 사물을 객관적 시각으로 연구하는 것이다. 시대의 모든 사물과 일상생활에 관심을 가지면서 사실주의 작가들은 사회적, 정신적 개혁자들처럼 주관성과 감성을 거부한다. 또한 이들은 항상 자신들의 독자와 긴밀한 관계를 맺을 수 있는 방법을 모색했고 자신을 둘러싸고 있는 세상과 자신에 대한 성찰을 원했다. 이들 작가들에게 영감을 주는 가장 중요한 요소는 바로 현실과 현재였고 이들 작품은 항상 자신들이 속해있는 사회의 특성들과 작품 속 인물들의 특성을 연관 짓는 것이었다. 스탕달은 <소설은 우리가 길게 뻗어있는 길을 산책하는 거울이다>라는 말로 사실주의의 특성을 대변했다. 사실주의 작가들은 상상을 통해서가 아니라 실제적인 자료를 근거로 작품을 썼다. 사실주의의 거장으로 알려진 플로베르는 생물학과 생리학을 작품에 반영하였고 <소설가는 판단하지도, 판결하지도 않으며 또한 용서하지도 않는다. 그는 다만 사실을 진술할 뿐이다>라고 말

스탕달

하며 객관성을 강조하였다.

사실주의는 영감의 근원이 사실에 있으며 현재이며 객관적인 문학의 흐름이라고 말할 수 있다. 이러한 사실주의의 특성을 더욱 극한으로 발전시킨 것이 바로 자연주의(naturalisme)인데, 졸라는 사실주의에서 과학적 근거를 찾고자 하였고 경험적 과학을 바탕으로 당시 사회의 현실성을 연구한 소설가이다. 그는 모든 작가들이 사회에 대해 의학적 시각을 가지고 분석할 것을 권했다. 그는 좋은 소설가가 되기 위해 무엇보다 가장 중요한 것은 현실에 대한 감각이라고 말하면서 작가들의 상상력의 중요성을 부인하였다.

3) 상징주의 (Symbolisme)

상징주의는 현실주의와 무엇보다도 외형을 중시하는 문학에 반대하는 문예사조이다. 보잘 것 없는 세상에 만족해하는 자연주의의 사상은 어떤 이들은 천하게 느꼈지만 그럼에도 불구하고 감성이나 상상력 또는 꿈을 통해 주위에 만연해있는 물질주의의 추악함으로부터 벗어나는 것을 선호하는 사람들이 있었다. 상징주의 작가의 대표였던 말라르메(Mallarmé)는 졸라를 좋아했다. 아름다움을 찬미하는 상징주의자들은 <예술은 어떠한 이유로 사용되어져서는 안 되며 예술 그 자체로 존재해야 한다>는 생각을 지녔는데 결국 상징주의 작가들에게 예술은 삶에 있어서 최고의 가치로 인식되었다.

말라르메

상징주의 문학에서 빼놓을 수 없는 사람이 바로 보들레르(Baudelaire)인데 그의 작품은 상징주의가 무엇인지를 이해하는데 있어 결정적인 역할을 한다. 보들레르에게 있어서 우울증과 이상은 상징주의 시인들에게 주제를 제공하는 원인으로 작용하는데, 우울증은 단지 19세기의 악한 것들에 대한 낙심한 형태가 아니라 시간의 가혹한 흐름에 대한 자각과 존재의 불필요성, 그리고 속죄의 불가능성에 의해 초래되어진 좌절을 둘러싸고 있는 모든 것이다. 이러한 자각을 통해 시인은 다른 사람들로부터 고립되며, 자신의 자리를 찾지 못한 시인은 세상으로부터 추방되었다는 느낌을 받게 되고 자신이 전하고자 하는 메시지가 전달되지 않는다는 느낌을 받게 된다. 즉 시인은 사람들로부터 저주 받은 것이다. 물론 시인은 모든 방법을 동원하여 자신의 좌절로부터 벗어나려고 애쓰는데 인위적인 천국을 맛보기 위해 시인은 술과 마약을 하게 된다. 또한 이러한 자신의 좌절과 반감을 보다 더 잘 표출하기 위해 과도하고 충격적인 상상력을 동원하기도 한다. 이러한 우울증에 대한 고통은 이상과는 대립되는 개념으로 비쳐질 수도 있다. 보들레르는 항상 아름다움을 찬양하였으며 예술은 인간의 존엄성을 보여주는 최상의 증거라고 생각했다. 그러나 이상이란 도달할 수 없는 것이며 결코 도달할 수 없는 이상이 존재한다는 사실에 결국 시인은 우울증에 의해서가 아니라 이상에 의해 고통 받는다. 그는 모든 고통으로부터 벗어날 수 있는 유일한 방법은 죽음이라고 생각했다. 상징주의는 이를테면 문학에 적용된 이상향이라고 할 수 있다. 상징주의 시인들에게 있어서 자신을 둘러싸고 있는 추한 세상은 단지 영적인 세계의 반영일 뿐이며 그 너머에 자신들이 도달하기를 꿈꾸는 세상이 있다고 생각했다. 그렇다면 어떻게 그 세계에 도달할 수 있는가? 어떻게 세상의 물질적인 외형을 통과할 수 있는가? 상징주의자들은 초월적 세상의 열쇠를 다양한 감각(촉각, 후각, 시각 등)의 예측할 수 없는 결합인 교감(Correspondance)에서 찾으려 했다. 그들은 무의식을 꿰뚫고 눈에 보이는 세상과 도달할 수 없는 저 너머의 세상 사이에 관계를 설정하기 위해 직감(intuition)의 도움을 받는다. 이렇게 함으로써 겉으로만 보이는 외형 세계로부터 오는 공허감이 내면세계에 진실로 채워지는 것이다.

제 10 장

프랑스의 음식

1. 프랑스 음식의 발달사

음식은 이미 수세기 전부터 삶의 진정한 하나의 방식으로 자리 잡았다. 프랑스 음식은 품위와 품격의 상징이 될 정도로 서방 세계의 모는 음식에 영향을 끼쳤다. 프랑스는 과연 어떠한 경로를 통해 식도락의 요람으로 자리 잡게 되었을까? 프랑스의 기후적 변화나 지형의 특성은 분명 중요한 요소라 할 수 있다. 온화한 기후와 산에서 평야와 계곡, 바다에 이르기까지 6각형 모양의 프랑스 영토는 그림과 같은 아름다운 정경과 수많은 종류의 산물을 제공하고 있다. 그러나 이러한 생산물들의 다양성만 가지고는 오늘날 프랑스 음식의 위세를 설명하기에는 부족하다. 이제부터 프랑스의 음식이 역사적으로 어떻게 발전했는지를 살펴보도록 하자.

1) 갈로 로망시대

셀트 족과 지중해 사람들, 그리고 게르만 족 등 다양한 민족들의 교차로로서 프랑스는 점차 문화가 모아지는 중심지로서 자리 잡는다. 프랑스 지역에 살고 있던 원주민인 골루와 족은 보리, 귀리, 기장, 호밀 등으로 만든 빵을 먹었다. 야채의 경우 완두콩, 잠두, 후추 등을 경작하여 먹었으며 양파와 올리브, 포도가 남부지방에 널려 있었다.

고기의 경우 골루와 족들은 사냥을 해서 먹었는데 토끼, 양, 사슴, 멧돼지, 곰, 늑대 등 그 종류가 다양하였으며 돼지를 사육하여 소금에 절여 먹기도 했다.

닭, 거위, 그 밖의 물가에 사는 조류들과 알은 매우 귀중한 식량으로 여겨졌고 빈곤했던 골르와 족은 땅바닥에 앉거나 짐승들의 가죽위에 앉아 음식을 먹었다. 프랑스를 식민지로 삼고 이곳에 자리를 잡은 로마인들은 프랑스에 두 가지 중요한 산물을 가져다주었는데 하나는 바로 포도밭과 포도주였고 또 다른 하나는 올리브기름이었다. 이들은 또한 밀 재배를 확산시키면서 프랑스 토착민이었던 골루아 족들의 음식 습관을 점차로 변화시켜갔다.

골루아 족의 생활 모습

2) 5세기에서 15세기

5세기에서 15세기까지의 중세 시대 음식은 주로 귀족 계급과 왕족들로부터 발전되어 갔다. 이 시기에 사람들은 음식을 먹기 위해 앉을 자리를 만들었는데 식탁에 앉아 음식을 먹는 습관은 중세 시대에 이르러서야 일반화되었다. 그 이전에는 로마인들과 그리스인들은 반 정도 누운 상태에서 식사를 하였다. 이 시기에 식탁은 식사하기 바로 전에 사각대

위에 널빤지를 얹어 놓아 만든 임시 식탁을 사용하였는데, 바로 여기에서 "식탁을 만들다(dresser la table)"라는 프랑스어 표현이 탄생하였다(이 표현은 오늘날 "식탁보를 얹다"라는 의미로 사용된다).

길게 늘어지는 식탁보는 투박한 네모난 식탁의 다리를 가리는데 쓰였을 뿐 아니라 손가락으로 음식을 먹은 후에 닦는 넵킨으로도 사용되었다. 식사하는 사람 앞에 놓인 접시에는 약간 딱딱하게 굳은 커다란 빵 조각을 올려놓았고 도마 위에 음식을 놓았다. 사발 안에 담겨져 있는 음식, 특히 고기를 먹기 위해 사람들은 칼끝으로 고기 조각을 찔러 먹었다. 그 이전에 닭이나 토끼, 그리고 짐승들의 고기를 통째로 먹던 것에서 벗어나 왕족이나 귀족들이 식사할 때 전문적으로 고기를 자르는 사람이 등장하게 되는데 이들은 평민과 지도층에 있는 계급들의 식사 습관을 구분짓게 하는데 중요한 위치를 차지한다.

중세 시대 귀족들의 식사모습

프랑스에서 음식에 관해 언급하는 첫 문헌이 1300년경에 나왔는데 이 문헌에는 농부나 평민들의 음식에 관련된 내용들을 거의 찾아볼 수가 없다. 식료품은 계절의 변화와 종교적 의식에 따른 금식일과 육식일에 따른 가톨릭 일정에 의존한다. 사실 당시의 성실한 가톨릭 신자로 평가받기 위해서는 평균 3일에 하루는 금식을 해야 했다. 이것은 곧 달걀과 우유를 포함하여 땅에서 사는 동물들로부터 공급되는 모든 음식을 삼가한다는 것을 의미한다. 그러므로 이 시기에 나온 음식 요리법은 하나의 요리법에 대해 금식을 해야 할 때와 육식을 하는 때 이렇게 두 가지로 달라진다. 이러한 이유로 해서 고기는 생선으로 대체되고 우유는 과일즙으로, 고기스프는 생선스프나 포도주로 대체되었으며 심지어 건조된 완두콩을 삶아서 만든 퓌레로 대체되기도 했다.

가축을 도살하는 푸줏간

겨울이 시작되면 살 찐 돼지들과 소, 양들을 잡았고 이들에게서 나온 지방은 커다란 항아리에 보관하였다. 비계와 햄 그리고 소시지는 훈제를 만들었다. 야채들은 땅 속에 보관하였으며 과일들은 꿀에다 담아 보관하였고 약초와 버섯은 건조시켜 보관하였다.

귀족들은 자신의 영토에서 사냥을 하고, 마을 주민들은 마을 주변에 정착한 가축농과 야채 재배 상인들로부터 음식을 샀다. 또한 자치구를 형성한 수도원은 자신들의 고유 영토에서 식량을 충족하였다. 설탕과 쌀은 약재에 속하는 것이었고 환자를 위한 음식으로 여겨졌는데 점차적으로 프랑스 음식에 재료로 사용되기 시작하였다.

빵은 모든 식탁에서 볼 수 있는 주요 음식이었으며 많은 양이 생산되었다. 궁중에서나 마을에서 빵은 빵 전문가들에 의해 생산되었는데 오늘날 그 전통을 이어 블랑제(boulanger)란 단어가 남아있다. 시골에서 화덕은 영주의 소유였기 때문에 농부들은 화덕에 빵을 굽기 위해 이곳으로 와야 했다. 이것은 밀가루로 만든 빵의 경우에 해당되었고 서쪽 또는 중앙에서는 호밀이나 밀과 호밀을 혼합한 혼합 밀로 만든 빵을 선호하였으며 이는 오늘날에도 계속 유지되고 있다. 빵은 크게 세 가지로 구분되는데 그 첫 번째는 “입의 빵(pain de bouche)”이라 불리는 하얀 색의 빵으로서 부유층이 먹었으며 좀더 모양이 투박한 빵인 “마을 빵(pain de ville)”은 장인이나 마을의 소부유층들이 주로 먹었으며, “모든 이의 빵(pain à tout)”이라는 빵은 농부나 경작인들이 먹던 것으로 짙은 색에 묵직한 느낌을 주었는데 오늘날 우리가 먹는 빵과 가장 흡사하다.

화덕에 빵을 굽고 있는 모습

풍요로운 귀족들의 식사모습

또한 반죽을 화덕에 넣기 전에 물에서 익힌 갈레뜨, 와플, 비스켓의 일종인 에쇼데와 같은 많은 환상적인 빵들이 존재했으며 잘라낸 빵조각은 소스를 진하게 하는데 사용되기도 했다. 식사용 접시가 없을 당시, 부유층들은 딱딱한 빵의 잘라낸 두꺼운 조각을 접시대용으로 사용하였는데 사용 후에는 가난한 사람들이나 개에게 던져줬다.

고기는 매우 귀중한 음식이었음으로 귀족계급들의 대표적인 음식으로 여겨졌고 몸을 튼튼하게 하는데 가장 좋은 음식이었다. 마을에는 푸줏간 주인들이 조합을 형성하면서 매우 큰 영향력을 발휘하였다. 가축의 도축은 매일 이루어졌고 전해져 오는 이야기에 따르면 중세 시대의 부엌은 상한 고기의 맛을 감추기 위해 항상 향수를 뿌렸다고 한다. 시장에 나온 짐승들의 품질은 다양했는데 소고기와 양, 늙은 동물들의 고기는 힘을 필요로 하는 노동자들의 몫이었다. 돼지고기와 암소, 새끼 양 고기는 사람들이 흔히 말하는 좀 더 섬세한 내장을 가진 부유층이나 귀족들의 양식이었다.

성직자들의 식사모습

이 시기에 우유가 많이 소비되지 않았던 이유는 보관을 제대로 하지 못했기 때문이었다. 반면에 치즈는 음

양식을 사고파는 시장의 모습

식 중에 아주 중요한 부분을 차지하였는데 식사할 때나 다양한 음식이나 과자, 케익을 만들 때 중요한 재료가 되었다. 브리산 치즈와 양젖으로 만든 치즈는 이 시기에 벌써 유명했다. 달걀의 경우 금식하는 날을 제외하고는 음식이나 과자를 만들 때 사용하는 주재료였다. 강과 연못을 소유한 귀족들과 부유층들은 고기를 기르는 양어지를 가지고 있어서 일 년 내내 신선한 생선을 먹을 수 있었다. 구릉지대에서 멀리 떨어져 사는 사람들에게 바다에서 나오는 생선은 아주 귀했고 소금에 절인 생선이나 대구 등이 금식일에 식탁에 자주 올랐다.

당시의 의사들은 야채를 먹지 말 것을 권하였는데 고기나 빵과 비교하여 영양가가 거의 없다고 말을 했다. 아메리카 방풍, 무와 그 밖의 다른 근채들, 시금치와 근대, 파, 완두콩과 같은 야채들은 농부와 가난한 사람들의 음식으로 사용하였지만 먹는데 돈이 많이 들어갈까봐 걱정하는 일부 부유층에서도 사용되었다. 반면에 과일들은 많은 인기를 끌었는데 호두, 개암 열매, 아몬드, 무화과 열매, 산딸기, 포도, 사과와 배등은 부유층들의 식탁에 늘 오르던 단골 메뉴였다. 오랫동안 중세기 음식은 가치가 하락했고 업신여겨져 왔는데 그 이유는 당시의 식도락이란 것이 너무 강한 향료인데다가, 소스에 있어 프랑스의 전설적인 맛과 교묘하게 섞어놓았기 때문이었다.

그다지 비싸지 않았던 후추는 대중적인 향료가 되었으나 귀족 계급들의 식사를 담당하는 요리사들에게는 여전히 괄시를 받았다. 반면에 정향, 육두구, 생강과 식물의 씨로 만든 건위물 등은 아주 비싼 향료였으며 따라서 부유층들의 식사에 사용되었다. 여기에 생강과의 식물, 긴 후추, 계피, 생강 등도 역시 이들 음식에 자주 사용했다. 프랑스어로 기록된 가장 오래된 요리책 중 하나인 <방디에(Vandier)>는 음식 조리법에 사용하는 16개의 향료를 기록하고 있는데 19세기 부유층들로부터 "후추를 많이 친 형편없는 스튜어트 요리"라는 평을 받은 이 요리는 사실 소화가 잘되는 담백한 음식이었던 것이다.

소스들은 포도주, 신맛이 강한 포도즙 또는 레몬주스나 신맛이 나는 오렌지, 석류 등을 이용하여 만들었는데 가장 중요한 기본 맛은 신맛이 나는 동시에 향이 나는 것이었다. 경우에 따라 이 소스에 설탕을 섞는 경우도 있었으며 생선이나 날짐승 그리고 구운 고기 위에 뿌려진 소스는 부드럽게 구워진 빵과 함께 곁들여 졌다. 반면 버터와 크림소스는 그다지 환영을 받지 못했다. 박하잎, 카라웨이, 겨자 등과 같은 것들은 음식에 강하면서도 자극적인 맛을 풍겨주는데 사용되었다.

또한 요리사들은 음식의 시각적 효과 역시 매우 중하게 생각했는데 특히 색깔은 음식의 구성에 있어 핵심적인 요소였으므로 많은 요리법들이 이 점을 많이 강조하였다. 녹색 빛이 나는 음식은 파나 시금치로 만든 쥬스의 녹색을 이용하였으며 비용이 많이 들어가는 아침노을 빛에 해당하는 사프란은 노란 색을 내게 했다. 붉은색은 해바라기나 백단향을 이용하였으며 우유나 아몬드 액은 흰 색을 내기 위해 사용하였다. 오늘날 우리에게 전해져 오는 요리법은 거의 기름기가 없는 가벼운 음식에 관한 것인데 이는 다분히 자연적인 것이라기보다는 위에서 언급된 효과를 얻기 위한 인위적 요소들이 많이 감이된 것이다. 요리사들은 음식의 전통

농사짓는 모습

적인 모습이나 원래의 특성을 보존하기 보다는 변화시키고 변형을 주는데 신경을 썼다.

굽거나 튀긴 고기나 생선들은 구은 빵과 관계가 깊은 소스를 뿌려 먹었다. 고기나 날짐승들을 커다랗게 자른 조각은 쇠꼬챙이에 꿰어 구웠으며 야채들은 진한 퓌레의 형태로 식탁에 올려졌다. 이때가 파이의 황금시대로서 어떤 것들은 생선, 고기 또는 구은 새를 통째로 넣은 것들도 있었다.

세련된 것과는 거리가 멀던 이러한 음식은 세월이 흐름에 따라 보다 세련된 제과로 발전했는데 달콤한 맛이 나는 음식들로 와플, 크랩프, 조그마한 케익, 우유 또는 치즈가 들어간 파이, 우블리, 꿀 안에서 익힌 과일 등이 있다. 음료수의 경우, 가장 널리 대중화된 것은 주로 음식을 할 때 사용되던 포도주이다. 중세 시대부터 프랑스의 거대한 포도밭이 형성됨에 따라 모든 사람들은 포도주를 물에 타서 마셨다. 식사가 끝날 무렵 사람들은 향료를 넣은 포도주 (오늘날의 데워진 포도주의 원조인 익히거나 단 맛이 나고 향이 나는 포도주)를 마셨다. 또한 능금주와 배를 갈아 만든 주스 그리고 골루와 족의 전통 맥주인 맥주를 마셨다. 이 시기에 기욤 띠렐 (Guillaume Tirel)이라는 프랑스의 가장 위대한 요리사가 등장하게 된다.

채소를 재배하는 모습

1326년 그는 왕인 샤를르 4세의 아내인 쟌느(Jeanne)의 부엌에서 일을 돕는 시동으로 요리사 인생을 시작한다. 당시 그와 같은 위치에 있던 시동들과 마찬가지로 그 역시 까다롭고 어려운 요리사들의 명령에 따라 매우 힘들게 요리를 배웠다. 일은 매우 힘들었고 부엌의 허드렛일을 하는 젊은이들은 얻어맞기 일쑤였다. 요리법은 전통적인 방법에 따라 입으로만 전수되었다. 그 후 기욤은 스튜어트 요리와 약한 불로 조정하는 요리를 담당하는 요리사가 되었으며 요리사로서의 상급 위치로 서서히 상승하기 시작하였다. 1346년, 그는 왕 필립 6세의 말단 궁중 요리사가 되었고 그 후 노르망디 공작인 도핀의 음식을 담당하였으며 도핀이 왕위에 오르자 궁중 요리사가 된다. 샤를르 6세 때 그는 마침내 최고의 요리사 지위에 오른다. 60년 동안 그는 5명의 왕의 식사를 담당하였고 음식을 담당했던 그의 임무를 상기시키는 문장을 수여 받으며 세상을 떠난다. 기욤 띠렐은 식도락이 역사에서 결코 빼놓아서는 안 되는 요리 예술의 원조로 기록되고 있다.

귀족들에게 음식을 바치는 요리사

중세 시대는 향연 예술에서 일종의 완벽을 이루었다. 당시 식사의 특징적인 유형은 물론 연회이다. 식사를 하면서 공연을 구경하는 당시의 식사 형태는 이렇게 함으로써 자신의 사회적 계급이나 부, 또는 위세를 나타내는 하나의 방편이었다. 또한 귀족들이나 부유층에서는 약혼식이나 결혼식, 또는 전쟁에서 승리를 기념하거나 아이가 태어났을 때 등 모든 유형의 중요한 일이 있을 때마다 향연이라는 형태의 식사를 통해 기념하였다. 이것은 당시 사회적이면서도 심미적인 사고를 구체적으로 보여주는 예이다. 향연 때 하는 식사는 구운 고기, 소스, 생선 또는 파이 등 다양한 음식으로 구성된다. 식탁에 앉은 사람들

중세 귀족들의 연회 모습

은 각자 자신들 앞에 있는 것을 손수 먹었고 그 후에 또 다른 음식들이 대체되는데 대략 6번 정도의 음식을 제공하였다.

3) 르네상스 시대(14세기~17세기 초)

프랑스에서 르네상스가 과학이나 예술의 영역에서 커다란 변화의 시기라고 한다면 100년의 주기에 따라 변화하는 요리의 경우는 해당되지 않는다. 그럼에도 불구하고 이 시기는 요리에 대한 취미나 기술이 정착하는 시기라고 할 수 있다.

음식을 연구하는 요리사

프랑스와 이탈리아와의 전쟁 이후, 동맹이나 왕족들의 결혼과 같은 정치적 교환은 많은 변화를 가져오게 되는데, 특히 메디치가의 캬트린(Catherine de Médicis)가 프랑스 왕국에 오면서 신선한 완두콩과 샐러드로 만든 후렌치 드레싱에 찍어 먹는 요리인 아티초크는 점차 식탁에 오르기 시작하였다. 요리 중에 가장 충격적인 변화는 바로 설탕의 사용량이 늘어났다는 것이다. 아주 희귀한 음식에서부터 치료용에 이르기까지 설탕을 점점 더 쉽게 구입할 수 있게 되면서 음식에 넣는 중요한 재료가 되었다. 이탈리아의 생활방식 역시 프랑스의 식탁에 변화를 가져다주었는데 르네상스 시대에는 오늘날 우리가 알고 있는 것과 같은 고정된 식탁이 나타났고 그 위에 포크가 등장하였는데 처음에는 그저 호기심으로 그저 설탕에 절인 과일과 같은 끈적끈적한 음식을 집을 때나 사용하였다. 16세기와 17세기에는 개인 접시의 사용이 일반화 되었으며 도마 대신에 자그마한 숟가락, 포크 그리고 칼이 가지런히 놓여진 식탁이 꾸며졌다. 이 시기부터 사람들은 포크를 가지고 음식을 찍어 먹었으며 식탁 용 칼의 날이 둥그렇게 변했다. 또한 질그릇과 유리잔은 서서히 주석으로 대체되었으며 부엌에서 사용하는 기구들 역시 정교하게 바뀌었다.

또한 이 시기에는 일상생활에서 먹는 음식들과 새로운 요리에 관계된 새로운 주방용 기구들로 넘쳐났는데 수프그릇과 항아리에 원조인 채소와 고기를 같이 넣어 만드는 그릇 항아리가 생겨났으며 커피포트, 차를 끓이는 용기, 초코렛을 만드는 용기와 각종 잔들이 세련된 모습을 갖추게 된다.

4) 17세기와 18세기

프랑스 요리가 진정한 자리를 잡은 시기는 17세기와 18세기로서 이 시대를 문명화된 시대라고 말한다. 고급스런 요리는 우선 귀족계급들 사이에서 발전되었고 그 후 부유층들 사이에 퍼지면서 전문화된 요리사들이 요리를 전담하게 된다.

그다지 부유하지 않은 중산층의 가정에서는 전문 요리사가 아닌 주로 여인들이 음식을 담당하였다. 음식을 보다 세련되게 맛보려는 중산계급층의 영감은 프랑스 요리에 많은 영향을 끼쳤는데, 귀족들은 이런 중산층에서 개발한 음식을 보고는 그것을 흉내 내되 맛과 모양에서 차이가 나도록 하였고 또 이것을 중산층 사람들은 보고 만들었다.

17세기에 들어서 요리에 변화가 생기는데 먼저 주목할 만한 것은 향료에 대한 사용이 현저히 줄었다는 것이다. 당시 프랑스는 향료를 가장 많이 사용하는 나라였는데 최고의 식도락의 나라라는 명성을 갖게 한 향료 사용의 자제는 놀라운 변화였으며 유럽의 나머지 국가에서는 계속해

요리 중인 요리사

스프를 끓이고 있는 요리사

서 향료를 사용하였다. 후추와 정향봉오리와 겨자만이 왕궁 식사에서 찾아볼 수 있을 뿐이었다. 당시 외국인들은 프랑스에서 음식에 향료가 아주 적게 사용된다는 사실에 매우 놀랐으며 유럽의 다른 나라들을 여행하던 프랑스인들은 다른 나라의 모든 음식에 향료가 사용되어 음식을 먹지 못하였을 정도였고 유럽 국가들의 맛에 대한 무식함을 비난했다. 향내가 나는 풀 역시 변화가 생겼는데 박하과 식물인 히솝, 운향, 박하, 꽃박하 등은 사라지고 백리향, 월계수, 파슬리 등으로 대체되었다.

중세 시대에 농부들의 음식으로만 여겨졌던 야채로 만든 음식들은 왕족 식탁에 오르게 되었는데 사실 프랑스 요리에 많은 부분들이 중산층과 농부들이 먹던 음식들처럼 좀 더 대중적이면서도 자연적인 원료를 사용에서 새로운 영감을 얻었다. 중세 시대 요리법에는 존재하지 않았던 버터는 모든 소스에 사용되었고 사회 엘리트 집단들이 애용하면서 요리의 특성 중에 하나로 떠올랐다. 이러한 변화는 17세기에 일어났는데 사순절과 금식일에 버터를 사용할 수 있게 되면서부터이다.

신선한 크림은 이때까지도 요리사들에게 환영받지 못했지만 버터의 경우와 마찬가지로 그 사용이 늘어나면서 소스를 만드는데 점차 이용되었다. 사실 소스는 중세 시대의 포타주와는 근본적으로 다른 개념이다. 또 다른 커다란 변혁은 고기즙과 퓌레상태의 소스의 출현인데 19세기까지 요리사들은 이에 대한 모든 이론을 발전시켜 나간다. 고기즙은 여러 가지 용도로 저장될 수 있는 뚜껑으로 닫힌 그릇안에 구운 고기가 녹으면서 나오는 즙이며 퀘레상태의 소스는 오늘날의 것과 유사하다.

그러나 이러한 변화를 겪기까지 많은 반목이 있었는데 전통을 고집하는 요리사들과 새로운 요리법을 채택하려는 요리사들간의 충돌이 잦았다. 새로운 방법을 받아들인 요리사들은 재료들이 고유의 맛을 유지하게 하기 위해서 새로운 방법이 필요하다고 주장하였다. 결국, 짠 맛을 내는 요리와 단 맛을 내는 요리 사이에 명백한 구분이 이 시기에 비로소 자리를 잡게 된다.

〈루이 14세 시대의 식사〉

식사중인 루이14세

루이 14세가 통치하던 초기, 사람들은 스프 종류보다는 무엇인가 먹는 것을 위주로 한 식사를 했는데 토끼고기와 가금류의 고기가 주를 이루었다. 그러나 큰 축제나 향연이 벌어지는 경우 공작이나 후작 등의 귀족계급은 아름다운 깃털로 장식된 왜가리나 공작 등을 먹었다. 모든 음식은 많은 양의 향료로 맛을 돋구었다.

루이 14세는 칼끝으로 음식을 찍어 먹었는데 그 이유는 포크가 출현한 것은 18세기 초였기 때문이다. 왕은 가능한 한 잔이나 접시를 건드리지 않으려고 했는데 왜냐하면 하인들이 이미 그것을 만졌기 때문이었다. 게다가 그는 누군가가 자신의 음식에 독을 넣었을까봐 두려워하여 자신의 음식을 먼저 맛을 보는 시종을 두고 있었다. 루이 14세는 아주 유명한 식도락가였는데 그는 13시에 점심을 먹었음에도 불구하고 요리사들은 새벽부터 그의 음식을 준비하였다. 먹을 것이 부족했던 시민들은 종종 상한 음식들을 먹어야 했는데 반해 왕은 최고의 과일들을 먹었다. 그는 식탁에 왕자들과 공주들이 함께 식사하는 것을 허용하였으며 식사 후에는 자신의 방으로 돌아갔다. 루이 14세가 매일 먹었던 하루 세끼의 식사는 점심식사와 저녁식사 그리고 밤참이었다.

왕의 식탁에서 먹지 않은 음식들은 베르사이유 궁전의 귀족들에게 요리사들이 팔았다. 사순절 기간에는 제식시간 이후의 저녁 한끼 밖에 식사를 하지 않았다. 이 기간 동안 고기와 포도주는 먹을 수 없었으며 어떤 음식들은 종교적 행사와 밀접한 관계를 갖고 있었다 :

- 꼴라씨옹 (collation)

이것은 수요일, 금요일 그리고 토요일인 금식날에 과일만 먹었던 밤참 대신에 먹었던 음식이다.

- 금식 (jeûne)

조국에 대한 사랑을 기원하는 종교적인 행사의 날로서 사람들은 과일을 제외한 모든 음식을 먹지 못하게 되어있었다.

- 고기 (la viande)

특히 수소고기와 암소고기, 양고기, 스튜요리를 먹었다. 돼지고기는 잘게 다진 상태 또는 파이의 형태로만 먹었다. 중세 시대의 주로 먹었던 새들은 비둘기, 암탉 그리고 거세된 수탉이었으며 칠면조는 특히 연회 때 먹었다.

- 생선 (le poisson)

주로 사순절날 먹었는데 강에서 나는 생선들은 산채로 운송되었다. 사람들이 가장 선호한 생선은 대구, 넙치 등이었다.

- 야채와 과일

야채와 과일은 베르사이유 여러 정원에서 키운 것들로서 가장 많이 먹었던 것으로는 버석, 엽맥, 아티초크, 양배추 그리고 이탈리아 원산의 브리콜리 등이었다.

루이 14세의 식탁을 꾸미는 것은 왕궁 최고 요리사였는데 먼저 왕의 자리의 식탁을 꾸민다. 우선 식탁에 금으로 만든 접시와 칼을 놓았고 포크는 식탁에 놓지 않았는데 그 이유는 루이 14세가 포크 사용하는 것을 거절했기 때문이었다. 그리고 나서 초대 손님들의 식탁 위에 도금을 한 접시와 포크 그리고 칼을 놓는다. 또한 루이 14세의 자리에 젖은 타월을 놓아두었는데 그 이유는 루이 14세가 매 음식을 먹고 난 후에 손을 씻었기 때문이었다. 식탁은 왕의 권력과 질서정연한 형태를 상징하도록 배치되었다.

필립 도를레앙(Philippe d'Orléans) 때 요리에 대한 새로운 변화가 생겨나는데 레장(Régent)은 아내를 사랑하는 남편으로서 친구들을 위해 부엌에서 조촐한 식사 준비를 남자 스스로 하는 것이 비난할 것이 아니라고 말하면서 새로운 유행을 주도했다. 이것은 아주 제한된 인원의 식사 준비와 관계되는 것으로서 최소한의 하인을 동반한 채 무엇보다도 음식의 질이 최우선이어야 한다.

혁신경향이 있는 요리사들은 음식에서 가장 중요한 것은 무엇보다도 간결함과 자연적인 순수함이라고 주장하였다. 그러나 새로운 음식의 간결함이란 말처럼 간단하지 않으며 엄청난 작업을 요구하는데, 음식에 많은 양의 맛이 혼합되면서 처음에는 자연스럽게 시작하였을지는 몰라도 나중에는 극도로 복잡해지는 양상을 띠게 된다. 그리고 음식에 사용되는 재료들은 점점 더 고급화되어가고 점점 더 음식에 대한 탐구가 깊어지면서 요리에 대한 많은 이론들이 나오게 되었다. 귀족들의 식사는 여전히 남자 요리사가 담당하였으며 진정한 여자 요리사를 찾기 위해서는 영국까지 가야했다.

프랑스 혁명 직전 귀족들의 식사모습

이 시기에 프랑스 대혁명이 준비되고 있었는데 이에 따라 요리 역시 아주 특별한 행로를 가게 된다. 귀족들이나 부유층들은 극도의 사치와 세련됨의 상징이며 매우 전문화된 작품으로서의 여기면서 작품으로서의 요리를 요구하게 된다. 화려한 식단은 4개의 단계로 이루어지는데 매번 여러 가지의 음식들이 나오며 (한 사람에 대략 두 개의 음식) 5번째 단계는 후식으로서 잼, 과자 그리고 사탕과자 같은 단 것들이 제공된다. 부유층에서도 귀족계급의 이런 식단을 따라 할 수 있다는 잘못된 생각에 간결하면서 음식 수를 줄인 일종의 타협화된 식단을 만들게 되었다.

최고의 음식은 역시 파리에서 맛볼 수 있었는데 프랑스나 세계의 다른 지역에서 나오는 최고의 음식들이 모두 다 파리로 집중되어졌다. 위대한 요리사들은 오로지 파리에서 일을 할 때만 인정받았고 차, 커피, 초코렛은 더 이상 신기한 새로운 것으로 여겨지지 않았다. 치초의 카페가 파리에 등장하였는데 이곳에서 사람들은 커피를 마실 뿐 아니라 정치적인 문제에 대한 토론과 논쟁을 하였다. 이탈리아인인 프로코페는 카페를 열어 아이스크림을 판매하였는데 아이스크림이나 소르베를 만드는 것은 새로운 것이었다. 알라스 지방의 특산 음식인 푸아그라는 서서히 대중들에게 퍼져나갔고 노르망디 지방의 카망베르 마을에서는 전 세계 사람들에게 기쁨을 줄 치즈를 준비하고 있었다. 그리고 감자가 드디어 프랑스인들의 식탁에 올라가게 되었다.

1765년 샹 두와조라고 불리는 한 제빵사가 뿔리 (Poulies ：오늘날의 루브르 거리) 거리에 조그마한 카바레를 차렸는데 그는 이곳에서 손님들에게 야채와 고기를 삶아서 만든 수프를 제공하였으며 또한 굵은 소금에 절인 새 요리와 신선한 알을 제공하였다. 요리사가 아니었던 그는 당시에만 해도, 소스가 곁들인 음식을 팔 권리가 없었다. 또한 1789년 앙뚜안느라는 사람이 파리 리슐리유 거리에 최초의 레스토랑을 차린다.

식사를 제공하는 카바레의 모습

레스토랑이 개업하자 주요 고객은 귀족들이었기 때문에 1793 ~1794년의 공포정치 때에는 18개월 동안 감옥살이를 하기도 했다. 다행히 죽음의 위기에서 벗어난 그는 또 다른 레스토랑을 개업하였고 이 식당은 식도락 분야에서 최고의 식당이 되었다.

프랑스 혁명 이후 파리에는 많은 식당들이 들어서게 되었는데 귀족들이 도망을 가자 그들에게 속해있던 요리사들은 직업을 잃게 된다. 이들에게는 결국 식당을 개업하는 것 이외에 다른 방법이 없었다. 혁명을 이끌던 지도자들은 대부분 식도락가들이었는데, 심지어 형을 선고받은 이들조차 잔치를 벌리곤 했다. 식당주인과 요리사들은 여력이 남아 있는 죄수들과 협약을 맺고 이들이 단두대로 끌려가기 전까지 각종 진미 요리를 제공하였다. 이 시기부터 위대한 요리사들은 자신들의 식당을 경영했고 시민들이라 할지라도 돈만 있다면 옛날 귀족들처럼 맛있는 음식을 맛볼 수 있게 되었다. 공포정치가 끝나자 사람들은 식도락의 기쁨을 다시금 즐기게 되었다.

파리에서는 더 이상 새로운 음식이 만들어지지 않았고 돼지나 양 그리고 소들 역시 거리에서 사라졌다. 대신 파리는 세계의 4대 최고의 요리 도시로 자리 잡게 된다.

18세기에 집에 밥을 먹는 공간이 생겨나는데 그 전까지는 침실이나 옆방에서 식사를 했었다. 1750년 식탁이 오늘날의 형태를 갖추게 되는데 각종 금은세공으로 장식한 다양한 식탁이 등장한다. 그리고 식탁 위에는 다양한 음식을 먹기 위한 다양한 용도의 식기들이 등장하였다. 또 하나 놀랄만한 변화는 바로 식사 서비스의 변형이었다. 식사할 때 여러 개의 접시를 식사하는 사람에게 직접 소개하면서 하나씩 맛보게 하였는데 식사들은 식당에서 나올 때 이미 먹기 좋게 잘려서 나왔고 식지 않은 상태로 음식을 먹을 수 있게 되었다. 이러한 변화는 또 다른 결과를 가져왔는데 이제부터 잔은 식사하는 사람 앞에 놓여 졌으며 잔은 하나의 장식품으로 사용되어지면서 포도주를 마실 때 쓰는 잔, 샴페인을 마실 때 사용하는 잔 등 용도에 따라 다양한 모양을 갖추게 되었다.

5) 20세기의 요리

세계 제1차 대전 초, 마르뜨 알라(Marthe Alard)가 <프랑스의 맛있는 음식들(les bons plats de France)>라는 책을 내게 되는데, 그녀는 책에서 위대한 요리나 음식에 대한 것보다는 지방 특산 음식을 언급한다. 1923년에 파리에서 전국 미식가 모임이 8일 동안 열리는데 전문가들은 자신들의 특별 요리들을 선보였다. 1930년 프랑스 요리는 세계에서 가장 흥미로운 요리 중 하나로 대두되었다.

Menus de la « Poule au pot » (1896). [Dessin de Willette.]

2. 치즈 (fromage)

1) 치즈의 기원 및 제조

치즈의 종류는 대략 400여종이 되며 맛 또한 매우 다양하다. 그 중에서도 염소 젖으로 만든 치즈는 그 역사와 전통이 오래되었다. 기원전 1000년 지중해 연안에 살던 사람들은 염소를 키웠으며 염소젖으로 치즈를 만드는 법을 이미 알고 있었다. 염소젖으로 만든 치즈를 사람들이 먹었다는 것은 유명한 서사시인 오디세이에서 유리시즈와 그의 동료들이 선착장에서 각자 치즈로 식량을 챙겼다는 것에서 알 수 있다. 사실 염소젖으로 만든 치즈는 갈로-로망 시대의 문화유산의 일부이다.

치즈는 프랑스인들이 가장 선호하는 음식 중 하나로 주로 후식용으로 애용한다. 치즈는 발효를 시켰거나 발효시키지 않은 우유를 응고시켜 얻은 음식으로서 원칙적으로 암소의 젖으로부터 추출하지만 암양이나 염소 또는 암 물소의 우유에서도 추출한다. 1988년 12월 30일 법령에 따르면 치즈란 <우유, 크림이나 이들을 혼합하여 응고시킨 발효되거나 또는 발효시키지 않은 생산물>이라고 정의하고 있다. 프로마쥬(fromage)라는 단어는 고대 프랑스어의 포르마쥬(formage)에서 유래된 것인데 이는 또 형태화 된 것이라는 의미를 지닌 라틴어 포르마티쿰(formaticum)에서 유래됐다.

우유의 응고는 응유효소 또는 자연발생적으로 산성화되어 얻어진다. 이 절차는 소금에 절인 후 발효 과정을 거쳐 만들어지며 치즈의 맛은 계절, 기후, 토양과 목장의 특성, 우유를 제공하는 동물의 종(암소, 염소, 양), 제조 기술 등 여러 가지 요인에 의해 결정된다. 최초로 치즈를 생산한 나라는 스위스로서 1815년 2월 3일 치즈 공장이 세워졌다. 프랑스는 이탈리아와 함께 가장 다양한 치즈를 가장 많이 생산하는 생산국으로서 약 350개에서 400 종류의 치즈를 생산하는데 <일년 내내 하루에 하나씩 치즈를 먹는다>라는 속담까지 있을 정도이다.

치즈를 보관하는 가장 좋은 방법은 서늘하고 어두우며 공기가 잘 통하며 약간 습한 지하창고에 보관하는 것이다. 만일 이러한 장소가 없다면 냉장고 아래 야채를 넣어두는 곳에 치즈를 보관할 수 있지만 몇 가지 유의사항이 있다. 우선 치즈를 처음 포장 상태에서 냄새를 흡수하지 못하게 하기 위해 음식 포장 비닐로 쌓아둔다. 치즈 속에 포함된 우유의 지방은 냄새를 가장 잘 흡수하는 물질 중에 하나이다. 이러한 이유로 해서 버터를 아무런 포장 없이 냉장고에 넣어두어서는 안된다. 백리향이나 월계수 가지와 함께 치즈를 서랍 속에 보관하는 것 역시 치즈의 강한 냄새를 없앨 수 있는 방법이다.

2) 프랑스에서 생산되는 치즈

노르망디 지방의 까망베르(Camembert)

프랑스에서 생산되는 모든 치즈 중에 일반인에게 가장 많이 알려져 있다고 말할 수 있을 정도로 프랑스의 대표적인 치즈이다. 이 까망베르가 탄생한 곳은 오즈(Auge)라는 조그마한 마을이다. 프랑스 혁명 당시에 폭동이 일어났을 때 마리 아렐(Marie HAREL)이란 여인이 한 신부를 숨겨주었었는데 이 신부가 그녀에게 까망베르 제조법을 알려주었다. 까망베르가 알려지게 된 것은 파리-그랑빌 간 철도의 개통식부터였는데, 이 철도 개통식에 참석한 나폴레옹 3세에게 마리 아렐의 딸인 마리 뻬넬(Marie PAYNEL)이 이 치즈를 제공하였다. 당시만 해도 까망베르는 짚으로 된 것에 포장되어 있었는데 1880년이 되어서야 리델(RIDEL)이 까망베르의 운반을 손쉽게 하기 위해서 나무 지저깨비로 만든 상자에 포장을 하였다. 까망베르의 표면이 보플로 뒤덮히게 된 것은 로제(ROGER)라는 인물에 의해서였는데, 그는 여기에 브레(BRAY) 지방에서 생산되는 치즈에서 추출한 종자를 넣었으며 이렇게 해서 오늘날 까망베르의 외형이 탄생한 것이다. 이때까지만 해도 까망베르의 겉은 푸른 색이었다.

까망베르

노르망디 지방에서 생산되는 까망베르는 암소의 가공되지 않은 우유로 만드는데 온도는 37도 이상 높이지 않으며 이렇게 해서 치즈에서 자연 발생적으로 물이 빠지게 된다. 응유효소 덕택에 얻어진 응고된 우유는 5번의 연속적인 여과를 통해 물렁물렁해진다. 그리고 이것은 건조한 소금에 의해서 절여지는데 노르망디산 까망베르 하나를 만들기 위해서는 2.2리터의 우유가 필요하다. 그리고 적어도 21일 동안 숙성을 하는데 지름 11센티미터 무게 250그램 적어도 45%의 지방이 포함되어야 한다. 그리고 나무로 만들어진 상자 속에 포장된다.

프랑슈 꽁떼 지방의 꽁떼(Comté)

꽁떼(comté)는 주로 프랑슈-꽁떼 지방에서 생산되는 프랑스 치즈이다. 이 치즈는 추운 지방에 사는 주민들이 겨울이 오랫동안 지속되는 동안 추위를 이겨낼 수 있는 영양가 있는 이 치즈를 어떻게 하면 많이 만들까하는 고민에서 생겨나게 되었다. 추운 산악지대에 살던 사람들은 결국 집단의 공동 작업을 통해 치즈를 숙성시키며 생산하게

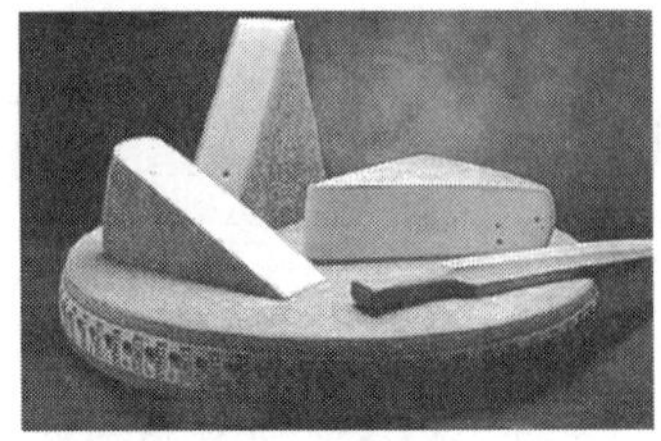
프랑슈-꽁떼 치즈

되었다. 꽁떼는 프랑스 치즈들 중에 최초로 인증을 받은 치즈이다. 이 인증은 전통적인 절차에 의해 엄격한 통제 속에 치즈를 생산하고 가공할 수 있도록 보장해 준다. 꽁떼는 암소의 가공되지 않은 우유를 익힌 후 압력을 가해 누른 반죽으로 만든 치즈이다. 지름 65cm와 평균 무게 40kg 의 거대한 절구형 모양의 치즈로서 한 덩어리의 꽁떼 치즈를 생산하기 위해서는 우유 450리터가 필요하다. 이 치즈는 인, 칼슘, 천연염, 그리고 프로테인이 풍부한 식품으로서 제일 맛이 좋은 시기는 7월부터 9월까지 8개월에서 10개월 동안 숙성시킨 것이지만 6월부터 12월까지도 맛이 좋다. 꽁떼 치즈의 맛을 제대로 알기 위해서는 시간이 걸리는데 적게는 4월에서 보통은 8~10개월, 많게는 18~24개월을 숙성한다. 꽁떼는 또한 향기로도 아주 잘 알려져 있다.

그뤼에르 드 싸부아(Gruyère de Savoie)

그뤼에르 드 싸부아는 싸부아 지방에서 생산되는 프랑스 치즈로서 기본적으로 암소의 우유에다 익혀 압력을 가한 반죽으로 평균 무게는 40kg 정도이다. 맛이 가장 좋은 시기는 8~12개월 숙성시킨 뒤의 6월에서 12월 달이지만 3월 달부터 제 맛을 느낄 수 있다. 꽁떼 치즈와 유사한 이 치즈는 맛이 뛰어난 것으로 잘 알려져 있고 봄과 여름에 생산된 우유로 만들었을 때의 반죽의 깊이가 뛰어나다. 이 치즈들은 가장 많이 소비되는 것들로서 생산량 또한 가장 많으며 반면 그 품질을 떨어뜨리지 않기 위해 치즈 제조 방식이 매우 엄격하다.

그뤼에르 치즈

그뤼에르 치즈 일종으로 에망딸(emmental)이란 것이 있는데 이것은 1918년 스위스에서 나오는 그뤼에르 치즈와 경쟁하기 위해 전반적인 가격을 내린 1900년부터 쥐라 산맥근처에서 생산된 치즈이다. 이 치즈의 특성은 숙성을 비교적 짧은 기간(12주에서 16주) 내에 하며 그 크기가 매우 크다는데 있다(70kg에 80kg, 지름이 75cm 이고 두께는 16에서 25cm). 기름기가 덜하며 맛이 덜 강한 맛으로 최근 사람들의 입맛에 맞으면서 급격하게 상품화되어 인기를 끌고 있다.

에땅달 치즈

로크포르(Roquefort)

로크포르는 아베리롱(Aveyron)의 석회질로 이루어진 고원 지역에서 나오는 프랑스 치즈로서 크포르-쒸르-쑬존(Roquefort-sur-Soulzon) 마을 주위에서만 생산된다. 이 치즈는 라꼰느(Lacaune)라는 종의 암양의 우유루 만드는데 평균 한 덩이리가 2,5kg 정도의 무게가 나간다. 가장 맛이 있는 시기는 5개월의 숙성기간을 거친 4월부터 10월까지이지만 3월부터 10월에 생산되는 치즈 역시 맛이 좋다.

브리 드 모(Brie de meaux)

브리 드 모는 브리(Brie)지방에서 생산되는 프랑스 치즈로서 19세기 <치즈의 왕(roi des fromages)>이라는 칭송을 받기도 했다. 암소의 우유를 기본으로 만드는데 평균 2,8kg에 지름 36~37cm의 크기로 겉표면은 흰 색이다. 가장 맛이 있는 시기는 8주에서 10주 사이의 숙성을 거친 4월부터 9월까지인데 중심에는 노란 색의 성분이 있으며 개암열매의 맛이 나며 약간 발효 냄새가 난다. 숙성이 잘 될수록 이 냄새가 강하다.

브리드모 치즈

3. 포도주 (vin)

1) 포도주의 역사

언제부터 인간이 포도를 재배하고 포도주를 마셨는지 정확히 알 수는 없지만 선사시대 동굴 속에서 포도 씨가 발견되는 것으로 보아 포도가 인간과 얼마나 오랫동안 관계를 맺었는지 짐작할 수는 있다. 그러나 그렇다고 해서 이들이 과연 포도를 발효시킬 줄 알았는지를 알기란 매우 어렵다. 포도밭은 인간이 정착생활을 하면서부터 재배되어 왔으며 포도재배를 통해 수확의 결실로 포도주를 얻게 되었다.

이집트에서 포도주의 신은 오시리스인 반면 그리스에서는 디오니소스였는데 그리스인들과 로마인들의 일상생활에서 포도주는 큰 부분을 차지하고 있었다. 당시 사람들은 포도주를 잘 보관하기 위해 과일이나 꽃 등과 함께 익혔다. 로마인들과 이들이 정복한 많은 지중해 지역에는 포도밭이 점차로 확산되어져 갔으며 그리스인들은 하루 종일 포도주 원액을 마셨다.

프랑스의 포도농장

또한 포도주는 식생활에 많은 영향을 주었는데 예를 들어 그리스인들의 식사는 향기가 좋은 포도주를 마시는 것으로 전식을 시작하고 그 후 포도주와 함께 고기와 곡식을 먹었다. 그리고 마지막으로 심포지엄을 하다가 식사 시간이 되면 또 포도주를 마셨다. 그리고 심포지엄에서 논쟁이 되는 주제와 함께 자신이 원하는 포도주의 양을 적게 되어 있었다. 포도주는 항상 지하실에서만 발효되었던 것은 아니며 제대로 보관이 되지 않은 경우도 많았는데 이러한 이유로 해서 그리스인들은 포도주에 향기가 나는 꿀, 박하, 계피등과 소금물을 첨가하였다.

송진을 발라 비가 스며들지 않게 방수처리를 한 염소가죽으로 만든 가죽부대에 포도주를 담아 두었고, 바다를 여행하는 경우에는 손잡이가 둘 달린 항아리에 넣어 운반하였다.

기독교 역시 포도주의 발전에 큰 기여를 하였는데, 각 수도원은 자기 소유의 포도밭을 가지고 있었고 미사용 포도주를 수확하였다. 포도주의 소비는 프랑스 전역에서 일반화 되었으며 상인들의 영향아래 상업화되었다. 포도밭은 수출항이나 소비되는 지역으로 확산되어져 갔는데 샤렁트, 앙주, 알사스, 일드 프랑스의 포도밭은 몰락하였고 부르곤뉴의 포도밭에게 자리를 내주었다.

2) 포도주 보관하는 방법

포도주를 잘 숙성시키기 위해 가장 필요한 것은 포도주를 움직이지 않는 것이다. 좋은 포도주를 사는 것도 중요한 일이지만 포도주를 잘 보관하는 것은 더 중요하다. 포도주는 살아 있는 식품이며 민감한 감성을 가지고 있어 변덕스럽다. 좋은 산지에서 나는 양질의 포도주를 샀으면 적당한 조건에서 잘 숙성시키기 위해 좋은 저장 창고에 포도주를 넣어야 한다. 가장 이상적인 보관 창고라는 것은 존재하지 않지만 가장 적합한 창고는 신선함과 습기, 그리고 빛이 들지 않는 다져진 흙을 판 둥근 천장의 조용한 창고가 좋다. 창고는 깊으면 깊을수록 좋기 때문에 계단이 있다면 최고의 보관 창고라고 말을 한다. 그러나 집에 계단이 있건 없건 간에 포도주를 잘 보관하려면 몇 가지 조건이 따른다. 다음은 포도주를 최고의 상태로 효과 있게 창고에 보관할 수 있는 방법들이다.

온 도

큰 온도의 변화 없이 일정한 온도를 유지해야 한다. 제일 이상적인 온도는 11도에서 15도 사이로서 이 온도에서 포도주가 가장 잘 숙성될 수 있다. 온도의 변화는 천천히 이루어져야 하는데 온도가 더 올라가면 숙성이 빨라지는 대신에 맛의 정교함을 상실하게 된다. 반면 온도가 너무 낮으면 포도주를 상하게 할 수 있으며 포도주를 구성하는 성분들을 파괴할 수 있다. 그러나 온도가 항상 일정해야 할 필요는 없다. 게다가 온도를 조절할 수 없는 상황에서 지속적인 온도를 유지한다는 것은 불가능하다. 겨울에는 약 10도, 여름에는 20도 정도로서

포도주 저장 창고

약 10도의 차이는 온도 변화가 점차로 이루어진다는 조건 하에서 포도주 숙성에 큰 영향을 끼치지 않는다. 포도주는 온도의 갑작스런 변화를 좋아하지 않는다. 갑작스런 온도 차이를 절대적으로 피하기 위

해서는 창고가 땅 속에 있지 않다면 멀리 떨어진 것이 좋다. 또한 포도주 종류에 따라 냉난방을 조절할 수 있는데 백포도주는 가장 신선한 상태로서, 예를 들어 땅에 가까운 곳에 보관하는 것이 좋은데 그 이유는 백포도주는 열기를 좋아하지 않기 때문이다. 게다가 추위는 더위보다 포도주의 손상이 덜하기 때문이다. 그리고 포도주는 눕혀서 보관하는 것이 제일 좋다. 보관할 때 좋지 않은 냄새에 유의해야 하는데 개인 주택의 경우, 벽이 두껍거나 소리나 열이 차단될 정도로 멀리 떨어진 곳이 창고로는 안성맞춤이다. 포도주는 지하실에 보관해야 하지만 여의치 않을 경우 창고와 같은 효능을 보이기 위해 등온선이 깔린 장소에 저장해야 한다. 현대식 아파트의 경우 최적의 조건 속에서 당포도주를 숙성시킬 수 있도록 하는 기술적인 장치가 되어 있지 않다면 피해를 최소로 줄이기 위해서는 포도주 저장용 장을 구입하는 것이 좋다. 약간 더운 창고(16도에서 20도)도 좋지만 겨울에는 8도, 여름에는 25도 사이의 지속적인 온도 유지가 중요하다.

습기와 액체 비중

액체 비중에 조심해야 한다. 너무 건조한 창고는 포도주 병마개 뚜껑을 마르게 하고, 따라서 뚜껑이 오므라들게 되면서 포도주가 흘러나올 수도 있다. 반대로 습기가 너무 많은 창고는 뚜껑에 곰팡이가 피고 곰팡이 냄새가 나며 곰팡이 균류가 자라게 된다. 또한 습기가 과도하게 많은 경우 포도주를 파손하고 게다가 포도주에 붙어 있는 상표가 떨어져나가게 된다. 가장 이상적인 것은 비록 상표가 약간 얼룩이 진다해도 75%의 습도를 유지하는 것이다. 이렇게 하기 위해서는 창고의 입구를 환기시키고 바닥에 모래나 자갈을 깔면 좋다. 이 습도는 계속 유지시켜줘야 하며 만일 창고가 너무 건조하면 바닥에 물을 몇 그릇 분량 정도 놔두면 된다. 액체비중은 비용이 거의 들지 않는 방법이며 포도주의 상태를 좀 더 쉽게 조절할 수 있게 해준다. 마찬가지로 창고에 열기가 닿지 않게 해야 하는데 온도가 20도를 넘지 않게 유지해야 한다. 그렇지 않은 경우, 붉은 포도주는 맛을 잃게 되고 백포도주는 갈색으로 변하게 된다. 겨울에는 12도 이하로 온도가 내려가게 해서는 안 된다. 가장 이상적인 습도는 얼마인가 ? 사실 이것은 포도주를 얼마동안이나 보관하고자 하는지에 따른 원하는 보관 기간에 달려있다. 포도주를 적어도 10년 넘게 보관하고 싶다면 창고의 습도를 더 높여야 한다. 그러나 습도가 80% 이상 올라가면 상표를 훼손시키며 상표 위에 곰팡이 흔적이 나타나게 될 것이다. 습도가 40% 이하가 되면 포도주 병마개 뚜껑을 마르게 할 위험이 있고 그렇게 되면 뚜껑이 오므라들게 되면서 포도주가 흘러나올 수도 있다. 단 포도주를 몇 년 정도만 보관할 거라면 상관없다. 당신의 창고의 습도를 높이길 원한다면 바닥에 모래를 깔아 습도를 유지하는 방법도 있다. 아니면 젖은 물수건을 널어놓아두면 일반적으로 습도를 60%까지 끌어올릴 수 있다. 습도조절기계를 설치하는 것이야말로 최고의 해결방법일 것이다.

포도주를 뉘여서 보관하라

포도주를 뉘여서 보관해야 하는데 그 이유는 무엇일까 ? 병마개는 항상 포도주 액과 접촉한 상태로 있어야 하는데 그 까닭은 병 안으로 공기가 들어가는 것을 막기 위해 항상 축축한 상태를 유지해야 하는 것이며 이렇게 함으로써 포도주가 잘 문지러진 상태(bouchonnée)가 될 수 있게 해준다. 그렇지 않으면 코르크 마개가 건조해져서 공기가 새들어가는 것을 막지 못하게 되고 공기 안에 있는 산소로부터 포도주를 보호하지 못하게 된다. 오래 보관할 포도주들은 가장 빠른 시간내에 소비할 포도주를 맨 앞으로 해서 직접적으로 손에 닿지 않는 깊숙한 장소에 보관하는 것이 좋다. 이렇게 함으로써 매번 포도주를 창고에서 꺼낼 때 포도주가 흔들리는 것을 피할 수 있다. 나무 상자로

운반된 포도주는 포장 상태로 그대로 놔두는 것이 좋은데 상자를 쌓아두는 가장 좋은 방법은 제일 좋은 상품의 포도주를 제일 밑에다 두고 그 다음 품질은 그 상자 위에 쌓아두는 방식이 좋다. 종이 상자로 포장된 포도주는 습기로 인해 포도주가 훼손되거나 종이 상자의 냄새가 포도주에 배지 못하도록 하기 위해 상자를 벗겨내야 한다. 백포도주는 가능하면 가장 낮은 칸에 보관하고 적포도주는 높은 곳에 위치시키는 것이 좋다. 포도주를 정리하는 선반함의 선택은 창고에 있는 포도주의 양에 따라 다른데 금속으로 된 선반함은 가격에 비해 훨씬 더 많은 양의 포도주를 저장 할 수 있다. 게다가 금속으로 된 선반함은 포도주병을 쌓을 때의 방법과는 반대로 다른 포도주에 영향을 주지 않고 마시려고 하는 포도주를 꺼낼 수 있다는 장점이 있다.

어둡거나 빛이 차단되어야 한다

포도주 보관에 있어서 가장 유의해야 할 것은 바로 빛이다. 포도주는 빛이 들지 않는 곳에 보관해야 하는데 그 이유는 빛은 포도주가 빨리 익어 버리는 주요인이 되는 화학적이며 생물학적 현상을 유발시키기 때문이다. 빛은 포도주 안에 들어있는 탄닌이라는 성분을 훼손시킨다. 포도주는 빛이 완전히 차단된 어두운 곳에서만 숙성시켜야 한다. 포도주에게 해가 되는 강력한 빛을 없애야 하며 네온 조명을 사용하는 경우 포도주는 2주 안에 특성을 상실하게 되므로 사용하지 않는 것이 좋다. 또한 외부로부터 빛이 들어오는 모든 곳을 막아두는 것이 좋다. 거실에 포도주를 저장을 하는 것이 보기에는 좋지만 포도주의 노화를 촉진시키므로 좀 더 어둡고 막혀있는 장소를 택하는 것이 좋다. 만일 지하창고가 없다면 공기조절장치가 되어 있는 가구에 보관하는 것이 낫다.

소리나 진동을 피하라

진동은 포도주의 숙성을 방해하는 만큼 유의해야 하며 따라서 조용한 곳에 저장해야 한다. 숙성이 진행되는 동안 포도주에 포함되어 있는 성분들 중에 어떤 것들은 결정체의 형태로 변하는데 만일 포도주가 계속되는 진동 속에 방치되면 이 분자들은 진행을 중지하게 된다. 포도주를 땅에 놓되 맨 땅에 내려놓는 것은 피하는 것이 좋은데 그 이유는 집의 위치에 따라 트럭이나 지하철이 지나갈 때마다 진동이 파생하기 때문이다. 자갈 위에 포도주를 놓는 것도 피하는 것이 좋은데 이렇게 하면 먼지가 쌓이는 것은 방지할 수 있어 좋을지는 모르지만 잘못하면 깨지는 수가 있다. 그리고 삼복더위 기간 동안에는 일부러 포도주에 습기를 제공해줄 수도 있는데 이렇게 함으로써 습기의 증발은 습도를 상승시켜주고 온도를 자연스럽게 낮춰줄 수 있다. 그리고 포도주를 땅 혹은 벽에 직접 접촉하게 하는 것은 삼가는 것이 좋다.

쓸데없는 냄새를 제거하라

포도주는 병마개 뚜껑을 통해 호흡을 하는데 나쁜 냄새에 굉장히 민감하므로 이상한 냄새들을 제거해야 한다. 포도주를 보일러나 중유 저장소 가까이에 두어서는 안 된다. 또한 윤활유나 니스, 그림물감, 솔벤트, 과일과 같은 물건들이 있는 곳에 포도주 저장 창고를 만들어서도 안 된다. 포도주 근처에 양파와 같은 야채를 놔두는 것을 피해야 하는데 왜냐하면 코르크로 만들어진 뚜껑은 이러한 이상한 냄새들을 통과시켜 포도주에 냄새가 배게 하기 때문이다. 썩은 낡은 종이 상자 역시 포도주 맛에 나쁜 영향을 줄 수 있으므로 조심해야 한다. 만일 벽이 너무 더러우면, 회반죽으로 벽을 바르는 것이 좋으며 또 거리나 도로 옆 역시 포도주 병마개를 통해 이상한 모든 냄새들이 스며들게 할 수 있으므로 포도주 저장 장소로서 좋지 않다.

바닥을 정리하라

포도주 보관 창고가 건조한 경우 모래를 사용하며 반대로 습기가 찬 경우에는 적어도 5cm 이상의 두께로 마른 모래를 바닥에 깔면 된다.

저장 창고의 환기를 유지하라

환기는 아주 민감한 부분으로서 보관 창고는 포도주가 곰팡이 냄새에 오염되지 않도록 하기 위해 환풍이 잘 되어야 한다. 가능하면 공기가 북쪽에서 들어와서 남쪽으로 나갈 수 있도록 하는 것이 좋은데 공기의 흐름 때문에 공기가 들어오고 나가는 두 방향이 서로 맞대어서는 안 된다. 만일 이것이 불가능하다면, 환기조절장치 쪽으로 보관 장소의 방향을 잡는 것이 좋다.

저장 창고를 잘 정돈하라

포도주를 보관하는 선반함은 금속이나 플라스틱이 좋으며 나무로 된 선반함은 습기를 떨어뜨릴 수 있으므로 피하는 것이 좋다. 또 다른 방법은 시멘트나 콘크리트로 만든 선반함이나 전문가들이 판매하고 있는 특별한 선반함을 설치하는 것이 이상적이다. 상표는 습기의 정도에 따라 훼손될 수 있는데 그래서 요즘은 딱 붙는 투명한 플라스틱으로 된 상표를 사용하여 포도주 주위를 둘러싸게 되어 있다. 만일 창고에 너무 습기가 많으면 상표에 있는 래커에 분무를 해도 좋다. 포도주는 적포도주, 백포도주 등과 같은 종류와 보르도, 브르곤뉴와 같은 포도주 산지에 따라 정리 하는 것이 좋다. 또한 보관 창고의 설계도 같은 것을 만들어두면 훨씬 포도주를 정리하기가 쉽다. 오래 보관해야 할 포도주는 깊숙한 곳에 저장하고 설계도에 표시를 해두면 관리하기가 훨씬 편하다.

보관창고의 기록서를 만들어라

포도주의 관리를 위해 보관 창고에 있는 포도주의 목록을 정리하는 것을 잊지 말아야 한다. 이렇게 하면 포도주를 산 날짜와 제조연도 날짜, 그리고 생산자에 대해 기억할 수 있다. 포도주를 땄을 때 주목할 만한 점들을 기록하는 것이 좋은데, 색깔이나 상품명, 산지 등을 정리해두면 편리하다. 모든 포도주가 다 숙성되는 것이 좋은 것은 아니므로 보관 창고에 저장해야 할 년도를 잘 기억해야 한다. 이를 위해서는 포도주 보관 창고용 장부책을 사서 정리하는 것이 좋다. 이 장부에는 포도주를 보관 창고에 보관한 날, 몇 병의 포도주가 보관되어 있는지, 그리고 가장 좋은 소비 시기, 구입가격 등을 기록할 수 있어야 한다.

포도주의 특성을 기억하라

앞에서 말했듯이 모든 포도주가 다 숙성시키는 것이 좋은 것은 아니므로 포도주를 오래 숙성시키면 좋다는 생각으로 아무 포도주가 구입해서는 안 된다. 포도주에 대한 모든 안내서에는 각 포도주에 대해 숙성시켜야 할 년도가 기록되어 있다. 게다가 이 포도주 안내서는 입맛에 맞는 포도주를 선택하는데 많은 도움을 준다. 또 포도주를 구입할 때 여러 종류의 포도주를 한 병씩 사는 것 보다는 한 종류의 포도주를 여러 병 사는 것이 좋다. 따라서 어떤 포도주를 사겠다고 마음먹었다면 한 병 이상을 사는 것을 권한다. 집에 보관 창고를 두고 있는 것의 장점 중에 하나가 바로 포도주가 숙성되어가는 과정을 지켜보는 것이다. 포도주의 맛은 해마다 다르며 이 차이를 관찰하는 것이야말로 정말로 매력적인 경험을 하게 되는 것이다. 게다가 한 병의 포도주만을 보관한다는 것은 마실 때를 놓쳐 포도주가 맛을 상실하는 시기에 마실 수가 있다. 만일 한 병의 포도주만이 있다면 너무 늦게 마시는 것 보다는 좀 일찍 마시는 편이 낫다.

3) 포도주 맛보는 법

포도주를 제대로 맛보려면 무엇보다도 먼저 감기와 같은 질병에 걸리지 않도록 건강을 잘 유지해야 한다. 그리고 입천장이 포도주 맛을 느낄 수 있도록 하기 위해서는 맵거나 양념이 강한 음식을 먹지 말아야 한다. 또한 너무 강한 음료를 마셔도 안 되며 담배를 피워서도 안

된다. 포도주 맛을 보려면 모든 냄새를 깨끗이 제거한 튤립 모양의 잔에 포도주를 따라 시음하는 것이 좋다.

두 사람이 같은 포도주를 시음한다고 해도 같은 미각이나 후각을 갖고 있지 않다. 포도주를 시음하기 위한 최적의 시간은 10시에서 10시 반 사이인데 바로 이때가 혀에 돋아있는 돌기가 가장 맛을 느낄 수 있는 상태이기 때문이다. 또한 공기가 잘 통하는 방에서 흰 색의 천으로 덮개를 씌운 식탁 위에서 포도주를 시음해야 한다.

포도주병을 열기 전 전반적인 상태를 주시해야 한다. 포도주의 높이가 너무 낮게 내려가서는 안 되는데, 최대한 낮게는 병의 가늘고 긴 목에서 높게는 병 어깨 정도의 위치이며 이렇지 않은 경우에는 포도주 병이 흘렀고 포도주의 맛이 변질되었다는 것을 의미한다. 포도주병 안에 있는 포도주의 높이가 낮은 경우는 흔히 포도주 병마개의 결함이 있거나 아니면 열에 의한 충격 때문이다. 포도주를 따를 때 포도주가 코르크마개 위에 씌우는 쇠 마개 덮개(납 또는 주석의 재질로 된)에 접촉하는 것을 피해야 하는게 그러기 위해서는 포도주병의 목 아래쪽에서 이 덮개를 잘라내어 제거한다. 병을 열기 위해서는 모든 종류의 병마개 뚜껑을 무리 없이 뽑을 수 있게 해주는 나사형 모양의 병마개 따개를 이용하면 된다. 깨끗하고 습기가 있는 스폰지로 포도주병의 목 위를 청소해주는 것을 잊지 말아야 하는데 특히 제조년도가 오래된 것일수록 해주어야 한다. 포도주를 시음하는데 있어 五感 중 다음의 기관들을 이용한다.

시 각

포도주 맛을 볼 때 먼저 포도주를 잔에 3분의 1정도 따른 후 밝고 명확한지 아니면 흐린지 등, 포도주의 투명함을 살펴본다. 이를 위해서는 잔을 빛을 내는 기구(전등, 전구) 앞에 갖다 대고 투명함과 포도주의 색깔을 주의 깊게 본다. 따스해 보이는 색깔이 나면 포도주가 오

래 된 것이라는 의미인 반면, 선명하다면 좀 년도가 오래되지 않은 포도주라는 의미다. 마지막으로 색채의 강도를 평가해보는데 색채가 강한 것이 좋다.

후 각

잔을 돌리지 않은 상태에서 냄새를 느껴본다. 이렇게 함으로써 병에 넣어두었던 포도주의 발효, 가스냄새나 휘발성의 향기를 느낄 수 있다. 그리고 포도주가 산화작용이 빨리 될 수 있도록 하기 위해 포도주 잔을 돌린다. 그리고 다시 냄새를 맡아보는데 이때 가장 무거운 분자들이 위로 올라오게 된다. 오래 숙성시킨 포도주의 경우는 휘발성의 약한 향기를 맡기 위해 위에서 했던 작업을 세 번째 다시 한다.

미 각

포도주를 한 모금 입에 문 다음 목구멍 안쪽으로 포도주를 넘긴 후 그것을 다시 앞으로 보낸다. 그리고 포도주 향기가 가장 잘 퍼질 수 있도록 약간의 공기를 호흡 한다. 그리고 난 후 포도주를 삼키거나 뱉는다. 여기서 중요한 것은 입안에 남아있는 맛의 기간인데 이것은 일반 뱉어낸 포도주의 향기가 입안에 얼마나 오래 동 안 남아 있는가가 포도주의 품질을 말해주는 것으로서 강한 향이 입안에 오래 남아있을 수록 좋은 포도주로 평가된다.

4) 포도주의 종류에 따라 잘 어울리는 음식들

예전부터 프랑스인들은 식사를 할 때 포도주

를 함께 마셨다. 비록 옛날과 비교하여 오늘날에는 포도주를 마시는 것에 대해 엄격한 규칙이 거의 존재하지 않으며 자기 취양에 맞게 마시는 것이 일반화 되어 있긴 하지만 그래도 포도주의 맛을 제대로 느끼려면 포도주의 특성에 따라 그에 걸 맞는 음식들이 존재한다.

단맛이 없는 포도주 (vin sec)

알사스산 포도주(vin d'Alsace), 뮈스까데(Muscadet), 앙트르-두-메르(Entre- deux-mers)와 같은 것들이 대표적인 단맛이 없는 포도주로서 주로 생선이나 바다에서 나는 해물들을 먹을 때 마신다.

백포도주와
해물 요리

분홍빛이 나는 포도주 (vin rosé)

앙주(Anjou), 가메이(Gamay), 보졸레(Beaujolais) 등이 대표적인 뱅 로즈(vin rose)로서 암소나 닭과 같은 흰 색깔이 나는 음식들을 먹을 때 같이 마신다.

비교적 강한 맛을 내는 붉은색 포도주 (les rouges corsés)

꼬뜨-드-뉘(Côtes-de-nuits), 쌩떼-밀리옹(St-Emilion)이 대표적인 포도주로서 붉은색의 고기나 오리, 거위, 칠면조와 같은 훈제된 날짐승들의 고기 등을 먹을 때 마신다.

아주 강한 맛을 내는 붉은색 포도주 (les grandes rouges)

구워서 먹은 붉은색의 고기와 함께 먹는데 대표적인 포도주로는 마르고(Margaux), 뽀마르(Pommard) 등이 있다. 후식의 [illegible]

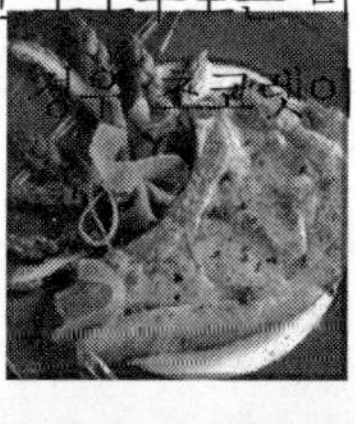

훈제 요리

있는 경우를 제외하고는 단 맛이 나는 포도주를 마시는데 뮈스까(Muscat), 몽바지악(Monbazillac) 등이 있다.

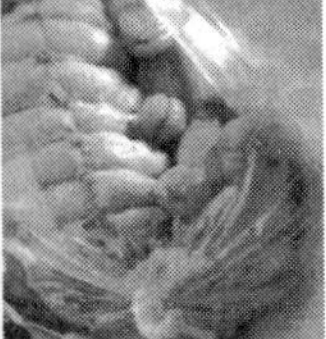

5) 포도주의 등급

프랑스에서 생산되는 포도주들은 품질과 권위에 따라 크게 4등급으로 구분되는데 이들을 결정하는 요인들로는 포도나무가 자라는 토양, 기후, 포도주를 만드는데 사용된 포도묘목의 유형들이 있다.

뱅드 따블르(vin de table)

주로 프랑스 중부지방에서 생산되는 포도주로서 대량으로 생산되는 포도주를 일컫는데 점차 그 소비량이 늘어나고 있는 추세이다.

뱅 드 뻬이(vin de pays)

뱅 드 따블르 중 제일 품질이 우수한 것들을 나타내는데 오늘날에는 지형적으로 거의 제한을 받지 않고 생산되고 있는 추세이며 일반적으로 젊은이들이 마시기에 적합한 포도주이다.

우수한 품질의 한정 생산되는 포도주들
(V.D.Q.S : Vins Délimités de Catégorie Supérieure)

포도나무의 우수성, 명시된 한정된 지역에서 생산되는 산지, 최소한의 알콜 정도(10도), 헥타르에서 최대 생산되어질 수 있는 양, 재배절차, 포도주 양조 방법 등과 같은 몇 가지 기준에 의해 선정되어 인정을 받은 포도주이다.

제한된 지역에서 생산된 포도주의 인증
(Appellation d'Origine Contrôlée)

A.O.C 레벨을 받은 포도주들은 최고의 품질을 자랑하는 포도주로서 극히 한정된 지역을 중심으로 생산되어지는 포도주로서

그 품질을 보증한다.

6) 잘 알려진 포도주들

보르도산 포도주 (Vin de Bordeaux)

보르도 지역에서 생산되는 이 포도주의 역사는 고대 시대로 거슬러 올라간다. 보르도에 막대한 영향력을 가지고 있던 사람들은 이탈리아의 로마 상인들로부터 수입되는 포도주의 가격이 오름에 따라 이를 막기 위해 자신들의 영토에 직접 포도밭을 가꾸기로 결정하면서 보르도산 포도주의 재배가 시작되었다.

보르도에서 생산되는 포도주의 양은 프랑스 전역에서 생산되는 총 포도주 양의 약 10%를 차지하고 있다. 그러나, 품질면에서는 최고의 품질을 자랑하는 A.O.C 인증을 받는 포도주의 약 30%를 차지한다는 면에서 우수한 포도주 산지임을 보여준다. 보르도산 포도주들은 붉은색의 적 포도주가 대부분을 차지하고 있다.

부르곤뉴산 포도주 (Vin de Bourgogne)

부르곤뉴 지방 역시 포도주 산지로서 매우 잘 알려진 곳으로서 보르도산 포도주에 비해 탄닌이라는 성분이 많지 않아 진하면서도 강력한 맛을 지니고 있어 포도주의 왕이라는 별명을 가지고 있기도 하다. 부르곤뉴 산지에서 나는 갖가지 종류의 포도주 중 우리에게도 잘 알려져 있는 포도주가 바로 보졸레 누보(Beaujolais Nouveau)이다. 이 포도주는 11월 3번째 목요일 날 모든 지역에서 그 해에 생산된 보졸레 누보를 마시게 되는데 이날 자정 이전에는 음식을 파는 장소에서 이 포도주를 맛볼 수 없다.

알사스산 포도주 (Vin d'Alsace)

포도주 진열장에서 쉽게 알사스산 포도주를 찾을 수 있는 것은 바로 포도주 병 모양의 특이한 형태 때문인데, 다른 지역의 포도주에 비해 길면서 날씬한 모양이다. 다른 프랑스 지역에서 생산되는 포도주

들이 다양한 포도주(백포도주, 적포도주 등)들이 존재한다면 알사스 지역에서 나는 포도주의 종류는 거의 백포도주이다.

제 11 장

파리의 볼거리

에펠탑의 전경

1. 에펠탑 (Tour Eiffel)

● 에펠탑의 역사

프랑스하면 제일 먼저 떠오르는 것 중에 하나가 에펠탑이다. 고풍스러운 파리 한 가운데 우뚝 솟아있는 이 철탑은 왠지 파리라는 도시의 이미지와는 맞지 않을 것 같기도 하지만 그러나 이 탑이 프랑스의 관광 수입에 가장 큰 공헌을 하는 기념물임을 부인하는 사람은 없다.

원래 에펠이라는 이 탑의 이름은 탑을 설계하고 만든 사람의 이름이다. 1889년 파리 만국 박람회를 기념하기 위한 이 탑의 건설은 시작부터 말썽이 많았다. 도시 전체가 중세의 고풍스러운 분위기를 자아내던 도시가 바로 파리였고, 과거 유럽에서 가장 강력한 국가였던 프랑스에 대한 향수를 가지고 있던 프랑스인들에게는 당시의 회상을 불러일으키게 하는 고풍스러운 분위기를 더 선호했음에 틀림이 없다. 따라서 에펠탑과 고풍스런 파리의 분위기가 어울리지 않는다는 이유로 이 탑을 철거하려고까지 했다[1]다고 한다.

---

1) 에펠탑을 제일 싫어했던 사람들 중에 문호 모파상을 들 수 있다. 그에 대한 일화로서, 그는 식사를 다른 곳에서 하지 않고 꼭 에펠탑 1층에 있는 식당에서 했다고 한다. 기자들이 [그토록 싫어하는 에펠탑에서 왜 식사를 하느냐]는 질문에, 그는 [파리에 있는 그 어느 식당에 가서 식사를 할 때 고개를 들어 저 꼴 보기 싫은 에펠탑이 안 보이는 곳이 없다. 그러니, 저 탑을 안보

에펠탑 건설 공모에서 많은 경쟁자들을 물리치고 당첨된 에펠은 [프랑스는 국기가 300미터가 넘는 곳에 휘날리는 유일한 국가가 될 것이다]라는 호언장담과 함께 공사를 시작하였다. 1887년 공사를 착수한 후, 2년 여 만에 마침내 에펠탑이 완성되었다.2) 에펠탑이 세워지면서 많은 사람들이 탑을 중심으로 갖가지 시도를 하게 되었다. 1926년에 어떤 신문기자는 에펠탑의 360개의 계단을 자전거로 내려왔고, 재단사였던 리첼트(Richelt)는 닻 모양의 도구를 만들어 탑에서 날기 위해 뛰어내려 즉사하기도 했다. 또 모험심에 불타는 비행사가 탑을 지탱하고 있는 기둥 사이로 빠져나가는 비행을 하다가 햇빛이 눈이 부셔 아차 하는 사이에 비행기가 줄에 걸려 사망하는 등, 기상천외한 사람들의 엽기적인 행각으로 인해 에펠탑은 한층 더 관심을 받게 되었다.

만국박람회가 끝나자 평소 에펠탑을 못마땅하게 생각하던 사람들에 의해 한 때 철거될 위기를 맞기까지 하였지만, 무선통신이 생겨나면서 이 탑 위에 안테나를 설치하는 방식으로 에펠탑을 이용할 수 있게 되면서 구사일생으로 살아남게 된다. 세계 1차 대전 당시, 가장 유명했던 여간첩 마타하리가 교신으로 독일에 보내는 모르스 부호를 잡아낸 것이 바로 이 에펠탑이었다.

● 에펠탑의 구조

에펠탑은 쇠로 이루어져 있는데 그 무게만도 7000천 톤에 달한다. 또한 높이는 쇠의 특성 때문에 여름과 겨울의 기후 차이에 따라 약 15cm의 차이가 난다. 총 3개의 층으로 이루어져 있고, 날씨가 좋은 날은 약 67km까지 볼 수 있다. 또한 비둘기의 배설물이 쇠를 부식시

면서 식사를 하려면 천상 이 탑 안에서 밥을 먹어야 한다]는 말을 했다고 한다.

2) 당시에는 요즘처럼 고가 사다리 같은 첨단장비가 있을 리 만무했고 장비도 불충분했기 때문에 결국 300명의 곡마단의 곡예사들을 인부로 쓸 수밖에 없었고, 안전장치가 불완전했던 만큼 그만큼 사고도 많았다.

키기 때문에 7년마다 페인트칠을 하는데 이때 사용되는 페인트의 양이 50톤이라고 하니 정말 대단하다는 말 밖에는 달리 할 말이 없다.

● 에펠탑을 오르려면

에펠탑의 엘리베이터

에펠탑에 오를 때 가장 간단하고 편한 방법은 엘리베이터를 이용하는 것이다. 북쪽, 동쪽, 서쪽 세 방향의 엘리베이터를 이용하여 2층까지 올라갈 수 있는데, 세 곳에서 동시에 작동하는 것은 아니며 안전상의 이유 또는 필요에 따라 세 대중 한대 또는 두 대가 작동한다. 꼭대기 층(276m)으로 가려면, 2층에서 엘리베이터를 갈아타야 하는데 각 층에 따라 요금이 디르다.

		원가격	할인가격
엘리베이터		12세 이상 성인	3~11세 어린이
	1층	4.10 유로	2.30 유로
	2층	7.50 유로	4.10 유로
	정상	10.70 유로	5.90 유로
계 단		25세 이상	25세 이하
	1층과 2층	3.80 유로	3.0 유로

엘리베이터를 이용하지 않으려면 계단을 걸어 올라가면 된다. 비용이 적게 들고, 또 계단 양 쪽에는 에펠탑을 만들 당시의 사진들이 있기 때문에 구경을 하면서 여유롭게 올라가는 재미도 있다. 단, 2층까지 밖에 올라갈 수 없으며(115m), 바람이 심하게 부는 날에는 통제를 한다는 점에 유의해야 한다.

갖가지 색깔을 내는 조명장치

● 각 층의 특징

달팽이 모양의 원형계단

원래 나선 모양의 이 계단은 2층에서 꼭대기까지 연결하는 계단으로서 에펠이 에펠탑으로 이사 오면서 꼭대기에 있는 자기 사무실로 가기 위해 사용했던 계단이다.

1983년부터 이 계단은 사용하지 않고 있는데, 20개의 나선 계단이 중고시장에서 아주 인기를 끌었었다. 1층에 전시되어 있는 이 계단은 높이가 4, 30미터에 이른다.

수력펌프

- 물의 압력을 이용한 이전의 엘리베이터로서 2층에서 꼭대기까지 운행하였던 수력 펌프와 에펠탑의 갖가지 색깔의 조명을 담당하는 첨단 기계장치가 있다.

영화상영관

8개의 화면으로 에펠과 에펠탑에 대한 역사를 보여주는 영화관과 에펠탑의 모든 것을 알 수 있는 전시관이 마련되어 있다.

← 영화관　　↑ 전시관 ↗

2 층

- 수력을 이용한 이전 엘리베이터의 작동 방법들이 기록되어져 있으며, 오른쪽에 있는 그림은 유리로 싸여진 우물 모양의 형태를 통해 아래쪽을 내려다볼 수 있게끔 되어 있다.
- 1층에는 해발 95m에 위치해 있는 식당이 있는데, 센느강과 트로까 대로가 한눈에 들어오며 200개의 자리가 마련되어져 있다. 바와 식당이 있어서 음료수나 식사를 할 수 있도록 되어 있다. 그리고 2층에는 고급스런 쥘 베르느 식당이 있는데, 남쪽에서 출발하는 엘리베이터를 통해 직접 식당으로 들어올 수 있다. 지상 125미터 높이에 위치해 있는 이 식당은 음식 맛이 좋기로 소문이 자자한데, 이곳의 주방장인 알랭 렉스(Alain Reix)는 프랑스에서도 아주 손꼽히는 일류 요리사로 정평이 나 있다.

쥘 베르느 식당

3 층

- 가운데 조그마한 방이 있는데, 그곳에는 에펠과 그의 딸, 그리고 그를 방문한 에디슨의 모습을 본 딴 밀랍인형이 있다. 실제로 에펠은 이 탑에서 살았다고 한다. 그리고 밖의 경치를 볼 수 있게 되어 있는데, 에펠탑과 각 나라의 유명한 탑과의 거리가 표시되어 있다. 물론 우리나라의 남산도 태극기와 함께 표시되어 있다.

에펠을 방문한 에디슨

에펠탑의 전망대

2. 개선문 (L'arc de Triomphe)

프랑스에서 상업, 관광의 중심지로 제일 잘 알려진 거리인 샹젤리제(Champs- Elysées)의 맨 위쪽에 위치하고 있는 개선문은 프랑스를 대표하는 가장 유명한 상징물 중 하나로 손꼽힌다. 전체가 아름다운 조각으로 새겨져 있는 이 개선문은 지상에서 50미터가 넘는 육중한 몸매를 자랑하면서 파리 시내를 한눈에 내려다보고 있으며 건축과 예술적 가치 면에서도 걸작으로 손꼽히고 있다.

● 개선문의 역사

1806년 연승을 거두던 프랑스 군대의 영광을 기리기 위해 나폴레옹 황제는 장-프랑수아 샬그렝(Jean-François Chalgrin)에게 개선문을 세울 것을 명령하였고, 그 후 30년 뒤인 루이 필립은 꼬르또(Cortot),

하늘에서 본 개선문의 전경

에텍스(Etex)와 뤼드(Rude)에게 조각을 부탁하여 개선문을 완공시킨다. 1840년, 유럽을 지배하던 나폴레옹의 권위가 마침내 전쟁에 패하면서 끝이 나고 섬으로 유배당해 그곳에서 비극적인 삶을 맞이하게 되는데, 나폴레옹의 시신은 그의 조카인 나폴레옹 3세에 의해 이 개선문을 통해 앵발리드로 옮겨지게 된다.

1885년에는 프랑스의 대문호인 빅토르 위고(Victor Hugo)의 시신이 이곳을 통과하여 빵떼옹(Panthéon)에 묻힌다. 또한 1920년에는 전쟁에서 프랑스를 위해 죽어간 무명용사의 넋을 기리기 위해 이곳에 무명용사비가 세워졌다. 1944년 독일로부터 해방된 프랑스의 느 골장군이 이곳을 통해 파리로 입성하게 된다.

● 개선문의 구조

파리 시내를 한눈에 내려다볼 수 있는 개선문의 지붕

50미터 높이의 개선문 지붕에 올라가보면 개선문을 둘러싸고 있는 12개의 거리와 에뚜알 광장(place de l'Etoile)을 한 눈에 내려다볼 수 있다. 이 거리들의 이름은 나폴레옹 군대가 승리한 유명한 전쟁터의 이름들이나(Friedland (1806), Wagram(1809), Iena(1807) 또는 휘하의 장군들의 이름을 본땄다.

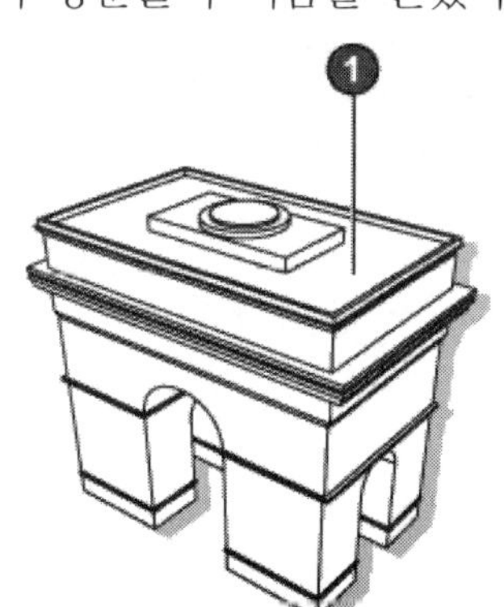

Rude의 "마르세이에즈(Marseillaise)"

샹젤리제 거리에서 보았을 때 오른쪽 하단에 조각되어있는 뤼드의 부조 조각품으로서, 제목은 <1792년의 의용군의 출발(Le départ des volontaires de 1792)>이다. 가 로 6미터, 세로 11.6미터의 거대한 이 조각상은 자유를 위해 전쟁에 참전하는 프랑스인 의 기상을 상징하고 있다. 자유에 대한 정신은 조각상 맨 윗 쪽에 있는 날개 달린 여인에 의해 표현되어 있는데 그녀는 1792년 혁명군에게 적대감을 가지고 있는 적들의 침공을 알리고 있는 모습을 하고 있다.

이 밖에도, 프랑스 혁명 당시의 장군이었던 마르쏘(Marceau)의 장례식, 비엔나평화를 기념하는 1810년의 승리, 아부키르(Aboukir)전투 등이 조각되어져 있다. 또한 프랑스 혁명과 재정시대 당시 위대한 승리를 거둔 곳의 이름이 왕관의 방패위에 새겨져 있다. 그다지 중요하지 않는 전쟁의 이름은 개선문 안쪽에 새겨져 있는데, 여기에는 558명의 장군들의 이름도 새겨져 있다. 이들 중 명예롭게 전사를 한 사람의 경우에는 밑줄이 그어져 있다.

뤼드의 부조각상

전쟁과 장군들의 이름이 적힌 모습

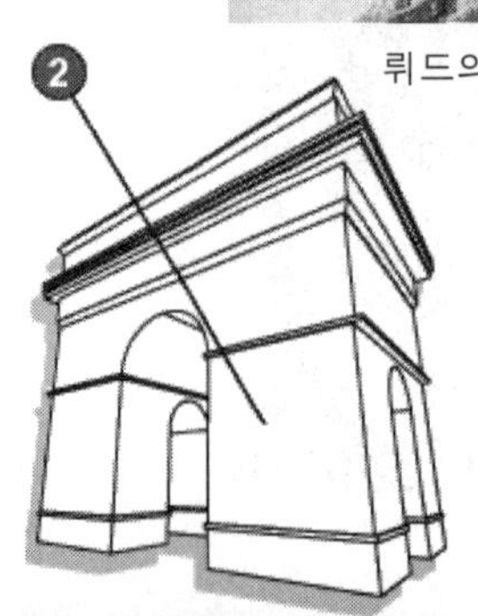

무명용사비(La tombe du soldat inconnu)

개선문 바닥에는 무명용사비가 있는데 여기에는 <여기, 조국을 위해 목숨을 바친 프랑스 군인이 잠들어 있다((Ici repose un soldat français mort pour la Patrie)>라는 글이 적혀 있다. 전쟁터에서 숨져간 무명용사들의 시신이 1920년 이 곳에 안치되었는데, 조국애에 대한 상징으로 통하고 있다. 여기에 비가 오나 눈이 오나 꺼지지 않고 타오르고 있는 불꽃은 자유를 위해 자신들의 생명을 바친 용사들을 기억하기 위한 상징이다.

무명용사비

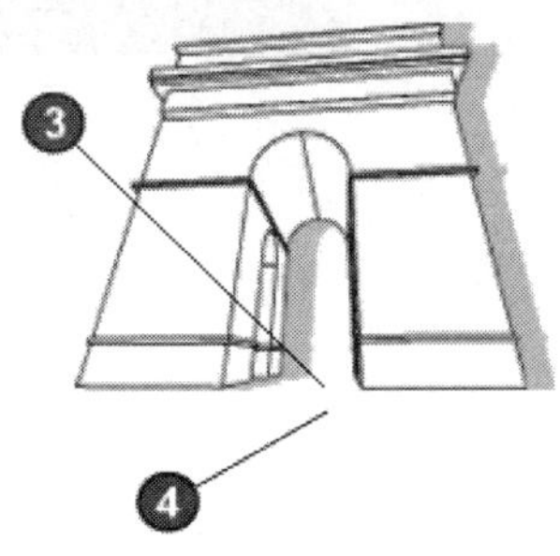

3. 샹젤리제거리 (Champs-Elysées)

샹젤리제 거리의 야경

프랑스 샹송 중에 우리나라 광고 선전 배경음악으로 자주 등장하기도 하는 [오, 샹젤리제, ...]라는 노래를 들어본 적이 있을 것이다. 이 노래 가사에 등장하는 샹젤리제가 바로 개선문을 시작으로 꽁꼬르드 광장까지 일직선으로 나있는 거리의 이름이다. 오늘날에는 유명한 자동차회사들의 전시장, 많은 화려한 옷가게들, 그리고 극장들이 즐비하게 늘어서 있고 밤이 되면 많은 관광객들로 북적대는 곳이다.

개선문이 보이는 샹젤리제 거리의 옛 모습

샹젤리제(CHAMPS-ELYSEES)라는 이름은 그리이스어에서 그 어원을 찾을 수 있는데, <행복한 섬(îles bienheureuses)> 이란 뜻을 가지고 있다. 신화에 등장하는 영웅들과 성스러운 존재들이 휴식을 취

하러 오는 곳을 의미하는 이 단어는 처음부터 이곳의 이름은 아니었고, 두 번의 명칭을 거쳐 1694년부터 샹젤리제라는 이름으로 불리게 된다.

1616년 메디치가의 마리가 이곳에다 여왕의 궁을 건설하면서 뛸르리(Tuilerie)공원에서 출발하여 센느 강을 따라 오늘날의 알마 광장까지 이어지는 길을 놓게 되었는데 당시 유행했던 호화스런 사륜마차를 다니는 산책길이었다.

샹젤리제의 본격적인 공사는 1667년 꼴베르(Colbert)에 의해 시작되는데, 그는 나무를 심고 충분한 공간을 마련하면서 뛸르리 궁전까지 가는 길로 꾸몄다. 그러나, 1794년부터 프랑스 대혁명 기간 동안 이곳은 사람들을 살해하는 비극적인 장소로 사용되었고, 그 이후에는 특권층들이 여가를 보내는 곳으로 이용되었다.

세계대전 당시, 파리를 점령했던 독일군과 영국군은 뛸르리 공원과 꽁꼬르드 광장에다 막사를 쳤고, 코사크군은 샹젤리제 거리의 나무아래 야영을 했다. 이로 인해 손실된 나무와 잔디의 복구를 위해 2년이라는 긴 세월이 소요되었다. 그 후 샹젤리제 거리에 가스등이 들어오면서 명실 공히 프랑스 최고의 거리로 자리매김을 한다.

7월 14일 프랑스 혁명일의 가두 행진과 같은 큰 행사들이 이루어지며, 겨울이 되면 나무 위에 걸려있는 수많은 작은 전등들에 불이 켜지면서 야경의 절정을 이룬다.

4. 꽁꼬르드 광장 (place de la Concorde)

꽁꼬르드 광장은 개선문에서 샹젤리제 거리를 따라 밑으로 내려와 뛸르리 공원 바로 앞에 위치하고 있다.

1748~1749년부터 귀족들이 병으로 오랫동안 아팠던 루이 15세의 쾌유를 축하하기 위해 루이 15세의 동상을 세우면서 꽁꼬르드 광장이 생겨났다. 1772년, 건축가였던 자끄-앙주 가브리엘(Jacques-Ange Gabriel)에 의해 팔각형 모양의 광장의 형태가 갖추어지는데, 루이 15세가 산책과 여흥을 이곳에서 즐겼다. 그러나 혁명이 일어나면서 이 곳 광장에 단두대가 설치된다.

꽁꼬르드 광장 한 복판에 우뚝 서 있는 이 오벨리스크는 테베(Thebes)에 있는 람세스 Ⅱ세 사원에 있는 것을 1831년 메에멍-알리(Mehement-Ali)가 프랑스에게 기증한 것으로 알려져 있다. 히또르프(Hittorff)는 이 탑을 1836년 10월 28일 이 광장으로 옮겨 놓았는데 높이 22,86미터에 무게는 230톤이며, 사면에는 파라옹인 라메스 Ⅱ세의 업적을 상형문자로 찬양하는 글로 가득 차 있다.

처음부터 광장 한복판에 오벨리스크가 있었던 것은 아니었고 1792년까지 루이 15세의 조각상이 광장 한 가

오벨리스크

운데 위치해 있었는데, 프랑스 대혁명 때 자유를 상징하는 동상으로 대체되었다. 그 이후에도, 샤를르마뉴 대제의 동상, 루이 16세의 동상 등이 이 자리를 차지하였으나 결국에는 이 오벨리스크가 들어서게 한다.

꽁꼬르드광장의 분수

오벨리스크의 또 다른 쪽에는 두 개의 거대한 분수가 있는데, 히또르프가 설계한 것으로, 높이 9미터로서 로마에 있는 쌩-삐에르 광장의 분수를 본따서 만든 것이다. 샘 주위에 있는 조각상들은 강과 바다의 항해를 상징하고 있다.

광장 주위에는 돌로 된 8개의 초소가 있는데, 가브리엘이 루이-필립 시대에 만든 것으로서, 리옹(Lyon)과 마르세이유 (Marseille), 보르도(Bordeaux)와 낭트(Nantes), 루앙(Rouen)과 브레스트 (Brest), 릴(Lille)과 스트라스부르그(Strasbourg)의 프랑스의 8개 대도시를 상징한다.

프랑스 도시를 상징하는 초소

광장의 서쪽에는 샹젤리제 거리가 있고, 그 입구에는 거대한 두 개의 말상이 있었지만 너무 오랫동안 비를 맞고 모진 풍파를 겪었기 때문에 이것들은 1975년 모조 조각상으로 대체되었고, 원본은 루브르 박물관에 소장되어 있다.

상젤리제 거리의 옛 모습

5. 파리의 노트르담 성당 (Cathédrale de Notre Dame de Paris)

노트르담 성당은 우리에게 노트르담의 꼽추로 아주 잘 알려져 있는 성당이다. 노트르담(Notre Dame)이라는 말을 살펴보면 notre가 [우리들의]라는 소유 형용사이고, dame 은 여성의 존칭인 [madame]의 약칭이다. 여인 중에서 가장 존경을 받을 사람은 물론 어머니이지만, 좀 더 범위를 넓게 잡는다면 천주교를 믿는 사람들에게는 우리를 구원하기 위해 십자가 못 박힌 예수의 어머니인 성모 마리아를 뜻한다.

1) 노트르담의 역사

1163년, 파리의 주교였던 모리스 드 쉴리(Maurice de Sully)는 거대한 성당을 지을 것을 계획한다. 노트르담 대성당을 설계했던 건축가에 대해서는 정확히 알려지지는 않았지만 삐에르 드 몽트레이(Pierre de Montreuil)라고 추측하고 있다. 바닥 다지는 작업이 1340

년경에 완성되었으니, 자그마치 성당을 세우는데 2세기나 걸린 것이다. 프랑스대혁명 때 대성당 안에 있는 것들 중 왕정 시대를 상기시키는 것들은 모두 파괴되거나 훼손되었다. 이 와중에 구약성서에 나오는 28명의 왕들의 조각상을 왕정 시대의 왕인 줄 알고 파괴하게 된다.

노트르담 성당의 스테인드글라스

노트르담 성당에서는 많은 사건들이 벌어졌는데, 1455년 잔다르크의 재판이 이곳에서 열렸고, 1804년 나폴레옹이 이 성당에서 황제 즉위식을 가졌으며, 1944년 8월 26일에는 세계 대전에서 파리가 해방되는 기념식을 벌렸다.

노트르담 성당의 정면

사실 중세 시대의 대성당은 오늘날의 규모보다 훨씬 작았는데, 성당 앞에서는 광대나 곡예단 사람들이 성경에 나오는 장면들을 연출하거나 동물들의 쇼를 보여주곤 했다. 노트르담 성당 앞에 보면, 바닥에 청동으로 되어 있는 판 같은 것이 있는데, 이것은 프랑스의 거리 기준점이 놓여 있다. 레이저라는 최신 기술을 도입하여 1998년 원래 있던 색깔을 재생하는데 성공했다.

2) 노트르담의 구조

성당의 외관

노트르담 성당은 길이 130미터, 폭 48미터에 높이 35미터라는 거대한 건물이다. 북쪽에 있는 탑을 통해 노트르담 성당을 올라갈 수 있는데, 계단 수는 402개이고 탑은 지상으로부터 69미터 높이에 있으

가르구이으

며, 꼭대기에는 유명한 괴물 조각상인 가르구이으(gargouilles : 돌로 된 이무기)가 있다. 남쪽 탑에는 임마뉴엘이라고 불리는 13톤의 무게의 종이 있다. 이 종은 다른 금속들을 용해하여 만들어진 것으로, 모양은 두 개로 나누어진 달걀 모양인데, 아래쪽에서 봤을 때 일종의 만다라(자기 자신)의 상

노트르담 성당의 종

징으로서 하늘과 땅의 결합을 의미한다.

문 위에 새겨져 있는 조각상들

이 성당의 정면 위에 보면 조각상이 있는데, 이것이 그 유명한 어린 아기 예수를 안고 있는 성모마리아 상이다.

이 조각상 바로 위와 삼각면의 아래쪽에 세 명의 예언자와 세 명의 왕이 있는데, 이들은 성모 마리아의 성스러움을 증명해 주는 사람이라 할 수 있다. 한 가운데에는 성모 마리아의 무덤이, 그리고 제일 위에는 왕관이 있다. 대부분 성당의 조각상들이 그러하듯이 이것 역시 가톨릭 종교의 한 부분을 이야기하고 있다. 이 장면은 성모 마리아가 인류의 구원자인 예수의 어머니이기는 하지만 죽었다는 것을 의미하고 있는데, 결국 죽은 자 가운데서 다시 부활하는 것은 예수 밖에 없다는 점을 강조하고 있다. 하지만 사람들에 따라서는 이것을 달리

해석하기도 하는데, 즉 성모 마리아가 죽은 것이 아니라 잠을 자고 있다고 보는 것이며 바로 이런 이유에서 이것을 <성모 마리아의 취침>이라고 하기도 한다.

최후의 심판

중앙에 위치한 문 위에 있는 조각상으로서 <최후의 심판>이라고 불리는 이 조각상은 말 그대로 세상의 종말이 도래하는 날 최후의 심판을 하는 장면을 새겨 넣은 것이다. 주인공인 예수가 있고, 그 주위에 두 명의 천사들과 어머니인 성모 마리아, 그리고 예수의 제자이자 친구인 요한이 몇 명의 친구들을 구하기 위해 애쓰고 있다. 그 아래 예수의 오른쪽에, 살아생전 좋은 일을 많이 하고 예수를 믿었던 사람들이 천사들의 손에 이끌려 행복한 모습으로 천국으로 가는 모습인 반면, 왼쪽에는 이와 반대로 사악한 인물들이 쇠사슬에 묶인 채 악마에 의해 지옥으로 끌려가고 있다. 그 밑은 죽은 자들이 두 명의 천사들의 나팔 소리에 깨어 무덤에서 나오고 있는 장면이다. 사실 이 문 위에 새겨진 조각들은 글이 널리 보급화 되지 않은 당시에, 사람들에게 예수 믿고 착한 일 많이 하면 천당 가고, 나쁜 일에 예수를 믿지 않으면 지옥 간다는 교훈을 우매한 백성들에게 알리고자 하는 의도에서였다.

오른쪽 그림에 있는 조각상의 주인공은 마리의 어머니인 안느(Anne)이다. 여기에 있는 이야기는 경외 복음서기에 기술된 것으로서, 마리의 어린 시절, 그녀의 처녀 때의 삶, 그리고 사원에서의 교육

마리의 생

및 결혼과 그의 아들의 탄생, 동방 박사들의 방문 등의 내용이 새겨져 있다

위의 조각상에는 성모 마리아가 아이를 잃은 장면이 있는데, 사람들은 이 여인상의 모델이 쌩 루이(Saint-Louis)의 아내라고 말한다. 삼각 면에는 예수의 어린 시절 모습들이 새겨져 있고, 그 위에는 수도사인 떼오필르(Theophile)의 승리 장면이 묘사되어 있는데 이 수도사는 여인이나 아이를 위해서가 아니라 주교의 명예를 위해서 악마와 협약을 맺는다. 그러나 그는 목적을 달성한 후에 회계를 하고, 성모 마리아는 다시 자신의 삶을 찾는다는 내용이다. 역사에는 이 수도사가 수도사로서의 임무를 포기했는지에 대해서는 말하지 않고 있다.

회 계

남쪽 왕국의 유다의 왕들과 북쪽 왕국의 이스라엘의 왕들의 조각상이다. 불행히도, 프랑스 혁명 때 이들이 왕정 시대의 왕 인줄 알았던 시민들에 의해 파손되었다가 비올레 르 뒥(Viollet-le-Duc)에 의해 다시 세워졌다.

이스라엘의 왕들의 조각

대성당의 내부

거대한 성당 내부에 들어가면 곳곳에서 들어오는 햇빛을 느낄 수 있는데, 이 햇빛은 물론 성당 유리에 있는 스테인드글라스를 통해 들어오는 것이다. 성당을 받치고 있는 기둥들은 완벽한 대칭을 이루고 있으며 높이 35미터의 둥근 모양의 천장은 보는 이로 하여금 감탄을 자아내게 하기에 충분하다.

불꽃 양식(Flamboyant)의 스테인드 글라스

대성당의 중앙 내부

오랜 세월이 흘렀음에도 불구하고, 13세기의 모습을 그대로 간직하고 있는 이 거대한 스테인드글라스는 특히 햇빛이 비칠 때면 정말 장관을 이룬다.

마리아를 방문한 엘리자베스

마리의 친척이자 신부 자샤리(Zacharie)의 부인인 엘리자베스는 아이를 낳게 되고 그 아이를 요한이라 이름 지었는데, 이 요한은 나중에 예수에게 세례를 준다. 엘리자베스는 상당히 이름있는 집안 출신으로 모세의 형제인 Aaron의 후손이며, 조셉은 아브라함 후손이다. 마리가 엘리자베스를 방문했을 때 그녀가 안고 있던 아이는 그녀의 젖가슴에서 펄쩍 뛰었다고 전해지는데, 바로 이점을 설명하기 위해 엘리자베스가 어린아이의 상태를 점검하기 위해 마리의 가슴에 손을 얹고 있는 장면을 묘사하고 있다.

이 이야기는 우리에게 너무도 잘 알려진 것으로서, 동방 박사 세 사람이 예수의 탄생을 축하하는 모습이다. 한 가지 특이한 점은 여기에 있는 동방 박사들 중에 한 사람이 피부가 검다는 것이다. 마태복음에서 말하길 이들이 동방에서 왔다고 기록되어 있으며, 베들레헴의 동쪽은 아프리카가 아닌 이상, 이들이 천문학자들이며 하늘에 자신들을 이끄는 유명한 별을 보기 위해 바빌론에서부터 왔다는 것이다. 또한, 우린 젊은 부부가 보통의 방이 아닌 그보다 훨씬 못한 분위기의 방에 있다는 것을 알 수 있는데

동방 박사의 방문

이는 목동들이 사는 집을 잠시 사용하는 것으로 그 이유는 당시 황제가 태어날 아이가 자신의 뒤를 이어 황제가 된다는 예언 때문에 태어나는 남자 아이들을 모두 죽이라는 명령을 내렸기 때문에 피신한 것이다.

무고한 자들의 학살과 이집트에서의 탈출

한 아이가 탄생하고 그 아이가 유대인의 왕이 될 것이라는 동방박사들의 예언을 들은 왕이 2살 미만의 남자 아이들을 모두 죽이라는 명령을 내린다. 천사에 의해 이 사실을 알게 된 마리와 요셉, 그리고 어린 예수는 이집트로 피신을 떠난다.

마리의 친척인 엘리자베스의 아들 세례 요한은 헤로드(Herode)의 딸인 살롬(Salome) 때문에 사형을 당하기 전 예수에게 세례를 준다. 그 자리에서 그는 "너에게 세례를 받아야 할 사람은 오히려 날세"라고 말을 하자, 예수는 "지금은 그냥 나에게 세례를 주게"라고 답한다.

세례 요한에 의해 세례를 받는 예수

최후의 만찬을 나타낸다. 저녁 식사를 하기 위해 모두가 한자리에 모였는데, 예수와 평소와 다름없이 예수의 어깨에 기대 잠을 자고 있는 요한의 모습이 보인다. 예수는 이들에게 "나와 함께 식사를 하고 있는 열두 명 중에 하나가 나를 배반하게 될 것이다"라고 말을 한다. 여기에서 유다는 오른쪽 맨 끝에 앉아 있는 사람임에 틀림없는데, 다른 사람들은 머리 위에 둥근 테가 빛나고 있는 반면 그만 없기 때문이다. 물론, 다른 사람들은 유다의 머리 위에 빛을 보지는 못할 뿐 더러 자신들의 머리에 있는 테두리도 보지 못한다.

최후의 만찬

6. 몽마르트르 언덕과 성심 성당

파리는 거의 평지라고 할 수 있을 정도로 고갯길조차 보기 힘들다. 파리에서 유일하게 그나마 높은 지역이 바로 이 몽마르트르 언덕이다. 몽마르트르 언덕하면 파리 관광 중에 우리가 또 빼놓을 수 없는 곳이기도 한데, 기독교인들이 꼭 찾는 성심 성당이 꼭대기에 위치해 있기도 하다. 또한 유명한 화가들이 무명시절 배를 주려가며 이곳에서 그림을 그렸던 곳이기도 하다.

1) 몽마르트르의 역사

로마 건축물의 사원인 성심 성당이 위치해 있는 이 언덕은 앙리 4세부터 파리 코뮨까지 수많은 정치적 갈등을 지켜보아왔다. 19세기와 20세기, 인상파, 큐비즘파, 초현실주의파까지 유명한 화가들이 젊은 시절, 빵 한 조각과 다락방에서 쭈그리고 잠을 자며 그림 공부를 했던 이곳은 문화와 예술적 가치를 간직하고 있다.

몽마르트르 언덕의 화가들

계단으로 올라오는 몽마르트르

셀트 족 시대부터 문화적 장소였던 이 언덕에 차츰 마을과 로마식 사원이 들어서기 시작한다. 몽마르트르 언덕의 역사하면 빠질 수 없는 사건이 쌩 드니(Saint-Denis)에 대한 이야기이다. 전설에 따르면 기독교 박해 사건 당시 쌩 드니가 순교한 곳이 바로 이 언덕이었다고 한다. 교황 끌레몽(Clément) 1세의 명령을 받아 기독교를 전파하는 임무를 맡았던 그는 골 지방에 도착하는데, 황제인 도미티엥(Domitien)의 군사들에게 언덕 정상에서 체포되었다고 한다. 목이 잘리는 참형을 당한 후에, 드니는 천천히 일어나 멀리 떨어져있던 자신의 목을 향해 뚜벅뚜벅 걸어가, 목을 손에 들고는 샘에 한 번 닦고는 언덕의 북쪽으로 천천히 내려갔다고 한다(후에 그가 쓰러진 곳이 바로 오늘날의 쌩 드니이다). 그래서 이 언덕의 이름이 '순교자의 산(mont martyrs)'이 되었다고 한다.

1133년, 루이 6세는 몽마르트 언덕에다 축복받은 수도원을 건설하게 된다. 이 지역은 포도밭과 풍차로 유명한 지역이었는데, 1890년에 앙리 4세가 이 수도원에 거주한다. 그러나 불행히도 이 수도원은 프랑스 대혁명 때 사라진다. 마지막 수도원장이었던 여인은 나이도 많고, 귀머거리에 벙어리였는데, 혁명군은 그런 그녀에게 <입도 귀도 막은 채 공화국에 대항하였다>는 말도 안 되는 죄목을 뒤집어 씌였다고 한다. 전략적으로 중요한 요충지였던 이 언덕은 전쟁 때마다 군인들에 의해 점령당하게 된다.

2) 몽마르트르 언덕의 기념물

성심 성당(Sacré Coeur)

1689년 마가렛 마리가 루이 14세에게 신의 이름으로 성스러운 성당을 지어줄 것을 요구하여 성심 성당이 지어진다. 1871년 두 명의 신도가 파리에다 예수의 심장에 대한 영광을 돌리기 위한 교회를 세울 것을 기원하게 되는데, 당시 프랑스가 침략 당하고 교황이 포로가 되는 끔찍한 상황 속에서도 그들은 신념에 찬 행동을 했고, 프랑스 전체가 자신들의 행동에 동참해 주기를 원했다. 바로 이것이 성심의 국가에 대한 기원의 시작이었다.

1873년 7월 24일 프랑스 국회는 244표라는 지지율로 몽마르트르 언덕에 성당을 지을 것을 선포하고, 공사에 들어간다.

성심 성당 내부에 들어가 성스러운 제단에 무릎 꿇고 기도를 하는 것은 곧 주 예수를 내가 믿는다는 신념으로부터 비롯된다.

제단 위에 있는 성체는 예수의 존재를 알리는 것으로서, 포도주와 빵을 나누어 먹는 미사가 진행되는 동안 예수가 성당 각처에 강림하고 있다는 것을 상징한다.

성심 성당의 내부

천장에 위치한 예수의 문양

성심 성당 내부에 들어가면 제일 먼저 제단 위에 모자이크로 되어 있는 그림을 쳐다보자. 그곳에는 예수가 두 팔을 크게 벌리고, 모든 사람들을 안아주려는 듯한 자세를 취하고 있다. <수고하고 무거운 짐진자들아, 다 내게로 오라. 내가 너희를 쉬게 하리라> 라는 성경의 한 구절이 생각나게 하는 장면인데, 특이한 점은 예수의 심장이 있는 부분에 빛이 난다는 것이다.

물랭 루즈 (Moulin rouge)

물랭루즈 포스터

몽마르트르 언덕 아래에 위치한 물랭 루즈에는 밤마다 새로운 춤들이 등장하고, 캉캉을 추는 무녀들이 남성들의 마음을 사로잡았다. 1898년 잡지를 보면 캉캉을 추는 무녀들을 [명성에 걸맞게 오로지 춤을 추기 위해 있는 젊은 여인들의 군대가 허공으로 발을 높이 차 올림으로써 적어도 동등한 정신적 유연성을 우리에게 보여준다...]라고 표현하고 있다. 프랑스의 유명한 화가였던 뚤르즈 로트렉(Toulouse-Lautrec)의 그림의 주된 소재가 무희들이었다. 모가도르(Mogador)라는 무희는 새로운 형식의 춤을 만들었는데, 4인이 한 조가 되어 추는 까드리으(Quadrille)는 리듬, 균형, 유연성 등 완벽한 조화 속에서 숨을 멈추게 하는 8분 동안의 춤으로서, 화려한 의상과 함께 파리를 흥분 속으로 몰고 가기에 충분했다. 1861년, 뮤직홀의 거장 샤를르 모르통(Charles Morton)은 꺄드리으에 영감을 받아 프랑스 캉캉을 만들었다. 보수적인 영국에는 이런 화려하고도 과감한 복장의 무희들의 춤에 대해 적잖은 반감을 산 반면, 프랑스에서는 선풍적인 인기를 끌게 된다.

물랭루즈의 상징인 풍

7. 앵발리드 (Invalides)

1670년 프랑스에는 전쟁에서 부상당한 병사들을 치료할 만한 제대로 된 시설이 없었다. 군대의 힘의 중요성을 어려서부터 몸소 겪어 잘 알고 있던 루이 14세는 이들 상이군인들을 돌볼 수 있는 거대한 규모의 시설물을 짓기로 결정한다. 1671년 11월 30일 태양의 왕이라는 별명을 가진 루이 14세의 명령에 따라 건축물을 짓기 시작, 1674년 10월, 시설이 갖추어지면서 많은 부상자들이 이곳으로 와서 치료를 받고 머물게 된다. 주 건물과 중앙의 안뜰을 만드는데 걸린 시간은 불과 3년이었고, 앵발리드 전체는 18세기에 완공된다. 앵발리드는 17세기 말까지 4,000명의 부상자들을 수용하게 된다.

1676년 장관이었던 루브아(Louvois)는 쥘르 하르두앵 만자르(Jules Hardouin-Mansart(1646~1708)라는 젊은 건축가에게 교회 건물을 짓게 하였는데, 이것은 왕과 병사들이 함께 미사를 볼 수 있도록 하기 위한 조치였다. 물론 왕이 들어오는 입구와 병사들의 입구는 다르게 만들어야 했다. 이 건축가는 왕족들이 예배를 보는 곳과 병사들이 미사를 보는 곳이 자연스럽게 병립할 수 있도록 조화롭게 교회를 설계하였으며 1679년에 완공이 된다.

쌩-루이

앵발리드의 쌩 루이(Saint-Louis) 교회는 지붕이 금색으로 칠해져 있는데 이는 프랑스가 전투에서 승리하기를 기원하는 의미가 포함되어 있다. 프랑스 대혁명 당시 파리 노트르담 대성당 꼭대기에 있던 가치있는 많은 물건들이 약탈을 당했는데, 남은 전리품들을 이곳 앵발리드 교회로 옮기면서 프랑스의 군사적 영광을 기리는 신전으로 자리매김하게 된다. 또한 이곳에는 나폴레옹 시대의 많은 전리품들이 보관되었는데, 1814년 적들이 파리로 진격해 오자 쎄뤼리에(Serrurier) 장군은 적들에게 이곳에 있던 1417개의 깃발을 빼앗길 것을 염려하여 불에 태울 것을 명령한다. 지금도 104개의 기가 교회에 걸려있다.

교회내의 제단

이곳은 성스러운 제단으로 당시 앵발리드에 머물고 있던 병사들에게 유일한 마음의 안식처였다. 1713년 독일군이 이곳에 침입했을 때, 이곳에 있던 수백 명의 병사들이 성스러운 제단 앞에 무릎을 꿇고 있었다고 한다. 이 제단은 프랑스 혁명 전의 구제도(l'Ancien Regime)

때에는 복음을 전파하는 임무를 띤 수도사들이 성스러운 삶을 영위했던 곳이었는데, 프랑스 혁명 당시에는 이성의 사원(Temple de la Raison)이라고 불렀다. 그 후 나폴레옹이 등극하면서 이곳은 가톨릭 제단으로 거듭나게 된다. 오늘날 많은 기념행사들이 이곳 앵발리드의 쌩 루이 교회에서 거행되는데, 특히 매년 5월 5일은 나폴레옹 황제의 죽음을 기리는 미사와 7월에는 앵발리드의 건축일을 기념하는 미사를 드린다.

아래의 천정화는 1703년에서 1706년에 걸쳐 샤를르 드 라 포쓰(Charles de La Fosse)와 장 주브네(Jean Jouvenet)가 그린 그림으로 사도들과 하늘이 그려져 있다. 전쟁과 경제적인 이유 때문에 루이 14세는 쌩 루이 축제일 삼일 뒤인 1706년 8월 26일이 되어서야 이 천장을 완성하게 된다. 쥘르 아르두엥 만자르가 설계한 처음 도안은 쌩-드니(Saint-Denis) 대성당에 있는 부르봉 왕조의 소 성당을 지었던 프랑수아 만자르(François Mansart)가 뒤를 이었다. 계단 위의 햇빛이 들어오는 채광창은 높이가 107미터에 이른다. 둥근 천장 아래에 그려진 거대한 대 벽화는 샤를르 드 라 포쓰가 그려졌는데, 최근에 복원된 것이다.

천정화

나폴레옹 황제 때 이 교회는 진정한 군사적 신전으로서 역할을 하게 되는데, 보방(Vauban)의 심장과 뛰렌느(Turenne)의 유품들, 1800년에 전사한 공화국의 첫 번째 척탄병이었던 라 뚜르 도베르뉴(La

Tour d'Auvergne)의 심장들을 이곳에 안치한다. 그리고 7월의 군주체제하에서 나폴레옹 황제의 무덤이 이곳에 자리를 잡는다.

또한 이곳에는 나폴레옹 황제의 형제들과 유명한 장군들의 조각상이 있는데, 1989년 프랑스 혁명 200주년을 기념하면서 금도금 작업을 하게 된다. 이때 사용된 금이 약 12킬로그램이었다고 하니 그 규모를 상상할 만하다.

1821년 5월 5일 세인트 헬레나 섬에서 나폴레옹은 죽음을 맞이하게 된다. 물가 근처에 매장된 그의 시신 곁에는 단지 몇 명의 사람들만이 그의 죽음을 애도하며 울고 있었는데, 생전 화려했던 그의 경력에 비교한다면 너무도 초라한 죽음이라 아니할 수 없다. 그의 시신은 1840년 10월 15일까지 이 세인트헬레나 섬에 안치되어 있었다.

1840년 루이 필립(Louis-Philippe)이 나폴레옹 황제의 시신을 이장하기로 결심을 하고, 주앙빌(Joinville) 왕자의 지휘 아래 프랑스 해군이 프랑스로 그의 관을 가져온다. 나폴레옹 황제의 시신의 재는 국장으로 치뤄졌으며 개선문을 통과하여 1840년 12월 15일 앵발리드로 이전된다. 이 시기는 나폴레옹 황제의 무덤이 완공되지 않은 상태였는데, 루이 필립 왕이 건축가인 루도비코 툴리우스 비스콘티

(Ludovico Tullius Visconti)에게 나폴레옹의 무덤을 만들 것을 부탁하였고 1861년 4월 2일 드디어 나폴레옹 황제의 시신은 이곳에 안장된다.

러시아의 붉은색의 반암으로 네모나게 만들어진 나폴레옹의 무덤은 Vosges의 특산물인 녹색의 화강암으로 된 받침대 위에 설치되어 있고, 주위에는 월계관이 둘러싸고 있으며, 제국 당시 대승을 상기시켜주는 글들이 적혀져 있다. 무덤의 주위에는 Simart가 조각한 저부조가 나폴레옹 황제가 통치했던 시절에 중요한 사건들을 나타내고 있다. 지하 납골당 안쪽, 로마의 왕이 잠들어 있는 판석 위에는 황제의 紋章을 들고 서 있는 황제의 동상이 서 있다.

나폴레옹황제의 시신이 안장된 관

8. 쌩 제르맹 데 프레 (Saint Germain des près) 거리

이 거리는 매우 오래된 역사를 가지고 있는데, 솔로몬 왕의 금으로 된 십자가와 클로비스의 장남인 칠드베르(Childebert)가 스페인에서 가지고 온 성인의 조제복을 보관할 곳을 찾다가, 557년 파리의 대주교인 제르맹(Germain)의 요구에 따라 이곳에 첫 번째 성당을 짓게 된다. 576년 제르맹이 죽고 그의 무덤은 유명한 순례 장소가 되며 그의 시성식 이후 9세기에 쌩 제르맹으로 재 세례를 받게 된다. 그러나 바바르 족의 침략을 받아 이곳은 폐허가 되다시피 하는 수난을 겪게 되는데, 메로빙거 왕조 때 다시 복원을 하게 된다.

이 거리에는 많은 예술가와 철학자, 대문호들이 카페에 삼삼오오 짝을 지어 사상과 철학, 예술에 대해 토론을 벌리는 장소가 되었으며, 역사와 전통을 자랑하고 있는 교회에 머물고 있는 수도사들과 함께 어우러지는 공존의 명소가 된다. 이중에는 우리가 익히 알고 있는 들라크루와(Delacroix), 잉그르(Ingres), 마네(Manet) 등의 화가들과 라씬(Racine), 발작(Balzac) 또는 죠르주 쌍(Georges Sand) 등의 문호들이 있었다.

20세기에 들어오면서 쌩 제르맹 데 프레 거리는 문학과 예술의 상징이 되었고, 예술가들이 모여 토론하던 르 플로르 (Le Flore), 레 두 마고(Les Deux Magots), 립(Lipp) 등의 단골 카페가 등장하였다

파리에서 가장 오래된 교회

Le café de Flore

이 카페는 제 3 공화국 초기 즉 1887년에 생겨난 카페로 거리 다른 편에 서 있었던 조그마한 신의 조각상에서 그 이름을 따왔다.

1913년 경 아폴리네르는 살로몽과 함께 일층을 <파리의 밤(Les soirée de Paris)>이라는 잡지의 편집실로 사용하였다. 전쟁과는 상관없이 위대한 시인이었던 아폴리네르는 자신의 사무실인 플로르에서 작업을 하였다. 1917년 그는 필립 수폴트(Philippe Soupault)를 앙드레 부르똥에게 소개하였고, 이 두 젊은 시인은 아라공(Aragon)과의 만남을 통해 "초현실주의(surréaliseme)"란 단어를 창조해 냈다. 장-폴 사르트르(Jean-Paul Sartre)와 시몬 드 보부와(Simone de Beauvoir)는 이 카페에서 운명적 만남을 가지게 되었다. 1939년 뽈 부달이 플로르 카페를 인수하면서 거실 중간에 커다란 석탄 난로를 설치하고 작가들을 초대하기 시작하였는데, 시몬 드 보브와 역시

1913~1930 : 초현실주의의 탄생 Le café de Flore

그 중 한 사람이었다.[3] 이 시기에는 영화에 관련된 모든 사람들이 모이는 장소로 사용되었다. 제인 폰다, 로망 폴란스키, 브리지뜨 바르도, 알렝 드롱 그리고 벨몽도 등은 그 이전의 시몬 씨뇨레, 이브 몽땅과 마찬가지로 테라스를 좋아했다. 레오 페레의 경우 어깨 위에 항상 암원숭이를 올려놓은 채 이곳을 들어왔다.

대문호들과 예술가들의 모임 장소인 카페

3) 장 뽈 사르트르는 당시의 상황을 이렇게 기록하고 있다 "우린 이 곳(café de Flore)에 완전히 안착하였다 : 아침 9시부터 정오까지 우린 이곳에서 일을 하였고 점심식사를 하였으며 두시에 이곳으로 다시 돌아와 저녁 8시까지 친구들과 이야기를 나누었다. 저녁 식사 후에 우린 약속을 한 사람들을 이곳에서 접대하였다. 이것이 당신에게는 이상하게 보일지는 모르지만, 우리에게는 플로르가 집이었다"

9. 알렉산더 Ⅲ세 다리 (Pont d'Alexendre Ⅲ)

파리를 가르는 센느강 위로 많은 다리들이 있지만 그중에서도 가장 화려하고 사람들의 시선을 끄는 다리가 있으니 바로 알렉산더 3세 다리이다.

알렉산더 대왕의 이름을 본 딴 이 다리는 1896년 처음으로 공사를 시작하게 되는데, 이것은 제 3공화정의 장식 예술을 잘 보여주는 다리이다. 알렉산더라는 이름은 러시아 사람의 이름인데 이 다리에 러시아인의 이름이 붙게 된 것은 당시 군사 강대국이었던 러시아의 마지막 황제였던 니콜라이 2세가 프랑스와 정치적이고 군사적인 목적으로 동맹 관계를 맺기 위해 파리에 오면서 이다. 이때 이 다리가 놓여 질 장소에 와서 첫 머릿돌을 놓았으며 니콜라이 2세의 아버지인 알렉산더 3세의 이름을 따서 오늘날까지 그 이름이 불리고 있다.

이 다리를 건설하는데 2년 정도 걸렸는데, 1900년의 만국 박람회 때 완공되었다. 건축가인 르잘(Resal)과 달비(d'Alby)에 의해 설계된 이 다리 양쪽 끝에는 17미터 높이에 말로 장식된 4개의 탑이 있는데,

물의 요정을 상징하는 조각상

이 네 개의 탑 중 다리 오른쪽에 있는 것이 예술(Arts), 과학(Science), 왼쪽에 있는 탑들이 상업(Commerce), 산업(l'Industrie)을 의미한다. 전체가 금속으로 되어 있으며 센느강의 좌우를 을 넘다들 수 있게 하는 기능을 한다.

다리 한 가운데에는 센느강에 사는 물의 요정을 기리는 두 개의 조각상이 위치해 있다. 이 다리는 최고의 건축 기술로 이루어진 것인데, 이처럼 긴 길이의 다리는 당시에 유일무이한 것이었다.

센느강 상류에 있는 조각상은 강을 지키는 요정으로 손에 프랑스 군인들이 사용하는 무기가 들려있고 하류에 있는 조각은 네바의 요정을 의미하는 것으로 러시아군의 무기를 들고 있다.

10. 오페라 극장 (Opéra)

프랑스는 예술의 나라로 잘 알려져 있는 만큼 많은 미술관과 연극, 오페라 등이 곳 처에서 상영된다. 그 중에서도 이 오페라 극장은 역사와 전통을 자랑한다. 주위에는 면세점을 비롯, 많은 상점들이 관광객들의 발걸음을 멈추게 한다.

규모는 면적 : 11,237㎡, 길이 : 173m , 최장 폭 : 125m , 계단 : 높이 30m라고 하니 정말 대단하다고 아니할 수 없다.

파리에 있는 오페라의 역사는 1669년 6월 28일로 거슬러 올라가는데, 이 날은 루이 14세가 삐에르 빼렝에게 파리에 아카데미를 세울 수 있는 특권을 부여한 날인데, 이 아카데미는 이곳에서 대중들에게 오페라를 소개하고 감상하게 하기 위한 목적을 가지고 있었다.

빼렝(Perrin)은 귀족들에게 한 달에 2400리브르의 세를 주며 공연을 시작하였다. 1671년 3월에 공연이 시작되는데, 빼렝의 뒤를 이어

륄리(Lully)가 오페라 극장의 책임자가 된다. 그러나, 1671년 3월 30일 왕의 명령에 따라 체포되면서 1673년부터 1688년까지 이 공연장은 배우들이 빌리게 된다.

륄리는 룩셈부르그 궁전 쪽에 있는 보지라르(Vaugirard) 거리에 또 다른 공연장을 임시로 세우게 되는데, 1672년 11월 15일에 완공된다. 1673년 2월 16일에 몰리에르가 죽은 후, 왕은 륄리에게 몰리에르 극단이 머물고 있던 팔레 루아이얄(Palais-Royal)의 방을 준다. 그리고 1673년 6월 15일에 오페라에서 첫 번째 공연이 시작되지만 불행히도 1763년 4월 6일 화재로 인해 문을 닫게 된다.

륄리가 죽은 후 그의 사위가 왕궁 음악 학교의 책임자가 된다. 새로운 공연장이 건설되는 동안 오페라는 임시로 뛸르리(Tuileries)로 이전하게 되는데 1660년에 완공된다. 이곳에서 루이 14세의 결혼식을 축하하기 위한 행사를 비롯, 많은 축제가 벌어졌다. 1783년부터 1754년까지, 여기에서 기계들의 방(Salle des machines)이라는 이름으로 판토마임을 공연하였고, 이후 이 방은 연극을 하는 곳으로 다시 설계된다. 1770년 1월 26일에 모로(Moreau)에 의해 팔레 루아이얄에 다시 공연장이 들어서는데, 이전의 공연장과 같은 장소에 오른쪽을 확장시킨 형태였다. 그러나 불행히도 1781년 6월 8일에 또 화재가 나서 공연장은 재가 된다.

이후 오페라 상점으로 공연장이 이전되고 1794년 8월 달까지 이곳에서 공연을 한다. 륄리 때 왕국 학교가 된 음악 아카데미는 1791년까지 이 이름으로 불리다가, 1791년 6월 24일 오페라라는 이름을 갖게 된다.

거대한 중앙 계단은 가르니에 홀 중에서 가장 유명한 장소 중에 하나이다. 다른 색깔의 대리석으로 세워진 이 계단은 이곳에 살고 있는 사람들의 방으로 인도하는 하얀색의 계단이 있는 반면, 공연을 구경하기 위해 온 사람들을

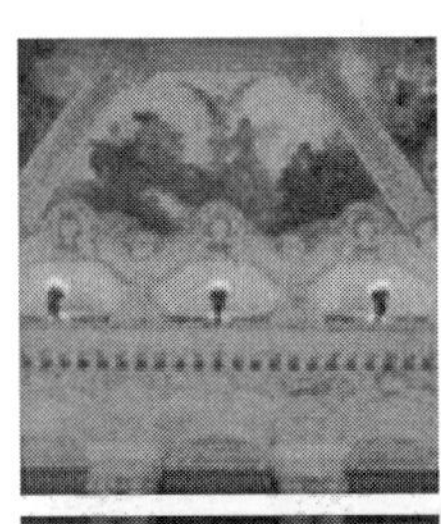

오페라극장의 계단

위한 계단이 따로 있다.

천장의 그림

이 계단 역시 하나의 공연장으로서, 사교장으로 사용되어졌다. 천장의 그림은 이지도르 피쓰(Isidore Pils)가 그렸다. 계단 아래쪽에는 청동으로 된 두 개의 횃불이 있는데 빛의 다발을 들고 있는 여인이 있다.

또 앞 쪽에 두 개의 조그마한 원형의 건물이 있는데, 이것은 갸르니에의 친구이자 오페라의 장식을 책임지고 있던 뤼브(Rube)와 샤프롱(Chaperon)이 만들은 것으로서 하나는 태양을 상징하는 것으로 천장에는 불을 내뿜는 도마뱀이 그려져 있고, 다른 하나는 달을 의미하는 것으로 밤의 새들을 나타낸다. 내벽 면에 있는 거울들은 무한함의 이미지를 전달하며 한쪽은 정열적인 색깔로, 그리고 다른 쪽은 냉정함의 색깔로 대비를 이루고 있다.

화랑 끝에는 거울의 방이 있는데, 천장은 클레링(Clairin)이 그린 금빛의 찬란한 빛과 신선함을 느끼게 하는 그림이 있다. 양탄자에는 차, 커피, 샴페인 등 여러 가지 음료수와 낚시 그리고 사냥하는 그림이 새겨져 있다.

거울의 방

11. 방돔 광장 (Place de Vendôme)

방돔 광장은 사실 우리에게는 그다지 잘 알려져 있지 않은 곳이긴 하지만, 프랑스 사람들에게는 프랑스의 과거를 간직하고 있는 곳으로서 향수를 불러일으키는 곳이다. 방돔 광장은 파리에 공공건물이 많지 않다고 생각한 루이 14세가 이전에 존재하고 있던 앙리 4세의 도핀 광장(Henri IV Place Dauphine)과 그의 아버지인 루이 13세(Louis XIII)의 보쥬 광장(place de Vosges)에 이어 만든 1685년 거대한 광장이다. 이 거대한 계획은 쥘르 하르두엥 만자르(Jules Hardouin-Mansart)가 맡게 되는데, 공작으로부터 건물을 매입하여 이것을 허물고 우아하면서도 웅장한 하모니를 이루는 건물을 짓기 시작한다. 그러나 곧 전쟁과 특히 베르사이유 궁전을 짓는 바람에 재정적인 문제에 부딪치게 되고, 결국 하는 수 없이 이 거대한 터를 팔게 된다.

오를레앙 공작이 정권을 잡음으로써 정부는 베르사이유 궁전에서 파리로 이전한다. 이때 존 로우(John Law)가 등장하게 되는데, 그는 광장의 절반을 사들이고 이곳에다 거대한 자신 소유의 건물을 짓게 되면서 방동 광장은 그의 거대함을 드러내기 시작했다. 하지만 프랑스 대혁명이 일어나면서 이곳에서는 귀족 계급들의 목을 처형하는 장소로 변하게 되었고(Place des Piques), 피가 냇물을 이루었다.

1792년 8월 10일 당통은 프랑스의 첫 번째 공화정을 선포하게 되고 루이 14세의 조각상은 부서지고, 루이 16세는 이 광장을 지나 단두대의 형장으로 끌려간다. 나폴레옹 황제 시대에 오스트렐리츠에서 가져온 청동으로 된 대포들을 녹여 방돔의 거대한 기둥을 세웠고 여기에 로마 황제의 조각상을 세운다. 1812년 러시아와의 전쟁에서 패배한 나폴레옹이 후퇴하는 동안 쿠데타 일어났으나 실패하고 그에 대한 책임으로 휠렝(Hulin) 장군이 지목되었다. 그는 당시 이 광장 근처 22번지에 살고 있었는데 결국 총으로 자살을 하고 반란의 주동자였던 말레(Malet)는 그르넬르(Grenelle) 광장에서 총살을 당했다. 당시 재판에서 <당신의 공모자가 누구입니까?>라는 질문에 그는 <내가 성공을 했었다면, 프랑스 전체였을 것입니다>라고 말했다고 한다.

2년 후, 제국이 무너지고 연합군들이 파리에 입성하면서 기둥 위에 세워졌던 루이 18세 황제의 조각상 대신에 부르봉 왕조의 깃발로 대체되었다. 그 후 20여 년간 이 광장은 평화를 유지하게 된다. 나폴레옹이 정권을 잡고 1859년 황제는 전투에서 대승을 거둠으로써 싸부아(Savoie) 지방과 니스(Nice)를 프랑스령에 편입시킨다. 이 전쟁의 승리를 기리기 위해 루이 14세의 백합 문양 대신에 군대의 모습을 새겨놓게 된다.

1871년 파리 코뮨이 일어나면서 황제의 상징이었던 방돔의 기둥은 무너지고 만다. 나폴레옹 3세는 기둥 꼭대기에다가 삼촌이었던 나폴레옹 황제 1세의 조각상을 세우게 하고 라 데팡스의 로터리에 있던 쑤르(Seuure) 작품의 <키 작은 하사관> 조각상을 이곳에 옮겨놓는다.

그러나 프러시아군이 진군하면서 이 동상을 베를린으로 옮겨가려고 하자 이 조각상을 피신시키려고 하지만 시간이 쫓긴 나머지, 누이(Neuilly) 다리 밑으로 이 동상을 숨긴다. 그리고 40년이 지난 뒤, 앵발리드로 이 동상을 옮기게 된다.

그 후에도 많은 역사적 사건을 함께 겪게 되는 방돔 광장은 오늘날 많은 화려하고도 비싼 상점들로 둘러싸여져 있다.

12. 쌩 샤펠 (Saint Chapelle) 성당

노트르담 대성당 옆에 위치한 이 성당은 고딕 예술의 극치를 보여주는 건축물로서 뾰족한 첨탑과 매끈하게 쑥 뻗은 외형은 묘한 매력을 품고 있으며 유리창의 스테인드 글라스는 보는 이로 하여금 미학적인 감각을 느끼게 해준다.

이 성당이 세워진 최초의 목적은 여느 성당과는 달리 가톨릭의 성물(聖物)을 보관하는 창고용이었다. 콘스탄티노플 황제이자 프랑스인이었던 보드엥(Bauduin)은 베네치아인들로부터 돈을 꾸기 위해 예수가 십자가에 못 박힐 당시 쓰고 있던 가시 면류관을 담보로 잡았는데, 그만 지불 기한이 다 되어 차압을 당하고 만다. 그 후 프랑스 왕 중 가장 훌륭하다고 평가받는 성왕인 루이가 이 부채를 갚으면서 이 면류관을 다시 찾아오고, 그는 당시 예수가 매달렸던 십자가를 비롯해서 많은 성물들을 수집하게 된다. 이들을 보관할 성스러운 장소가 필요하다고 생각한 그는 1246년부터 성당을 짓기 시작하였다. 이 공사는 처음에 예상했던 금액보다 두 배 반이나 더 되는 막대한 자금이 들어갔으며 삐에르 드 몽트러이

(Pierre de Montreuil)가 33개월에 걸친 기간의 공사 끝에 이 성당을 완공했다. 이와 같이 귀중한 목적을 지닌 건축물을 33개월이라는 짧은 기간에 완성했다는 것은 아주 이례적인 경우라 할 수 있는데 예를 들어 프랑스의 성들의 경우 한 왕의 당대에 완성되는 경우가 거의 없을 정도로 기간이 오래 걸렸다. 근처에 있는 노트르담 대성당만 해도 무려 200년이 넘게 걸렸던 점을 감안한다면, 이것은 상대적으로 루이의 조급한 마음을 잘 드러낸다고 볼 수 있는데 자신이 왕으로 있을 때 이 성스러운 물건들을 잘 보관하고 죽고 난 후에 하나님께 칭찬을 듣고 싶었는지도 모르는 일이다.

그러나 프랑스 대혁명 당시, 종교인들을 핍박하는 와중에 이 성당은 혁명군에 의해 파손되었고 이곳에 있던 성물 중 일부분만이 지금의 노트르담 대성당으로 옮겨졌다. 1802년에서 1837년까지 이 성당은 법 문서들을 보관하는 사무실로 사용되어졌는데, 그 높이가 성당 유리벽까지 이르렀다고 한다. 1841~1867년에 복원되어 오늘날의 모습을 갖추게 되었다.

이 성당을 바깥에서 보면 하늘 높이 치솟아 있는 첨탑이 눈에 제일 먼저 띈다. 이것은 카롤링거 왕조 시대의 성당들의 고딕양식을 그대로 본 딴 것으로서, 이런 유형의 성당으로 가장 유명한 것은 샤를마뉴 대제 때인 800년경에 세워진 독일에 있는 엑스 라 샤펠(Aix-La-Chapelle)이다. 쌩 샤펠은 2층으로 구성되어있는데, 윗층은 왕족들이 주로 거주하던 곳이고 아래층은 군인들과 왕을 보좌하는 신하들이 사용하던 곳이다. 성당은 철탑을 포함하지 않은 42.50미터의 높이와 17미터의 폭의 크기이다.

성당은 세 부분으로 나뉘어져 있는데, 맨 밑은 왕궁에서 일하는 사람들이 예배를 드리는 장소로 폭은 17미터이고, 높이는 7미터에 달하는 그다지 크지 않은 규모이다. 나사 모양으로 된 왼쪽에 있는 계단으로 올라가면 아주 작은 햇빛이라도 놓치지 않을 거대한 유리창이 있다. 이 유리창은 파리에서 가장 오래된 것으로서 13세기 초에 만들어진 618m의 크기의 유리창에 스테인드글라스 형태로 새겨진 1,134개의 장면은 그야말로 진정한 성경의 역사를 표현하고 있다. 19세기 중엽에 복원된 것으로서 구약과 신약 성서의 내용을 담고 있는데, 이것을 연결해서 보려면 왼쪽에서 오른쪽으로, 그리고 아래에서 위로 살펴가야 한다.

세 번째 위층은 왕과 그의 가족들이 예배를 드리는 곳으로 오른쪽에는 루이 11세 때 만들어진 기도실의 문이 있다. 철망으로 된 조그만 이 문은 아무에게도 들키지 않게 건물을 빠져나갈 수 있도록 설계되어 있다.

13. 빵떼옹 신전 (Panthéon)

빵떼옹 신전

학생들의 거리라는 쌩 미셀 거리를 따라 가다가 왼쪽으로 돌면 거대한 건물이 눈에 들어오는데, 이것이 빵떼옹 신전이다.

학교들이 몰려 있는 이곳 라틴 거리를 한 눈에 내려다볼 수 있는 이 신전은 에펠탑, 몽마르트르 언덕의 성심 성당 보다 훨씬 먼저 세워진 건물이다. 174년 심각한 병에 걸린 루이 15세가 만일 자신이 병에서 회복되기만 한다면 거의 폐허가 된 쌩 쥬느비에브 수도원 대신에 아주 훌륭한 신전을 짓겠다고 신께 맹세를 하였다. 그는 병이 낫자 마리니(Marigny)후작에게 이 일을 일임하게 되고, 그는 당대의 유명한 건축가인 수풀로(Soufflot)에게 이 작업을 맡겼다. 수풀로는 길이 110미터, 폭이 84미터에 높이가 83미터인 거대한 건물을 계획하였으나 재정의 어려움으로 난항을 겪다가 그의 제자인 롱들레(Rondelet)에 의해 1798년에 완공되었다.

그러나 처음의 의도와는 달리 헌법 제정 의회는 이 신전을 프랑스에 위대한 인물들의 시신을 보관하는 장소로 지정한다. 이곳에는 빅토르 위고, 루쏘, 볼테르 등을 비롯해 프랑스를 빛낸 위인들이 묻혀있다. 특히 자연으로 돌아가자는 주장을 한 루쏘에게 "그럼 너는 네발로 기겠는가"라고 반박하면서 살아생전 그렇게 사이가 좋지 않았던 볼테르가 서로 마주 보고 있다.

멀리서도 금방 알아볼 수 있는 둥근 모양의 지붕은 견고함을 생각하여 쇠를 사용하여 만들어졌다. 신전의 정면 윗쪽에는 <프랑스를 위해 위대한 업적을 남긴 위인들에게>라는 글귀가 써 있고, 윗 쪽 삼각대에는 다비드 당제(David d'Angers)가 조국의 자유를 위해 애를 쓴 위인들에게 왕관을 씌워주는 그림이 조각되어 있으며 정문 양쪽에는

<조국을 위해 희생한 위인들에게> 라는 문구가 적힌 빵떼옹 신전

대리석으로 되어 있는 사람들을 볼 수 있는데, 이것은 클로비스의 세계를 나타내고 있다.

신전 안으로 들어가면 유명한 그림들이 벽에 걸려 있는 것을 볼 수 있는데, 특히 쌩 쥬느비에브의 이야기를 그려놓은 쀠비스 드 샤반느의 작품은 걸작으로 평가된다. 이외에도 쌩 드니의 예언, 황제로 임명되는 샤를마뉴, 클로비스의 영세와 똘비악 전쟁, 잔다르크의 역사 등 많은 훌륭한 그림들이 소장되어 있다.

14. 꽁씨에쥬리 (Conciergerie)

센느강을 따라 서 있는 건물 중 성처럼 생긴 건물이 있는데 이것이 꽁씨에쥬리(Conciergerie)다.

9세기 휘그 카페(Hugues Cape)와 그의 후계자들이 봉건 제후들에 맞서 자신들의 권위를 나타내기 위해 이 성을 사용하였다. 권력과 힘의 상징으로 사용된 이 성은 규모가 상당히 컸으며, 갈로 로망 시대의 성벽과 유사한 형태의 성은 그 후로도 왕들이 머물던 곳으로 사용된다. 루이 9세 때 시작된 행정과 사법 구조를 완성시킨 필립 르 벨(Philippe le Bel)시대 때 이 건물에 칙령과 사법을 담당하는 의회가 자리 잡게 된다.

14세기 고딕양식으로 세워진 세 개의 방은 감옥으로 사용되어졌는데, 이곳에 수감된 죄수들은 중요한 사건으로 인해 중형을 언도받은 자들로서 앙리 2세를 살해한 몽고메리, 앙리 4세를 부상 입힌 샤펠

등이 수감되었으며, 프랑스 혁명 당시 이 곳 에는 한번에 1,200명까지 죄수들을 수감하였다. 혁명 이후 공포의 시대에 이곳에 수감된 죄수들 10명 중 9은 단두대에 목이 잘려 나가는 신세가 되었다. 마리 앙뚜아네뜨, 루이 16세, 그리고 혁명 주도자중 가장 인기가 많았으나 친구인 로베스 빼에르에게 배신당한 당똥 등이 이곳에 수감되었다가 단두대의 이슬로 사라졌다. 1793년 1월에서 1794년 7월 사이에 2,600명의 죄수들이 이곳에 수감되었다가 꽁꼬르드 광장, 바스띠유 광장에 설치된 단두대로 향하였는데, 40일 간의 1,306명의 목이 꽁꼬르드 광장에서 잘려나가 그 피가 흘러 작은 시냇물을 이루었다.

이 건물에는 네 개의 탑 루가 있는데, 오른쪽에 있는 봉맥이라는 탑 루가 제일 먼저 세워진 것이다. 여기서 수세기 동안 죄수들의 고문과 심문이 행해졌으며 심지어 혀를 자르는 만행까지 서슴지 않고 저질렀다. 중간에는 궁전의 입구를 통제하는 아르장(Argent)탑과 쎄자르(César)탑이라는 두 개의 쌍둥이 탑이 세워져 있다. 14세기에 세워진 괘종시계 탑이라는 이름의 탑이 있는데, 이곳에 1370년 프랑스 최초의 괘종시계가 들어섰다. 그러나 1793년 파리 코뮌 사건 당시 이 은으로 만든 아름다운 시계가 파괴되었는데, 그 이유가 군주제의 시대를 알리는 종소리였기 때문이었다.

꽁시에쥬리의 내부

내부에는 여러 개의 방이 있는데, 군인들의 방은 14세기 고딕양식으로 세워진 이 군인의 방은 카페 왕조 시대에 왕에 충실했던 군인들을 상상하게 한다. 높이 8.50미터의 둥근 천장은 간결함을 보여주고 있는데 19세기에 재건되었다.

감 옥

꽁시에쥬리의 정원

1353년경 장 르 봉(Jean le Bon)에 의해 세워진 부엌은 두 개의 단계로 나뉘어져 있는데, 군주가 윗부분에서 식사를 하는 반면 아랫 쪽에는 신하들이 식사를 하였다. 또한 혁명 당시에 죄수들을 감금했던 감옥으로 사용되어졌던 이곳에 1793년 22명의 지롱댕파 들이 이곳에 수감되었는데 당시 규칙이 사형집행이 자정에 이루어졌으므로, 이들은 노래를 부르고 술을 마시며 사형집행시간을 기다렸다고 한다.

조그마한 정원에 있는 샘은 죄수들이 세수를 하는데 사용되었다.

15. 쌩 미셸 (Saint-Michel) 거리

쌩 미셸 광장의 분수

우리나라 학생거리에 해당하는 곳으로 이곳에 몇 개의 대학과 유명한 서점들이 위치해 있다. 이 광장에 있는 분수는 상당히 크고 웅장한 규모를 자랑하는데, 이 분수엔 몇 개의 조각상 있다. 가운데 위치하고 있는 청동으로 만들어진 조각상은 프랑스의 유명한 조각가인 뒤레(Duret)가 만든 작품으로서 손에 칼을 들고 날개가 있는 사람이 대천사 쌩 미셸이고 그의 발밑에는 용(龍)이 있는데 이 용의 생김새는 동양의 용과는 거리가 멀며 성경에 나오는 사탄 또는 악마의 생김새를 닮았다. 이 조각상을 중심으로 해서 주위에는 전설 속에 나오는 괴물로서 머리는 사자이고 몸은 양이면서 용의 꼬리를 가진 쉬메르를 비롯하여 여러 가지 문형의 조각들이 새겨져 있다.

또 쌩 미셀의 조각상 밑에 양쪽으로 또 다른 전설의 괴물이 있는데, 독수리와 사자를 섞어놓은 듯한 그리퐁이 물줄기를 내뿜고 있다. 이 괴물들을 보고 있노라면 마치 고대 그리스 신화 속에 빠져 있는 듯한 느낌을 받게 된다. 이 밑에는 글씨가 새겨져 있는데, 이것은 제 2차 세계 대전에서 점령당했던 파리를 수복하면서 이 광장을 중심으로 시가전을 벌이다 전사한 레지스탕스를 비롯한 애국지사들을 추모하는 글이다.

쌩 미셀 광장에서부터 위로 나있는 지역이 소위 라틴가(quartier latin)이다. 이 지역의 이름이 이렇게 불리게 된 것은 프랑스 역사를 살펴보면 금방 이해가 되는데, 로마 제국이 골루아 족이 살았던 프랑

스를 지배하면서 제일 먼저 신경을 썼던 것이 바로 언어였다. 그리하여 대중들이 쉽게 익힐 수 있는 대중 라틴어를 만들었다. 그런데 중세 시대에 들어오면서 이 라틴어는 마치 학식이 높은 사람들이나 지식층들을 상징하는 언어로 인식되면서 당시 유럽에서 가장 훌륭한 대학이

라는 평을 받는 소르본느 대학이 있는 이 지역에는 라틴어를 사용하는 많은 지식인들이나 학생들이 모여 토론의 장을 펼치는 장소가 되었기 때문에 라틴 거리라는 이름이 붙게 된 것이다.

참고문헌

노명식, *프랑스 혁명에서 파리 꼬뮨까지*, 까치, 신서원 1995.

람버트, *20세기 미술사,* 이석우 역, 열화당 신서 58, 열화당, 1986.

마르크 블랑뼁, *프랑스 문화와 예술*, 송재영 역, 샛길, 1994.

박인효, *프랑스 문화의 이해*, 조선대 출판부, 1999.

원윤수, *프랑스어 문화권의 이해*, 서울대학교 출판부, 1994.

이주헌, *프랑스 미술 기행*, 중앙 M&B, 2001.

조병옥, *프랑스 문화와 문화정책*, 공주대학교, 2000.

최호열, *프랑스와 프랑스인*, 어문학사, 1998.

최호열· 남숙희, *프랑스 문화와 예술*, 청주대학교 출판부, 2004.

Andréani Ghislaine, *Le Nouveau savoir-vivre : des bonnes manières d'hier auxctte*, "Société", 1995.

BECK, F.,& CHEW. H., *Quand les Gaulois étaient romains*, Gallimard, 1989.

COLLECTIF, *Les Celtes,* Stock, 1997.

Histoire de la Mésopotamie et de la Perse, Rocher, 1999.

Dictionnaire de la civilsation mésopotamienne, Robert Laffont, 2001.

Cordellier, J.-P., L'Etat de la France Junior, La Découverte, 1996.

Duby, G., Histoire de la civilisation française, A. Colin, Paris, 1984.

ELUERE, C., L'Europe des Celtes, Gallimard, 1992.

Fragonard, M., La Culture du 20ème siècle, dictionnaire d'histoire culturelle, Bordas, Paris 1995.

GRENIER, A., La Gaule, province romaine, Armeline, 2000.

GRIMAL, Nicolas, Histoire de l'Egypte ancienne, Fayard, 1988.

MACQUEEN, J., Les Hittites, Armand Colin, 1985.

Mauchamp, N., Les Français, Mentalités et comportements, CLE, International, Paris, 1996.

Michaud, G. & Kimmel, A., Le nouveau guide France, Hachette, Nouvelle édition, Paris, 1997.

Monnerie, A., La France aux cent visages, Hatier/Didier, 1996.

Odile, G.-C., Savoir-vivre avec les Français : Que faire ? Que dire ?, Hachette Livre, Paris, 1996.

RACHET, Guy, Dictionnaire des Civilisations de l'Orient ancien, Larousse, 1999.

ROUX, G., La Mésopotamie, SEUIL, 1985.

SESAR, Jules, La guerre des Gaules, Livre de poche, 1987.

STRABON, Le voyage en Egypte, NIL,

정일영

인하대학교 불문과 졸업
프랑스 파리 8대학 대학원 졸업
프랑스 파리 8대학 (언어학 박사)
인하대학교, 충북대학교 출강
EBS 수능 프랑스어 강의

저서

프랑스어 문법(공저)
프랑스어 말소리 갈(공저)
대학 프랑스어 회화
DELF A1, A2, A1Jr. A2Jr. B1, B2
기초 프랑스어
디지털로 배우는 프랑스어(Rendez-vous avec le français)
생활 속의 프랑스어 회화
똥찌개와 까까(수필)
삐딱이가 본 삐딱한 세상(수필)
오르세 미술관 外

프랑스문화의 이해

초판 1쇄 발행 _ 2006년 12월 20일
1판 2쇄 발행 _ 2014년 2월 10일

저 자 · 정 일 영
발행인 · 정 현 걸
발 행 · 신 아 사
인 쇄 · 예지인쇄
주 소 · 서울특별시 은평구 통일로 59길 4 (122-826)
전 화 · (02) 382-6411 **팩 스** · (02) 382-6401
홈페이지 · www.shinasa.co.kr
E-mail · shinasa@daum.net
출판등록 · 1956년 1월 5일 (제 9-52호)

ISBN 978-89-8396-532-5

정가 *13,000* **원**